电子商务专业系列教材

——普通高等教育"十一五"国家级规划教材

电子商务项目运作

（第 2 版）

主　编　王树进　胡家香

参　编　（按姓氏笔画排序）

王卫华　韦　滨　过　程　朱延平

齐美智　张　胜　张士云　张春慧

郑　延　金　阁　岳云康　范继魏

东南大学出版社

·南京·

内 容 提 要

　　电子商务项目运作是电子商务专业学生毕业前的一门实战性主干课程,也是信息管理和经济管理类专业高年级可以开设的以提高学生就业和创业能力为目的的选修课。本书为上述教学需要而设计。书中把项目管理、电子商务、投资评估、商务技巧等知识和技能有机地结合到一起,深入浅出,理论联系实际。

　　本书可作为电子商务、计算机信息管理和经济管理类各专业本科和高职高专的教材,也可供企业事业单位从事电子商务和信息化工作的人员参考。

图书在版编目(CIP)数据

电子商务项目运作/王树进,胡家香编著. —2版.
—南京:东南大学出版社,2012.8
ISBN 978 - 7 - 5641 - 3742 - 7

Ⅰ.①电… Ⅱ.①王…②胡… Ⅲ.①电子商务-高
等学校-教材　Ⅳ.①F713.36

中国版本图书馆 CIP 数据核字(2012)第 196053 号

东南大学出版社出版发行
(南京四牌楼 2 号　邮编 210096)
出版人:江建中
江苏省新华书店经销　南京工大印务有限公司印刷
开本:787mm×1 092mm　1/16　印张:15.75　字数:400 千字
2002 年 7 月第 1 版　2012 年 8 月第 2 版第 7 次印刷
ISBN 978 - 7 - 5641 - 3742 - 7
印数:19 601—22 600 册　定价:29.00 元
(凡因印装质量问题,可直接向营销部调换。电话:025 - 83791830)

电子商务系列教材编辑委员会

出 版 说 明

为了适应高等院校电子商务专业教学的需要,经过较长时间的酝酿、精心策划和精心组织,我们编写出版了电子商务系列教材。

2001年9月,经南京大学、东南大学、南京航空航天大学、南京农业大学、南京理工大学、南京审计学院、南京工业职业技术学院、南京正德学院、东南大学出版社、南京商友资讯电子商务应用研究所、江苏省信息学会电子商务专业委员会等单位的有关人士反复商讨、策划,提议组织编写、出版电子商务系列教材。此项倡议得到江苏省内30多所高校的赞同和中国工程院院士、东南大学校长顾冠群的支持。2001年11月3日召开首次筹备工作会议,正式着手编委会的组建、专业课程设置及教材建设研讨、编写人员组织等各项工作。经过各方面人士的共同努力,2001年12月22日正式成立电子商务丛书编委会,确定了首批教材的编写大纲和出版计划,落实了教材的编写人员,于2002年9月开始了电子商务系列教材的建设。

首批教材的出版,得到了广大读者的肯定,并荣获了华东地区大学出版社第六界优秀教材学术专著二等奖。其中《电子商务概论》《电子商务项目运作》被教育部确定为国家"十一五"规化教材。

为了体现出精品、争一流、创品牌的指导思想,2006年12月,电子商务丛书编委会在南京召开了"高等院校电子商务专业建设与教材建设研讨会"。来自上海、天津、陕西、江苏等50所院校共60位代表参加了会议。会议决定对已出版的电子商务系列教材进行全面的修订,继续跟踪电子商务专业的发展,继续出版有关电子商务专业的系列教材。

我们将充分发挥数十所高校协同合作的优势,发挥产、学、研结合的优势,对教材内容不断更新和精雕细琢,以推出更多更好的教材或论著奉献给广大师生和读者。教材中难免存有许多不足之处,欢迎广大师生和读者提出宝贵意见。

联系方式 E-mail:erbian@seu.edu.cn

电子商务丛书编委会

2012年5月

总　序

　　20 世纪末信息技术的飞速发展,为社会的各个领域开辟了全新的天地。互联网投入商业化运营以后,电子商务应运而生并蓬勃发展。电子商务不仅改变了商务活动的运作模式,而且必将给政治、经济和人民生活的各个领域带来根本性的变革。电子商务将是 21 世纪全球经济增长最快的领域之一,它带来的经济发展机遇是人类历史上几百年才能遇到的。

　　研究电子商务理论、模式、方法,回答电子商务发展中一系列理论的和实践的问题,是电子商务理论工作者的任务,也是我国经济、科技领域出现的一项重大课题。因此,一门新的学科——电子商务学应运而生。可以说,电子商务理论是一门技术、经济、管理诸多学科知识融会交叉的新兴的应用型学科,它涉及的内容是十分广泛的。

　　然而,"理论是灰色的,而生活之树是常青的。"在电子商务迅猛发展的时代,理论研究往往跟不上实践的发展,由此而产生一种矛盾性状态:一方面,实践的发展迫切需要理论创新和由创新的理论培养出来的大批人才;另一方面,理论的创新和人才的培养却一时又跟不上实践发展的需要。正是这样一种矛盾性的状态,给我们提出了一个任务:在前一阶段电子商务实践发展的基础上进行相应的理论性的归纳、总结和集成,以适应培养电子商务专业人才的需要,同时也为广大企业和相关部门应用电子商务提供指导。

　　为了推动电子商务理论的创新和加快电子商务专业人才的培养,江苏省信息学会电子商务专业委员会和东南大学出版社,联合了南京大学、东南大学、南京航空航天大学、南京农业大学、南京理工大学、中国矿业大学等省内 30 多所高校和我省最早从事电子商务应用开发的服务机构——南京商友资讯电子商务应用研究所,走产、学、研合作之路,组织编撰一套"电子商务丛书",首期出版"电子商务系列教材"。这是一件很有意义的工作。

　　我们希望这套专业教材的出版,有助于电子商务理论的创新和发展,有助于电子商务专业人才的培养,有助于电子商务在全社会的广泛应用。

中国工程院院士
东南大学校长

2002 年春

再 版 前 言

本教材自 2002 年 7 月与读者初次见面以来,得到了很多高校师生的厚爱。教材最初是为电子商务专业设计的,后来在教学实践中发现,其他专业的高年级学生对选修本课程也有热情,本课程对提高各专业学生的就业和创业能力都很有帮助。

2004 年 2 月,在南京商友资讯电子商务应用研究所和东南大学出版社的帮助下,邀请了全国 17 所高校 21 名教师,在南京钟山职业技术学院举办了一次教学观摩活动,并就本课程教学和教材修订事宜进行了专题研讨,同年进行了一次较大幅度的修订。2006 年底,本书经同行专家评审,列入了普通高等教育"十一五"国家级规划教材。此后,东南大学出版社和南京农业大学拨出专门经费,资助本教材的修订事宜。

本课程的教学目标,是使学生将所学到的有关网络知识与技能、计算机应用知识与技能和经济管理类知识与技能融会贯通,为企业商务电子化出谋划策并执导项目;引导学生从项目发展的角度去接近现实,掌握发起电子商务项目的技能与必备知识。这样的学生,毕业以后,可以在工程服务类 IT 公司的业务部门工作,也可以在传统行业企业的信息化管理部门或发展部门工作,还可以自己创业。本教材具有以下特点:

(1) 致力于拓展学生的思维,培养学生对企业需求的识别能力和对商业机会的捕捉能力;

(2) 要求学生努力掌握项目管理和运作的基本常识,并学会把企业对电子商务的潜在需求变成一个真实项目的常用技能;

(3) 培养学生进行电子商务项目可行性研究的能力,学会从功能和成本的角度、从投资和回报的角度去研究企业是否应该导入电子商务,在什么程度上实现电子商务;

(4) 研究几种主要传统行业的特点,探讨不同行业的电子商务项目的运作要点。

这次再版,仍由南京农业大学经济管理学院博士生导师、钟山职业技术学院经济学院电子商务专业带头人王树进教授担纲,南京农业大学电子商务专业讲师胡家香博士具体执笔,并列主编。参加编写再版工作的有西安交通大学公共管理学院张胜,山西大学商学院岳云康,中国农业大学经济管理学院王卫华,安徽农业大学经济管理学院张士云,南京农业大学经济管理学院胡家香,钟山职业技术学院张春慧、范继魏,江苏工业学院金阁,新疆乌鲁木齐职业大学郑延,解放军理工大学 63 所齐美智,广西机电职业技术学院韦滨,江苏海事职业技术学院朱延平,南京领航人才培训部过程等同志。此外,过去参加过本书编写和修订工作的许军、汪翔、朱振亚、陆岩、王晓蓉、孙晓兰、王国栋等同志的贡献依然可见。

在编写过程中,江苏省信息学会电子商务专业委员会秘书长、南京商友资讯商务电子化应用研究院院长王传松先生,东南大学出版社张绍来先生,南京农业大学电子商务研究中心主任周曙东教授,为本书的再版和编写工作提供了热情的鼓励和便利条件,在此谨表示衷心的感谢。同时也鸣谢本书所列参考资料的各位作者和出版单位,没有他们的佳作在先,也就不可能有本书的问世。

编　者

2012.6 于南京

目　　录

1　概述 ………………………………………………………………………………… (1)

　1.1　电子商务项目 ……………………………………………………………………… (1)
　　1.1.1　电子商务的概念 ……………………………………………………………… (1)
　　1.1.2　电子商务项目的含义和特征 ………………………………………………… (1)
　　1.1.3　电子商务项目的范围和特点 ………………………………………………… (3)
　1.2　项目生命周期与管理过程 ………………………………………………………… (5)
　　1.2.1　项目生命周期 ………………………………………………………………… (5)
　　1.2.2　一般项目管理过程 …………………………………………………………… (7)
　　1.2.3　项目运作与项目管理的关系 ………………………………………………… (8)
　1.3　电子商务项目运作 ………………………………………………………………… (8)
　　1.3.1　电子商务对企业的价值 ……………………………………………………… (9)
　　1.3.2　实现电子商务的条件和障碍 ………………………………………………… (10)
　　1.3.3　电子商务项目运作的目的 …………………………………………………… (11)
　　1.3.4　电子商务项目运作的模式 …………………………………………………… (12)
　　1.3.5　电子商务项目运作的流程与任务 …………………………………………… (13)
　　1.3.6　电子商务项目运作的知识准备 ……………………………………………… (15)
　思考题 …………………………………………………………………………………… (17)

2　电子商务需求识别与分析 ………………………………………………………… (18)

　2.1　如何识别电子商务需求 …………………………………………………………… (18)
　　2.1.1　电子商务需求识别的意义和目的 …………………………………………… (18)
　　2.1.2　识别需求要从观察和分析着手 ……………………………………………… (18)
　　2.1.3　诱发电子商务需求的 8 种因素 ……………………………………………… (19)
　2.2　如何分析企业的具体需求 ………………………………………………………… (24)
　　2.2.1　检查企业的战略目标和实施计划 …………………………………………… (24)
　　2.2.2　检查企业的信息流程 ………………………………………………………… (25)
　　2.2.3　评估企业电子商务技术现状 ………………………………………………… (26)
　　2.2.4　研究企业的 4 种基本选择 …………………………………………………… (27)
　2.3　需求建议书的准备与发布 ………………………………………………………… (29)
　　2.3.1　什么是需求建议书 …………………………………………………………… (29)
　　2.3.2　需求建议书的主要内容 ……………………………………………………… (29)
　　2.3.3　申请书的征集对象 …………………………………………………………… (31)
　　2.3.4　征集申请书的注意事项 ……………………………………………………… (32)
　思考题 …………………………………………………………………………………… (32)

3 电子商务项目构思 ································ (33)

  3.1　项目构思的意义与切入点 ···················· (33)

    3.1.1　项目构思的意义 ························· (33)

    3.1.2　项目构思的切入点 ······················ (33)

  3.2　影响项目构思的因素 ······················· (34)

    3.2.1　宏观环境变化对电子商务项目构思的影响 ······ (34)

    3.2.2　微观环境变化对电子商务项目构思的影响 ······ (35)

  3.3　电子商务项目构思的常用方法 ················· (37)

    3.3.1　混合法 ······························ (37)

    3.3.2　集体创造法 ·························· (38)

    3.3.3　头脑风暴法 ·························· (38)

    3.3.4　创新思维法 ·························· (39)

    3.3.5　比较分析法 ·························· (40)

  3.4　电子商务项目构思的成功案例 ················· (40)

    3.4.1　发散式创新:将网络商店开到美国 ·········· (40)

    3.4.2　信息整合术:网上英语角 ················· (40)

    3.4.3　运动器材公司的网络营销 ················ (41)

  思考题 ································· (43)

4 提出电子商务解决方案 ······················ (44)

  4.1　申请前期的沟通与研究 ····················· (44)

    4.1.1　申请前期沟通的意义 ···················· (44)

    4.1.2　申请前期沟通的内容与方式 ··············· (45)

    4.1.3　申请前期的研究工作 ···················· (46)

    4.1.4　前期研究的代价与回报 ·················· (48)

  4.2　是否投标 ······························· (48)

    4.2.1　决定是否投标的主要因素 ················ (48)

    4.2.2　客户如何评估承约商的申请 ··············· (50)

  4.3　准备申请书 ···························· (51)

    4.3.1　申请书的内容 ························· (51)

    4.3.2　技术部分编制要求 ····················· (52)

    4.3.3　管理部分编制要求 ····················· (53)

    4.3.4　成本估算书的编制要求 ·················· (54)

  4.4　提交申请书以及后续行动 ··················· (55)

    4.4.1　提交申请书的注意事项 ·················· (55)

    4.4.2　合同签约 ···························· (56)

  4.5　投标案例 ······························· (58)

  思考题 ································· (60)

5 电子商务项目计划编制 ······················ (61)

  5.1　范围计划 ······························· (61)

5.1.1 项目范围的概念 …………………………………………………………… (61)
5.1.2 项目范围的界定 …………………………………………………………… (61)
5.1.3 工作分解结构 ……………………………………………………………… (61)
5.1.4 项目范围计划的编制 ……………………………………………………… (63)

5.2 进度计划 …………………………………………………………………………… (63)
5.2.1 项目进度计划的含义及其重要性 ………………………………………… (63)
5.2.2 项目进度计划的编制过程 ………………………………………………… (63)
5.2.3 网络计划的应用 …………………………………………………………… (65)

5.3 费用计划 …………………………………………………………………………… (69)
5.3.1 项目费用的构成 …………………………………………………………… (69)
5.3.2 项目费用计划应考虑的因素 ……………………………………………… (70)
5.3.3 项目费用的估算 …………………………………………………………… (70)

5.4 质量计划 …………………………………………………………………………… (71)
5.4.1 项目质量和质量计划 ……………………………………………………… (71)
5.4.2 质量计划的作用及一般要求 ……………………………………………… (72)
5.4.3 质量计划的编制方法 ……………………………………………………… (72)

5.5 人力资源计划 ……………………………………………………………………… (73)
5.5.1 人力资源计划的概念和编制原则 ………………………………………… (73)
5.5.2 制订组织规划 ……………………………………………………………… (73)
5.5.3 项目人员配备计划 ………………………………………………………… (73)
5.5.4 项目人员的招聘与培训计划 ……………………………………………… (74)

5.6 沟通计划 …………………………………………………………………………… (75)
5.6.1 沟通计划的概念 …………………………………………………………… (75)
5.6.2 项目沟通 …………………………………………………………………… (75)
5.6.3 提高沟通绩效的要点 ……………………………………………………… (76)
5.6.4 项目沟通计划的编制 ……………………………………………………… (77)

5.7 风险管理计划 ……………………………………………………………………… (78)
5.7.1 项目风险管理与风险管理计划 …………………………………………… (78)
5.7.2 风险识别与风险评估 ……………………………………………………… (78)
5.7.3 项目风险的种类与应对策略 ……………………………………………… (78)

5.8 采购计划 …………………………………………………………………………… (79)
5.8.1 项目采购概述 ……………………………………………………………… (79)
5.8.2 采购计划的编制 …………………………………………………………… (80)

思考题 ……………………………………………………………………………………… (80)

6 电子商务项目可行性研究 ……………………………………………………………… (81)

6.1 可行性研究概述 …………………………………………………………………… (81)
6.1.1 可行性研究的目的与工作程序 …………………………………………… (81)
6.1.2 可行性研究的类型及基本要求 …………………………………………… (81)

6.2 可行性研究的内容与方法 ………………………………………………………… (82)
6.2.1 必要性研究 ………………………………………………………………… (82)
6.2.2 技术可行性研究 …………………………………………………………… (83)
6.2.3 经济可行性研究 …………………………………………………………… (85)

    6.2.4　投资效益分析方法 ……………………………………………… (87)

    6.2.5　不确定性分析 ………………………………………………… (93)

  6.3　可行性研究报告的编制 …………………………………………… (94)

    6.3.1　可行性研究报告的内容要求 ………………………………… (94)

    6.3.2　可行性研究报告编制案例 …………………………………… (95)

  思考题 …………………………………………………………………… (102)

7　电子商务项目常用技术 ……………………………………………… (103)

  7.1　EDI 技术 …………………………………………………………… (103)

    7.1.1　EDI 的发展背景及含义 ……………………………………… (103)

    7.1.2　EDI 的作用 …………………………………………………… (104)

    7.1.3　实施 EDI 涉及的硬件和软件 ………………………………… (106)

    7.1.4　实施 EDI 的成本及效益评价 ………………………………… (107)

  7.2　ERP 技术 …………………………………………………………… (108)

    7.2.1　ERP 理论的形成和含义 ……………………………………… (108)

    7.2.2　ERP 的作用 …………………………………………………… (109)

    7.2.3　实施 ERP 的硬件和软件 ……………………………………… (109)

    7.2.4　实施 ERP 的成本和效益分析 ………………………………… (110)

  7.3　客户关系管理 ……………………………………………………… (112)

    7.3.1　客户关系管理的发展历程 …………………………………… (112)

    7.3.2　CRM 的功能 ………………………………………………… (113)

    7.3.3　构建 CRM 项目的硬件和软件 ……………………………… (115)

    7.3.4　构建 CRM 的投资和效益 …………………………………… (116)

  7.4　网站建设与管理技术 ……………………………………………… (117)

    7.4.1　网站的重要性 ………………………………………………… (117)

    7.4.2　网站的设立方式 ……………………………………………… (118)

    7.4.3　网站的建设过程 ……………………………………………… (119)

    7.4.4　网站的设计与管理 …………………………………………… (120)

  7.5　移动商务技术 ……………………………………………………… (123)

    7.5.1　移动商务的概念 ……………………………………………… (123)

    7.5.2　移动商务的特点 ……………………………………………… (123)

    7.5.3　移动商务和电子商务的区别 ………………………………… (124)

    7.5.4　移动商务的应用 ……………………………………………… (125)

    7.5.5　移动商务的发展趋势 ………………………………………… (126)

  7.6　云计算技术 ………………………………………………………… (127)

    7.6.1　云计算的概念 ………………………………………………… (127)

    7.6.2　云计算的基本原理和技术基础 ……………………………… (127)

    7.6.3　云计算的特点 ………………………………………………… (127)

    7.6.4　云计算的主要服务形式和典型应用 ………………………… (128)

    7.6.5　云计算的发展趋势 …………………………………………… (129)

  7.7　物联网技术 ………………………………………………………… (129)

    7.7.1　物联网的概念 ………………………………………………… (129)

    7.7.2　物联网技术对电子商务的影响 ……………………………… (130)

    7.7.3　物联网应用案例 ……………………………………………… (130)

    7.7.4　物联网的发展趋势 …………………………………………… (131)

  7.8　其他技术 ………………………………………………………… (132)

    7.8.1　供应链管理（SCM） ………………………………………… (132)

    7.8.2　条码技术 ……………………………………………………… (133)

    7.8.3　POS 系统 ……………………………………………………… (135)

    7.8.4　电子商务系统的其他组件 …………………………………… (135)

  思考题 ………………………………………………………………… (136)

8　零售业电子商务项目运作 …………………………………………… (137)

  8.1　传统零售业的特点和面临的挑战 ……………………………… (137)

  8.2　传统零售业企业的出路 ………………………………………… (138)

    8.2.1　锁定目标，开展电子商务 …………………………………… (138)

    8.2.2　传统零售业企业运作电子商务项目的要点 ………………… (139)

  8.3　零售业电子商务项目运作案例 ………………………………… (141)

    8.3.1　苏果超市的电子商务项目 …………………………………… (141)

    8.3.2　沃尔玛的电子商务项目 ……………………………………… (146)

  思考题 ………………………………………………………………… (151)

9　制造业电子商务项目运作 …………………………………………… (152)

  9.1　制造业企业开展电子商务的意义 ……………………………… (152)

  9.2　制造业电子商务项目发展战略 ………………………………… (153)

    9.2.1　构成制造业电子商务价值链的基本要素 …………………… (153)

    9.2.2　影响制造业电子商务项目成败的关键因素 ………………… (155)

    9.2.3　制造业企业实施电子商务的战略理念 ……………………… (157)

    9.2.4　制造业软件企业的战略理念 ………………………………… (159)

  9.3　制造业企业实施电子商务的步骤 ……………………………… (160)

    9.3.1　全面规划企业 ………………………………………………… (160)

    9.3.2　构造基础电子商务平台 ……………………………………… (160)

    9.3.3　建立后台应用系统 …………………………………………… (161)

    9.3.4　实施前台电子商务 …………………………………………… (162)

    9.3.5　拓展未来的网上业务 ………………………………………… (163)

  9.4　案例：海尔的电子商务项目 …………………………………… (163)

    9.4.1　海尔电子商务概述 …………………………………………… (163)

    9.4.2　海尔的电子商务理念 ………………………………………… (164)

    9.4.3　海尔电子商务成功应用 ……………………………………… (164)

    9.4.4　海尔电子商务未来展望 ……………………………………… (166)

  思考题 ………………………………………………………………… (167)

10　农业电子商务项目运作 …………………………………………… (168)

  10.1　农业的行业特点与我国农业的信息化情况 ………………… (168)

    10.1.1　农业的行业特点 …………………………………………… (168)

    10.1.2　我国农业的信息化情况 ·················· (169)

  10.2　农业电子商务项目运作要点 ·················· (171)

    10.2.1　为政府的农业信息化工程服务 ·················· (171)

    10.2.2　为农业龙头企业服务 ·················· (173)

    10.2.3　构建农村市场服务体系 ·················· (174)

  10.3　农业电子商务项目运作案例 ·················· (176)

    10.3.1　中国农业网站概况 ·················· (176)

    10.3.2　典型农业网站剖析 ·················· (178)

    10.3.3　农业网站的作用 ·················· (181)

  思考题 ·················· (182)

11　旅游业电子商务项目运作 ·················· (183)

  11.1　旅游业电子商务发展现状 ·················· (183)

    11.1.1　旅游业的特点 ·················· (183)

    11.1.2　旅游业电子商务的交易类型 ·················· (185)

    11.1.3　电子商务在旅游业的应用状况 ·················· (186)

  11.2　旅游业电子商务项目运作要点 ·················· (189)

    11.2.1　旅行社的商务活动电子化 ·················· (189)

    11.2.2　旅游景区的网络营销 ·················· (191)

    11.2.3　酒店宾馆的电子商务项目运作 ·················· (192)

  11.3　旅游业电子商务的成功案例 ·················· (193)

  思考题 ·················· (197)

12　物流业电子商务项目运作 ·················· (198)

  12.1　物流业电子商务发展现状 ·················· (198)

    12.1.1　现代物流业的演变与特点 ·················· (198)

    12.1.2　电子商务在物流业的应用状况 ·················· (200)

  12.2　物流业电子商务项目运作要点 ·················· (200)

    12.2.1　我国物流业存在的主要问题 ·················· (200)

    12.2.2　我国物流业发展电子商务的必要性 ·················· (202)

    12.2.3　物流业电子商务项目运作的战略步骤 ·················· (203)

    12.2.4　物流业电子商务项目运作应注意的问题 ·················· (205)

  12.3　物流业电子商务的成功案例 ·················· (206)

    12.3.1　招商局物流的信息系统 ·················· (206)

    12.3.2　宝供物流的电子商务 ·················· (207)

  思考题 ·················· (210)

13　金融保险业电子商务项目运作 ·················· (211)

  13.1　金融保险业电子商务发展现状 ·················· (211)

    13.1.1　金融保险业电子商务概述 ·················· (211)

    13.1.2　我国金融保险网站的回顾与评价 ·················· (212)

    13.1.3　金融保险业电子商务项目的特点 ·················· (214)

13.2 金融保险业电子商务项目运作要点 ┄┄┄┄┄┄┄┄┄┄┄┄┄┄┄┄ (215)

13.2.1 我国金融保险业与国际水平的差距 ┄┄┄┄┄┄┄┄ (215)

13.2.2 电子商务对金融保险业的影响 ┄┄┄┄┄┄┄┄┄┄ (215)

13.2.3 我国金融保险业电子商务项目运作的思路 ┄┄┄┄ (217)

13.2.4 我国金融保险业电子商务项目运作应注意的问题 ┄ (219)

13.3 金融保险业电子商务的成功案例 ┄┄┄┄┄┄┄┄┄┄┄┄┄┄┄┄ (220)

13.3.1 韩国人寿保险公司的电子商务 ┄┄┄┄┄┄┄┄┄┄ (220)

13.3.2 中国平安保险公司的电子商务 ┄┄┄┄┄┄┄┄┄┄ (221)

思考题 ┄┄┄┄┄┄┄┄┄┄┄┄┄┄┄┄┄┄┄┄┄┄┄┄┄┄┄┄┄┄┄┄┄ (223)

14 国际贸易电子商务项目运作 ┄┄┄┄┄┄┄┄┄┄┄┄┄┄┄┄┄┄┄┄┄┄ (224)

14.1 国际贸易电子商务概述 ┄┄┄┄┄┄┄┄┄┄┄┄┄┄┄┄┄┄┄┄┄ (224)

14.1.1 国际贸易电子商务的概念 ┄┄┄┄┄┄┄┄┄┄┄┄ (224)

14.1.2 国际贸易电子商务的内容、手段和特点 ┄┄┄┄┄ (224)

14.2 外贸企业实行电子商务的必要性 ┄┄┄┄┄┄┄┄┄┄┄┄┄┄┄┄ (225)

14.2.1 外贸企业适应环境变化的需要 ┄┄┄┄┄┄┄┄┄┄ (225)

14.2.2 外贸企业维持自身竞争力的需要 ┄┄┄┄┄┄┄┄┄ (225)

14.2.3 外贸企业增强与合作伙伴共生关系的需要 ┄┄┄┄ (225)

14.2.4 外贸企业掌握客户资源的需要 ┄┄┄┄┄┄┄┄┄┄ (226)

14.3 电子商务对国际贸易的影响 ┄┄┄┄┄┄┄┄┄┄┄┄┄┄┄┄┄┄ (226)

14.3.1 改进了国际贸易的交易手段 ┄┄┄┄┄┄┄┄┄┄┄ (226)

14.3.2 增加了交易的便捷程度 ┄┄┄┄┄┄┄┄┄┄┄┄┄ (226)

14.3.3 通过减少交易环节影响了组织结构 ┄┄┄┄┄┄┄┄ (227)

14.3.4 减少国际贸易企业的交易成本 ┄┄┄┄┄┄┄┄┄┄ (227)

14.4 发达国家国际贸易电子商务的发展情况 ┄┄┄┄┄┄┄┄┄┄┄┄ (227)

14.4.1 美国:以私人公司提供的电子商务服务为主 ┄┄┄┄ (227)

14.4.2 新加坡:以政府强制电子商务服务为主 ┄┄┄┄┄┄ (228)

14.4.3 欧盟:建设统一的技术、政策和支持框架 ┄┄┄┄┄ (228)

14.5 我国国际贸易电子商务存在的问题及其对策 ┄┄┄┄┄┄┄┄┄┄ (229)

14.5.1 我国国际贸易电子商务存在的问题 ┄┄┄┄┄┄┄┄ (229)

14.5.2 我国外贸企业参与电子商务的对策 ┄┄┄┄┄┄┄┄ (229)

14.6 案例:国际贸易电子商务应用 ┄┄┄┄┄┄┄┄┄┄┄┄┄┄┄┄┄ (230)

14.6.1 电子商务使道康宁公司摆脱危机 ┄┄┄┄┄┄┄┄┄ (230)

14.6.2 eBay外贸门户网站 ┄┄┄┄┄┄┄┄┄┄┄┄┄┄┄ (232)

思考题 ┄┄┄┄┄┄┄┄┄┄┄┄┄┄┄┄┄┄┄┄┄┄┄┄┄┄┄┄┄┄┄┄┄ (234)

参考文献 ┄┄┄┄┄┄┄┄┄┄┄┄┄┄┄┄┄┄┄┄┄┄┄┄┄┄┄┄┄┄┄┄┄┄┄ (235)

1 概述

1.1 电子商务项目

1.1.1 电子商务的概念

电子商务按照字面的意思,是指通过电子手段进行商务活动。电子商务的本质是商务活动,电子商务的手段,是利用电子技术特别是现代的计算机网络技术。对电子商务,目前国内外尚无一个统一公认的定义,但大体上可以归纳为广义和狭义两种基本的理解。

广义的电子商务(Electronic Business,EB),是指各行各业,包括政府机构和企业、事业单位各种业务的电子化、网络化,可称为电子业务,包括企业的电子商务、政府的电子政务、军队的电子军务、医院的电子医务、学校的电子教务,家庭的电子家务等。

狭义的电子商务(Electronic Commerce,EC),是指人们利用电子化手段进行以商品交换为中心的各种商务活动,如厂家、商家、其他企业相互之间以及与消费者个人之间利用计算机网络进行的各种商务活动,可称为电子交易,包括电子商情、电子广告、电子合同签约、电子购物、电子支付、电子转账、电子结算、电子商场、电子银行等不同层次、不同程度的电子商务活动。

本书采用广义电子商务的概念。本书所谈的电子商务,主要是指使企业商务活动的电子化和网络化。这里的企业包括但不限于商业流通企业。"化"是一个过程的概念,是指我们所说的对象从一种状态变成另一种状态的过程。对电子商务来说,这个过程有丰富的内容,由无数大大小小的项目所构成。

1.1.2 电子商务项目的含义和特征

项目(Project)是工程管理上的术语。项目有着极其广泛的含义,一件认真策划并完成的事情,可以看成为一个项目;家庭住房的装修,也可看作一个项目;安排一个隆重的生日庆典,是一个项目;修建一条马路,也是一个项目。在投资人的眼里,一个可以在预期内收回本金并能盈利的投资活动,是一个投资项目;在政府官员眼里,针对社会上某些问题出台一个政策并付诸实施,是一个治理项目;在城市建设中,建一个污水处理厂,是一个环保项目;在商场管理中,采用 POS 机和数据库系统辅助结算和收款工作,就是一个电子商务项目。

一言以蔽之,所谓项目,是指以一套独特而相互联系的任务为前提,有效地利用资源,为实现一个特定的目标所做的努力。电子商务项目,则是指用电子手段来装备一切商务活动过程的种种努力。

一般来说，凡是项目，总具有一些共同的特征，电子商务项目也不例外。这些特征是：

1) 目标、任务与资源

任何项目都有一个明确界定的目标——一个期望的结果或产品。项目的目标通常用工作范围、进度计划和成本来表达。例如，一个电子商务项目的目标可能是花 1 万元人民币，用 2 个月的时间，完成一个企业的网页设计和制作，并送上互联网，从而使企业的老板感到满意；另一个电子商务项目的目标可能是花 20 万元人民币，用 3 个月的时间为本单位构建一个客户关系管理(CRM)系统，提高本单位对客户的管理能力。

项目的执行，就是通过完成一系列相互关联的任务，从而达到预定的目标。这些任务互不重复，彼此之间有一定的先后顺序。例如，一个传统企业的上网项目，可能会包括 ISP(互联网服务提供商)选择、域名登记、网站规划、网页文稿编撰、现场或实物拍照、图片选择、文字输入、版面美化、动画处理、链接、上传、引擎登记等任务。这些任务有先有后，任务全部完成后，目标才能实现。

项目需要运用各种资源来执行任务。这些资源包括不同的人力、组织、设备、原材料和工具。例如，企业上网项目可能涉及的资源有：ISP、网页设计与制作人员、计算机、扫描仪或数码相机、通信线路等等。

2) 具体的时间计划

项目有具体的时间计划或有限的寿命。它有一个开始时间和目标必须实现的到期日。例如，整修一幢教学楼可能必须在 7 月 20 日到 8 月 30 日时间内完成。一个企业上网的项目可能是从 3 月 1 日起到 5 月 20 日之前完成。

有的项目执行的时间可能很长，如大型的建设项目，可能持续几年或十几年。但中小企业的电子商务项目，一般执行期不会超过 2 年，大多数只有几个月，有的甚至更短。

3) 独特性和一次性

项目本身可能是独一无二的、一次性的努力。

有的项目很明显是独一无二的，如三峡建设工程，前人没有搞过。

另外一些项目，如给甲乙两个企业设计网站，虽然工作性质相似，但甲企业与乙企业的具体情况和对网站要求可能差别很大，所以虽然同为建网站，但成本、工期和作业方式可能相差很远，所以给甲企业设计网站和给乙企业设计网站，因其特定的需求不同，项目仍是独一无二的。

任何成功的项目，其效益或影响是长期的，也可能是持续的。但就项目本身来说，都是一次性的努力。例如，企业网站项目，随着网站的建成发布，项目也就结束了。建网站是一次性的努力，但网站的影响可能很长远。

4) 客户和承约商

所谓客户，是指为项目提供必要资金，以达到目标的组织或个人。承约商就是用客户的资金来执行项目的组织或个人。每个项目都有客户。当一个承约商为某公司建设网站，该公司就是资助这一项目的客户。当一个企业从政府那里得到资金，开发一种公共数据库，客户就是该政府机构。当某公司提供资金给公司内部一组人员，要求升级公司的管理信息系统，客户就是这个公司。有时候，客户这个词具有更广泛的含义，不仅包括目标资助人(如上述的公司管理层)，而且包括其他利害关系方，例如包括那些将成为信息系统最终用户的人们。承约商必须成功地完成项目目标，以使客户满意。

5）不确定性及影响因素

任何项目都包含不确定性。

一个项目开始之前,一般在一定的假设和预算基础上准备一份计划。这些假设影响着项目预算、进度计划和工作范围的发展。项目以一套独特的任务、任务所需要的时间估计、各种资源及这些资源的有效性及性能为假设条件,并以资源的相关成本估计为基础。这种假定和预算的组合产生了一定程度的不确定性,影响着项目目标的成功实现。例如,最终成本可能会高于预计成本,因为当初低估了某些资源的费用;实际工期可能延长,因为当初对困难估计不足等。

6）项目成功的制约因素

项目目标的成功实现通常受四个因素制约:项目范围、成本、进度计划和客户满意度。

(1)项目范围　也就是工作范围,是指为了使客户满意而必须做的全部工作。要使客户满意,关键是项目的交付物(有形产品或是所提供的服务)要满足项目开始时所指定的认定标准与要求。例如,一个电子商务项目范围可能涉及网络平台供应商的选择、计算机及相关设备的选择、企业内部工作流程的梳理或改造等所有的工作,承约商应该在一开始就和客户达成一个一致认同的计划,并明确哪些是承约商必须完成的任务,哪些是客户自己要做的事情。客户总是期望承约商高质量地完成工作范围。如果为企业建造一个目的是宣传该企业产品的网站,在完成工作范围并交付验收后,客户发现访问速度很慢、有些链接无法使用,这样的项目客户是不会满意的。

(2)项目成本　是指客户同意为一个可接受的项目交付物所付的款额。项目成本以预算为基础,包括将用于支付项目的人员工资、原材料成本、设备和工具费用以及任务可能分包或外包的费用。例如,建一个电子商务网站的成本可能包括人员工资、设备购置安装费、材料消耗、专线租用与服务器租赁费、网页制作包干费、数据库开发外委课题费等等。

(3)项目进度计划　是指每项活动开始及结束时间具体化的进度计划。客户通常给承约商一个总的时间要求和目标要求,承约商必须将总的目标转化为必要而有序的各项任务,并对每项任务的完成时间作出安排。这种安排就构成了进度计划。在多数情况下,承约商为了使自己和客户确信项目能够成功,有必要在项目开始前建立一份计划,计划应当包括所有工作任务、相关成本和必要的完成任务所需要的时间估计。如果没有这样的计划,将会增加不能按时在预算内完成全部工作的风险。

(4)客户满意度　是指客户对项目的满意程度。使客户满意,不仅仅是按时在预算内完成工作范围,或是在项目结束后问他是否满意。项目负责人要随时与客户沟通,使客户知晓项目进展情况,以便决定是否需要改变期望。定期地安排会议或作进度报告,经常进行电话讨论或发送电子邮件,是实现沟通的最经济便捷的办法。客户满意就意味着把客户作为一个合作伙伴,在整个项目过程中让客户和承约商一同积极参与,以获得项目的成功。项目负责人要了解整个项目过程中的客户满意度,通过与客户保持定期沟通,使客户感觉到他是真正关心客户期望的,这样可以最大限度地防止日后出乎意料的不愉快的事情发生。

1.1.3　电子商务项目的范围和特点

电子商务项目的范围很广,既包括企业的电子商务建设,也包括政府、个人和社会其他主体的电子商务活动。由于企业是商务活动的主流主体,所以,利用现代电子技术来武装传统企业的商务活动过程,使企业在信息交换、计划决策、物料采购、生产安排和控制、市场营销、人事、行政、物流和财务管理等各个环节或各个方面采用适当的电子手段来提高效率、降低成本、提高竞争力的努力,是电子商务项目的重心所在。

1) 电子商务项目的范围

明确电子商务项目的范围,也可以进一步帮助我们理解电子商务项目的概念。一般来说,电子商务项目的范围可以从两个角度来概括:

(1) 传统企业的电子商务改造 传统企业是与现代企业相比较而言的一个称谓,多是指在传统行业(非信息产品生产行业)的企业,这些企业尚未采用现代信息技术来装备自己。在现代的市场竞争环境下,传统企业迫切需要信息化,需要在商务流程中实现电子化,也就是需要实现电子商务。因为在商务活动中采用的电子技术与过去采用的其他技术相比,条件和结果都有很大的不同,因此新技术的采用,势必要求工作流程作相应的改变。换句话说,需要对商务流程进行再造,以适应电子商务的特点。这就是企业的电子商务改造。

传统企业的电子商务改造,可以是一个简单的项目(如上网发布产品信息),也可以是一个较复杂的项目(如建立办公自动化系统,或建立一个与客户互动的 B to B 电子商务网站);可以是一个短期项目(如 2 个星期内完成),也可以是一个长期项目(如持续 2 年);可以是一个单体项目,也可以是由许多单体项目所构成的综合性项目。这些项目,虽然大小不同、长短不一、复杂程度深浅不等,但都属于电子商务项目范畴。

(2) 一般 IT 企业的工程承包和其他活动 所谓 IT 企业,是指生产销售电子信息产品或提供相关技术服务的企业。传统企业的电子商务改造任务,特别大型的、复杂的综合性项目,往往将部分任务委托给 IT 企业去完成。许多 IT 企业,其实就是专为传统企业提供电子商务服务而设立的。这些企业的主营业务就是策划、发展和执行电子商务项目。他们往往是项目的承约商。

所以,一般 IT 企业为传统企业策划并承揽的企业上网工程、企业办公自动化系统建设、企业管理信息系统建设、企业网站建设等任务,都属于电子商务项目的范畴。

当然,IT 企业自己开发电子商务产品或服务的过程,也是电子商务项目。因为从本质上说,这都是为实现商务活动的电子化所作的努力。

2) 电子商务项目的特点

电子商务项目与一般工程项目相比,有如下一些特点:

(1) 项目牵涉的角色 电子商务项目牵涉的角色往往较多。在一般项目中,主要角色大多是两个,一个是项目的出资者(客户),一个是项目的执行者(承约商)。对一个复杂的电子商务项目来说,项目所涉及的角色往往还可以有独立的策划者、设计者和承建商。小的简单的电子商务项目,策划者和设计者往往是一体的,或是独立实体,或是客户本身,或是项目承建商。

在特殊情况下,一个人也可以搞一个电子商务项目,自己出资、自己设计和执行,那么这个人自己就承担了双重角色,既是项目的客户又是项目的执行者。

(2) 软件投资 软件投资比重较大,是电子商务项目和一般工程建设项目相比的另一个不同之处。例如,一般建设项目的执行结果,往往形成较大比例的固定资产,但电子商务项目的执行结果,主要是形成无形的管理与服务能力,项目投资主要是形成无形资产而不是固定资产。

(3) 项目生命周期 电子商务项目的生命周期较短。由于信息技术生命周期短、更新换代快,所以电子商务项目一般都要涉及系统(特别是计算机软件系统)的升级换代问题。正因为如此,一个电子商务项目,不可能持续太长的时间,否则项目尚未建成,就要承担被淘汰的风险。也是由于这个原因,对一个具体的电子商务项目来说,其效益的持续时间也不会很长,不可能像一座建筑物那样持续几十年,除非你不断地更新,跟上技术进步的节奏。

1.2 项目生命周期与管理过程

1.2.1 项目生命周期

项目生命周期是指项目从诞生到结束所经历的时间。项目生命周期一般分为四个阶段:第一阶段是识别需求,第二阶段是提出解决方案,第三阶段是执行项目,第四阶段是结束项目。在这四个不同的阶段里,往往由不同的组织、个人和资源扮演着主要角色。

1) 识别需求

当需求被客户(愿意提供资金,使需求得到满足的个人或组织)确定时,项目就诞生了。如一个企业,需要与所有可能的客户建立迅捷的联系,愿意提供资金,把潜在客户的电子信箱地址收集起来,并形成自己的邮件组发系统,企业决定做这件事,这个项目也就成立了。又如一个县的政府某部门,愿意出资将全县的企业信息搬到互联网上,以提高本县企业的知名度和竞争力,在这里,提供资金者和需求得到满足者可以不是同一个主体。

客户必须首先确定需求或问题。有时候,问题会被迅速确认,如在某些突发事件出现的情况(如自然灾害爆发)下,客户会立即产生需求。而在另外一些情况下,客户可能需要很长的时间才能清晰地确认需要,收集问题和有关资料,确定解决问题的个人或组织(承约商)所需满足的特定条件。

对大中型企业来说,在面向承约商确认电子商务需求之前,往往要经过很长的酝酿过程。在这个过程中往往是悄悄地进行初步可行性研究,最后形成一个项目建议书或初步可行性研究报告。项目建议书经企业高层批准后,企业会安排内部的某个项目经理(或类似职务的人)来组织和推动项目的发展,包括联络承约商,或自己组建项目团队。

在项目生命周期的第一阶段,有一种做法是客户向承约商征询需求建议书(Request For Proposal, RFP),客户提出需要解决的问题,要求承约商提交有关他们如何在成本约束和进度控制下解决问题的申请书。一个把升级它的计算机系统作为需求的公司,可能会以RFP的方式把它的需求用文件表达出来,并把文件分别送给几家计算机咨询公司。

然而,并不是所有情况下都有一个正式的RFP。例如,在有些中小企业领导聚集的讨论会上,人们通常很随便地定义需求。某些人可能会自愿或者是被要求准备一份申请书,以决定项目是否由其承担,并满足需求。我们在电子商务项目的实践中发现,有时候传统企业对实现电子商务的需求,往往需要承约商来予以引导,需要承约商来帮助他们明确。在这种情况下,企业(客户)就很难发出RFP。

再如,某公司的管理层想建立公司的网站,可能责成公司内部某个部门(公司内部项目团队)提交一份如何建设网站的申请书。在这种情况下,承约商是公司内部的项目团队,客户是公司经理或者可能是董事会。确定一个正确的需求是很重要的。对本例来说,公司的网站是一个仅仅宣传产品的静态网站呢？还是要建一个有互动功能的网上交易平台？这要根据公司的经营战略和可利用的资源（包括可以投入多少资金）的情况来确定。

2）提出解决方案

项目生命周期的第二个阶段就是提出解决客户需求或问题的方案。一般是承约商在这个阶段向客户提交申请书（或称投标书），他们希望客户为今后执行解决方案付给他们酬劳。

在这个阶段，承约商的努力很重要。对回复 RFP 感兴趣的承约商，可能会花几个星期时间来提出一种解决问题的方案，并估计所需资源的种类、数量、执行解决方案所花费的时间。每个承约商都会以书面申请的方式，把有关信息用文件的方式交给客户。例如，几个承约商可能会同时向一个客户提交有关开发和执行一个自动开发票和结账系统的申请书。在客户评估了申请书并选出中标者后，客户和中标的承约商将协商签署合同（或协议）。

如果是公司内部的项目团队提出一份响应管理者所定义的需求的申请书（即需求的解决方案），管理者同意以后，项目的执行者就会是公司内部的项目团队，而不是公司外部的承约商。

为了提出容易中标的解决方案，承约商应该认真研究客户需求和相关条件，同时也要考虑自己执行项目时的能力。

3）执行解决方案

项目生命周期的第三阶段是执行解决方案。这一阶段从客户与承约商签订合同后开始。这一阶段就是执行项目阶段，包括制订详细的计划，然后执行计划以实现项目目标。

在执行项目期间，将会使用到不同类型的资源。例如，有关设计并建造一幢办公楼的项目，项目努力的方向可能首先包括由建筑师制订一个建造计划，然后，在工程建设期间，大量增加所需资源，包括钢筋工、泥瓦工、木匠、电工、油漆工等等。项目在盖好楼之后结束，少数其他工人将负责完成美化环境的工作和最后的内部装修，此阶段的结束将会导致项目目标的最终实现。

这一阶段是使客户满意的关键阶段。而使客户满意的要点是：整个工作高质量地在预算内按时完成，全部工作在客户满意的前提下完成。例如，一个承约商已经完成了客户自动系统的设计、安装，并且系统顺利通过了绩效测试，客户接受了这一系统，或是公司内部项目团队已经按照管理层的要求完成了项目，管理层满意，那么这一阶段也就顺利结束了。

4）结束项目

项目生命周期的最后阶段就是结束项目阶段。当项目结束时，某些后续的活动仍需执行。这些活动包括：

（1）检查所有的交付物清单，看有无应交但却遗漏未交的交付物。

（2）看客户对交付物是否全部接收，客户的满意度是否达到预期的程度。

（3）检查所有的款项是否已经交付结清，所有的发票是否已经偿付。

这一阶段还有一个重要任务，就是评估项目绩效。通过评估，明确该在哪些方面改善，以便在未来执行相似项目时有所借鉴。

5）项目生命周期的长度和各阶段的力量投入

项目生命周期的长度依项目内容、复杂性和规模而定，一般从几个星期到几年不等。上节已经讨论过，电子商务项目的周期比一般建设项目的周期要短，主要是因为技术更新较快。客户一旦明确了需求，也常常要求承约商尽快完成项目，早日交付使用。

在项目生命周期的四个不同的阶段，所需要投入的力量如图 1.2.1 所示。

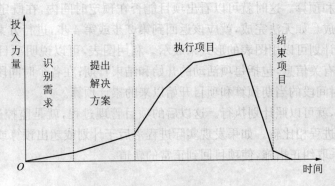

图 1.2.1　项目生命周期的四个阶段

从图 1.2.1 可以看出,在第一阶段,投入的力量从零开始,逐渐增加;第二阶段比第一阶段要投入更多的人力和其他资源;第三阶段(即项目执行阶段),投入的力量急剧增加,当项目接近结束时,投入的力量以更加急剧的速率减少;在项目结束阶段,投入的力量逐渐减少到零。具体的曲线形状依不同项目或项目任务的不同安排而异。

1.2.2　一般项目管理过程

项目管理已经发展成为一门专门的学科。国际上有很多项目管理组织,其中欧洲的国际项目管理协会(International Project Management Association, IPMA)在世界各国通过培训、考试,颁发项目管理经理人资格证书。证书分 A、B、C、D 四级,持 A 级证书者有资格担任国际重大项目的管理人(或担任项目总经理),年薪可达 30 万美元。持 D 级证书的人也容易在一些跨国公司的项目管理过程中找到一个适合于自己的工作岗位。

一般项目管理过程,简单地说,就是制订计划,然后按照计划工作。假如我们把足球队参加一场足球赛作为一个项目,教练可能花好几个小时来制订一个参赛的准备计划,然后队员们执行这个计划,努力达到目标——取得比赛的胜利。相似地,项目管理也包括这样一个过程,首先制订计划,然后执行计划,以实现项目目标。

项目管理过程的关键环节是要建立一个好的基准计划。基准计划说明如何按时在预算内实现项目范围。这一计划工作过程包括以下步骤:

(1) 定义项目目标　项目目标的定义必须在客户与项目执行者之间达成一致,这需要仔细研究项目合同与申请书,在此基础上双方作进一步的沟通和确认。

(2) 划分项目范围为工作包(Work Packages)　也就是把总任务分解成几大块。分解的目的是便于分工、分析与管理。通常对每一个工作包确认组织或个人的责任。

(3) 界定每一个工作包必须执行的具体活动。

(4) 绘制网络图　用网络图来表明各种活动之间的必要的次序和依赖性。一张网络图就是一个施工方案。因各种活动的安排次序可能不一样,因此项目的网络图可以不是惟一的,往往需要不断调整,以得到优化方案。

(5) 估计每一项活动所需要的时间和其他资源　即计算每项活动要花多长时间、每种资源要用多少才能在预计的时间内完成项目。

(6) 测算每一项活动的成本　成本基于每项活动所需要的资源类型和数量而定。

(7) 估计项目总体进度及预算　依据网络图和每项活动的时间与成本估计,可以汇总出项目总体进度和预算。这时就可以看出项目能否在预定时间内,在既定的资金与可利用资源的条件下完成。如无法完成,就应该返回到第 2 步或第 4 步,进行方案的调整。

项目的基准计划可以用图表的形式来表示。利用图表,可以说明项目从开始到结束的每一个时间段的有关信息,包括每项活动的开始和结束日期;在各个时间段所需要的各种资源的数量;各个时间段的当期预算和项目开始以来的累计预算。

建立了计划,就可以照计划执行。这以后的项目管理过程,就是监控进程,包括测量实际进程并与计划进程相比较。如果发现实际进程落后于计划或超出预算或没有达到技术要求,就必须立即采取纠正措施,使项目回到正常的轨道。

1.2.3   项目运作与项目管理的关系

"运作"一词,表达了运筹和发起的概念。项目运作就是项目的运筹发起。

项目运作的过程是一个从无项目到有项目的创造过程。在项目的生命周期中,项目运作注重于需求识别和解决方案的形成,或者说是项目发生前的策划、斡旋和立项工作,它贯穿于项目生命周期的第一和第二阶段。

项目管理是以项目为对象,由项目组织对项目进行高效率的计划、组织、领导、控制和协调等方面的管理活动,最终实现项目目标的过程。这一系列管理活动包括启动、计划、执行、控制和收尾等 5 个过程,它贯穿于项目生命周期中的每一个阶段。

从整个项目生命期的角度来看,项目运作主要是注重于前两个阶段,而项目管理则贯穿于项目生命期的 4 个阶段,所以说项目管理的范围比项目运作广,项目运作可以看成是项目管理的一个重要组成部分,是位于项目周期前段的项目管理。

在很多企业组织内部,项目运作的工作由企划部门或投资发展部门来完成,而项目的执行工作则由一个专门的项目团队来完成。也就是说,项目的运作者与执行者可能是两个独立的主体。在这种情况下,项目的运作者与执行者都必须具备项目运作和管理的基本知识和技能,了解项目运作和项目管理的全过程。

一般来说,要执行好一个项目,不能不了解这个项目是如何产生的。在多数情况下,了解项目的来龙去脉和运作过程,对整个项目管理过程的展开、提高客户的满意度、圆满完成项目任务、顺利达到项目目标是非常有帮助的,甚至是不可或缺的;同样的道理,要成功地运作一个项目,如果不了解项目管理的全过程几乎是不可能的,因为衡量一个项目运作得是否成功,最终要看该项目是否达到了预期的效果,如果项目的运作者不懂得项目管理,那么他所运作的项目很可能无法执行,更谈不上取得预期的效果。

1.3   电子商务项目运作

电子商务项目运作,就是运筹和发起电子商务项目。这是一项非常有意义的开创性的工作。这项工作,可以由各类传统企业自己去做,也可以由电子商务项目的承约商(如 IT 公司)去做,还可以由独立的中介公司(如投资顾问公司)去做。事实上,随着信息技术革命的深入和企业竞争环境的日益加剧,电子商务项目运作几乎是所有企业都不可回避的工作,而上述 IT 类企业和中介咨询类企业,有可能成为电子商务项目的专业运作人。

本节将简要地介绍电子商务项目运作的过程以及为成功地运作电子商务项目需要做哪

些必要的准备。

1.3.1 电子商务对企业的价值

目前,电子商务备受世人关注,政府的支持不是主要原因,IT企业的推动也不是主要原因,根本的原因在于电子商务自身的优势和特点,是电子商务给广大企业带来绝好的发展机遇。这些机遇表现在如下几个方面:

1) 企业扩大了市场空间

电子商务的一个重要内容是利用互联网。由于全球上网人数呈几何级数增长,所以企业可以利用互联网开发和维持一个稳定的、有较大规模的消费群体。根据中国互联网络信息中心(CNNIC)发布的统计报告,截至2012年6月底,中国网民数量达到5.38亿,互联网普及率为39.9%,手机网民规模达到3.88亿,农村网民规模为1.46亿,我国域名总数为873万个,其中.CN域名数为398万个。网上银行和网上支付用户规模在2012年上半年的增速分别达到14.8%和12.3%,截至2012年6月底,两者用户规模分别为1.91亿和1.87亿,较2011年底的用户增量均超过2 000万人。此外,手机在线支付的发展速度也非常快,截至2012年6月底,使用手机在线支付的网民规模为4 440万人,较2011年底增长约1 400万人。商务部发布的2010—2011年度《中国电子商务发展报告》指出,2011年中国电子商务交易总额为5.88万亿元人民币,同比增长29.2%,相当于2011年国内生产总值的12.5%。此外,由于互联网有数不清的信息资源,且大部分信息是免费的,所以企业可以从中获取以前无法获得的商务资源,从中挖掘商业机会。

2) 简化了商品流通过程,节约了流通成本

电子商务可以提供网上实时交易的平台,使厂商直接面对消费者,这大大提高了交易的效率。这种直接交易方式,减少了中间环节和中介费用,大大降低了原材料采购价格和商品价格,从而使消费者得到好处,也为企业维持稳定的客户关系和吸引更多的客户创造了机会。据资料介绍,英国的一些茶叶公司采用电脑订货,不仅快捷,进货成本也降低了20%。

3) 为企业提供了廉价和高效的宣传和服务手段

企业的网站就是企业自己的广告媒体和信息发布媒体,这种媒体与其他媒体相比,不仅生动、及时,而且成本很低。带有互动功能的网站,不仅可以把企业的产品更新、经营政策、企业电子期刊等信息告诉客户,还可以让客户很方便地以自己喜爱的方式向企业提供反馈信息,使企业能够对客户进行跟踪服务。此外,还有一种叫"小甜饼"(Cookie)之类的互联网技术,可以使企业知道谁在读取其站点上的信息,他们最喜欢了解哪些方面的信息。这些情报在传统的营销方式下,要通过信息发布来掌握是不可能的。

4) 使企业和供应商、客户的关系更加紧密

电子商务使企业同其价值链的两端——供应商和客户之间的关系更为密切。电子商务技术的应用创造了这条价值链上的新的交流模式,如EDI使企业间的合作得到加强;Extranet使这种紧密联系得到进一步发挥,企业可以经常了解客户和供应商的生产和供应情况,以调整自己的生产和库存水平;Web网站使信息的交流更加快捷,还能提供全新的交互式服务,使企业的服务水平和质量上一个新台阶。另外,企业通过互联网,不仅可以提高通信速度,还可以大大减少通信开支。

5) 可以提高企业内部的管理水平

电子商务包含了企业内部的网络化,而内部网络化的发展,会使企业内部的信息传递更加快捷。通过建立内部网络数据库,不同级别的员工可以在其权限之内共享企业的信息资源;企业可以在内部网上召开会议,交流和解决问题,这将彻底改变传统的流水线式的工作流程,提高公司内部群体工作能力和企业的凝聚力。

6) 能降低企业的经营成本

首先,电子商务缩减了企业的通信费用。基于互联网的文件和数据传输,比传统的电话、邮件和传真,不仅速度快,费用也大大减低。其次,通过办公自动化、信息管理系统、内部网的建设和互联网接入,也可降低企业的日常管理费用。第三,通过发展网上交易,业务洽谈费、差旅费等传统商业的交易成本也可以降低。根据美国麦肯锡公司的测算,在美国,传统的商业流程中的总交易成本超过 GDP 的 1/3(在中国,这一比例更高),而利用电子商务,这一比例可以降到 1/10。

7) 可以减少产品的库存和缩短生产周期

电子商务使企通过互联网及时准确地了解到客户的需求信息,根据客户的需求安排生产,这就避免了大量的库存发生,由此可提高企业的经济效益。更重要的是,由于信息沟通的迅捷和便利,企业可以在不同工作地点、不同工作小组开展合作项目,充分发挥不同集体的核心优势,形成设计、制造、库存管理、运输、后勤、培训、经销一体化的严密系统,从而大幅度提高劳动生产率,缩短生产周期。

8) 有利于各种企业平等竞争

在互联网上,企业不论规模大小,不论级别高低,不论位置远近,都可以在鼠标点击的瞬间出现在客户的视野,彼此平等地交流和利用信息资源。这特别有利于中小企业的发展壮大,使中小企业与大企业可以在同一个起跑线上竞争。

1.3.2 实现电子商务的条件和障碍

尽管电子商务对传统行业企业具有巨大的实用价值,但企业实现电子商务仍然不是朝夕之间的事情。我国正在进行经济体制改革和企业制度改革,市场机制尚未健全,经济活动、市场行为还不规范,这给电子商务的发展带来了诸多困难。

1) 观念与习惯的障碍

无论是一般消费者,还是企业的领导人,传统的消费方式和商务行为方式一时难以改变,对网上消费、网上交易和电子化商务工具的使用,心存疑虑或不习惯。

2) 制度及流程变革的障碍

一方面,从宏观上看,我国的市场法制建设尚在进行之中,消费者和企业的市场行为随机性大,增加了市场活动的风险,不利于电子商务活动的开展。另一方面,从微观上看,开展电子商务,在企业内部往往涉及作业流程的变革,这可能会损害一些人或部门的既得利益,因而受到他们的抵制。

3) 安全障碍

当传统的商务方式应用在互联网上时,便会带来许多涉及安全方面的问题,如数据泄密、黑客攻击、资金账户失窃、发货后收不到款、款发出收不到货物等安全问题。这些现象虽在传统的商务活动中也时有发生,但在互联网上交易,上述问题出现的概率更大。消费者和企业都对安全问题十分敏感。

4）技术障碍

互联网上存在多种不可靠因素,如软件不可靠、线路不可靠、系统不可靠等。互联网用户的快速膨胀使带宽拥挤、速度下降。这些因素往往使基于互联网生存的企业处于尴尬的境地,极大地限制了企业全面实现基于互联网的电子商务。

5）基础设施障碍

电子商务的基础设施包括商业电子化和金融电子化。目前我国全国性的金融网络还没有完全形成,商业电子化又落后于金融电子化。在大规模的商业电子化和金融电子化网络形成之前,企业之间的电子商务的发展空间始终有限。

6）政策障碍

我国在电信领域的垄断性政策限制了电子商务的发展。由于电信部门实行集行政管理与经营于一身的垄断体制,服务质量与水平不能保证,价格又居高不下,这增加了企业开展电子商务的风险和运营成本。但随着我国加入 WTO,随着经济体制改革的深入发展,估计这一政策障碍在不久的将来会得到排除。

1.3.3 电子商务项目运作的目的

电子商务项目运作的目的,就是在研究电子商务真实价值的基础上,洞察商业机会,克服或绕开实现电子商务的若干障碍,帮助企业在各种不同层面上发起电子商务项目,开展电子商务活动,提高企业的竞争力。企业也许没有条件也没有必要一下子全面实现电子商务,但可以根据生产经营和市场竞争的需要,不断导入合适的电子商务项目,通过项目的发展,在信息化的道路上一步步向前迈进。

1）帮助企业捕捉发展电子商务的机会

现代企业,不论规模大小,不论效益好坏,不论处在哪个行业,都有发展电子商务的潜在机会。电子商务项目的运作,就是把这些潜在的机会,变成企业的实际行动。虽然电子商务的概念和理论在不断发展,且不同背景的人有不同的理解,有不同的说法,对不同的企业来说,电子商务可能有不同的现实含义,这往往使企业家眼花缭乱、无所适从,但是,从项目的角度来提出问题和解决问题,企业家们就比较熟悉,容易理解。而电子商务项目运作者的首要任务之一,就是帮助企业捕捉发展电子商务的机会,把企业对电子商务的潜在需求挖掘出来,使之清晰化,以促使企业下决心发展电子商务项目。

今天我们所处的社会经济环境和企业自身每天都在变化。这种变化,就在创造机遇。如电信降价、计算机降价、新软件的问世、计算机新款的出现、企业发生了意外事件、企业领导层的更换、企业实现扩张计划、企业实现紧缩计划、竞争对手的策略变化等,都有可能是引发电子商务项目的理由。而电子商务项目运作,就是要及时发现并利用这些机会,对企业进行电子商务改造。

2）使企业从电子商务中获得利益

企业没有理由做不能获得利益的事情,发展电子商务也不例外。然而,并不是所有的电子商务活动都能使企业获益,这也是很多企业家对发展电子商务迟疑不决的原因所在。电子商务项目运作的目的和任务,就是要使企业从电子商务中获得利益。这一点可以通过反复调整项目设计来实现。

每一个电子商务项目都应是一项使企业增加盈利的努力,而企业可以在众多的项目中作出选择,使边际效益最大的项目先上。第一个项目实施看到效益了,企业的积极性就会高涨,第二个项目就容易上马。如此下去,电子商务项目的不断运作,将使企业的信息化程度越来越高。

1.3.4　电子商务项目运作的模式

电子商务项目运作的模式有中介咨询公司发起(A 模式)、客户发起(B 模式)、承约商发起(C 模式)等三种。如图 1.3.1 所示。

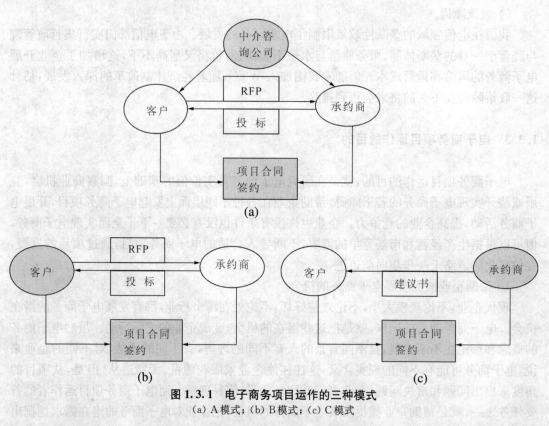

图 1.3.1　电子商务项目运作的三种模式
(a) A 模式；(b) B 模式；(c) C 模式

在图 1.3.1 中,A 模式是指有中间商帮助客户发现并确认需求,同时中间商帮助客户寻找承约商,并指导承约商编制申请书,从而撮合了客户和承约商达成共识,签署项目合同。

B 模式是指客户自己发现并确认了需求,并向承约商发出需求建议书;承约商则回应客户的要求,提出申请书;最后客户批准了承约商的申请书,双方签署项目合同。

C 模式是指由承约商发起电子商务项目。承约商主动帮助客户发现并确认客户对电子商务的需求,同时向客户提交项目建议书,获得客户同意后,客户与承约商签署项目合同。

1.3.5 电子商务项目运作的流程与任务

电子商务项目运作的任务是完成项目周期的第一和第二阶段的全部工作,从最初发现客户需求开始,到最终客户与承约商签署项目合同为止。工作流程如图 1.3.2 所示。

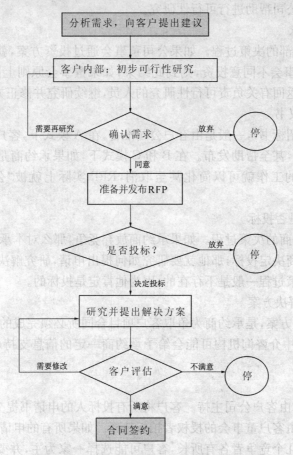

图 1.3.2 电子商务项目运作工作流程示意图

从图 1.3.2 可以看出,电子商务项目运作工作的具体任务包括:分析需求,向客户提出建议;客户内部初步可行性研究;客户确认需求;准备 RFP;承约商研究是否投标;研究并提出解决方案;客户评估;合同签约。这些任务,有的在任何情况下,都必须由既定的主体来承担;有的在不同的运作模式下,将有不同的主体来承担。

1) 分析需求,提出建议

谁来分析客户对电子商务的需求,并提出项目建议?这要分三种情况:第一种情况,在 A 模式下,中介公司因为了解的信息比较多,目光较敏锐,发现客户有需求,并帮助客户进行需求分析,提出建议;第二种情况(B 模式),客户内部的经理人员结合本身工作中的问题,并通过机会研究之后,提出建议;第三种情况(C 模式),承约商对客户比较了解,主动帮助客户分析对电子商务的需求,向客户介绍电子商务领域的现成的方案或新的机会,提出项目建议。

2) 客户内部进行初步可行性研究

无论是客户公司内部人员提出的建议，还是公司外部人员或机构提出的建议，公司领导在作决定前，一般都会进行初步的可行性研究。公司领导可能会指派专门人员来进行这项研究，以便提出一份详细的报告供公司董事会或总经理办公会讨论决策。但是，在 A 模式下，客户公司在进行初步可行性研究过程中，也许会从中介咨询公司那里得到一些有效的帮助，或干脆委托咨询公司帮助进行可行性研究。

3) 客户确认需求

这是客户公司内部的决策过程。如果公司董事会通过投资方案，就开始进入下一步骤（准备 RFP）；如果董事会不同意投资，则到此结束；如果董事会原则上同意本项目，但对可行性方案不满意，则返回有关负责可行性研究的人员，继续研究并修正方案。

4) 准备需求建议书

需求建议书（或招标书），一般是由客户公司准备，在 A 模式下，客户公司也可以委托中介咨询机构帮助起草，甚至帮助发布。在 B 和 C 模式下，如果承约商是客户公司内部的项目团队，那么本阶段的工作就可以简化甚至取消，RFP 实际上就被"公司领导指示"所取代了。

5) 承约商研究是否投标

是否投标是承约商的决策过程。如果承约商放弃竞争，那么对本承约商来说，工作也就到此结束；如果承约商决定投标，那他就要研究如何提出申请，研究解决方案。对 C 模式来说，承约商的这一决策过程一般是不存在的，因为他肯定是投标的。

6) 研究并提出解决方案

研究并提出解决方案，是承约商为争取客户项目合同所必须完成的工作，一般是独立完成。但在 A 模式下，中介咨询机构可能会给予承约商一定的信息支持，帮助承约商更好地理解客户的需求。

7) 客户评估

这一阶段的工作由客户公司主持。客户将所有投标人的申请书提交给一个专业评审小组来进行评议，最后由客户董事会的授权者拍板选择。如果所有的申请书都无法满足要求，工作只得暂停；如果几个竞争者各有所长，客户可能选择一家为主，并要求这家吸收其他申请者的长处，重新修正方案（这时往往需要给提供方案的申请者以一定的酬劳）；如果可以确定一个非常满意的方案，客户就会选择相应的申请者为本项目的承约商，与他洽商合同签约事宜。

8) 合同签约

合同签约是客户与承约商双方必须共同参与的工作。通常由主动的一方或有经验的一方先起草一份合同的框架，供双方代表作为讨论的基础。在 A 模式下，中介咨询机构也可以参与签约，形成三方协议。

以上就是电子商务项目运作的全过程以及这个过程中每一个阶段的任务性质与任务承担的主体分工。其中需求分析、可行性研究、RFP 准备、解决方案的形成和申请书准备、合同签约，都是技术性、方法性很强的工作。这对项目所涉及的各主体人员的素质，提出了较高的要求。

1.3.6 电子商务项目运作的知识准备

运作一个电子商务项目不是一件简单的事情。无论你在传统行业还是在 IT 行业,无论你在实业公司还是在咨询公司,无论你是加盟大企业还是个人创业,你都会有尝试运作电子商务项目的机会。但是,能否运作成功,就要看你的努力了。

要成功地运作电子商务项目,需要储备多方面的知识。

1) 电子商务的需求是如何形成的

经济学定义需求,从定义"需要"开始。"需要"是指所感受到的匮乏的状态。"需要"经文化和个性塑造后以"欲望"的形式表现出来,"欲望"可用满足需要的实物或服务来描述。而当有了购买力作为后盾时,"欲望"就变成了"需求"。

用这个概念来研究电子商务,就不难看清企业对电子商务需求的形成过程。首先,企业由于竞争的日益加剧,需要先进的技术和手段;而信息技术革命提供了满足企业上述"欲望"的产品(各种电子商务技术手段);最后,当企业有了购买力或技术革命降低了上述产品的成本,企业对电子商务的需求也就明确地产生了。只有需求形成,项目才能产生。因此,如何观察企业的需要,识别企业对电子商务的需求,是非常重要的。

2) 电子商务技术及其应用组合

电子商务项目的实质,就是利用电子信息技术来满足商务活动的需求。一个电子商务项目,如同一道套餐。套餐由主食和经过精心挑选搭配的菜肴组成。菜肴的不同搭配就会形成不同的套餐。可供电子商务项目套餐选择的菜肴不计其数,如局域网、企业网站、数据库、管理信息系统(MIS)、企业资源计划(ERP)、客户关系管理(CRM)、内部网(Intranet)、外部网(Extranet)、邮件服务、引擎服务、网络支付、网络安全管理技术等,都是被实践证明非常有用的技术或应用组合。对一个具体企业的需求来说,从这些技术中选择其一或若干进行有机组合,将形成一个针对企业需求的解决方案,这个方案的执行和实施,将能满足企业的需求,从而成为电子商务项目的核心所在。所以,电子商务项目运作人员必须熟悉上述技术的原理和应用。并熟知从哪里可以找到进行相关技术开发的专业技术人员。

3) 电子商务项目的可行性研究

要成功地运作电子商务项目,离不开可行性研究(Feasibility Study)这个万能的武器。电子商务项目可行性研究是客户在电子商务上投资之前所应该完成的一项重要工作,主要通过对项目必要性和技术条件进行综合分析,考查该投资项目在技术上成功的把握和在经济上获益的可能性。可行性研究要回答的问题是:投资条件是否成熟,技术水平是否适宜,经济上是否合算,怎样达到最佳效益。可行性研究的知识,属于技术经济学的范畴,它对一个项目运作者来说是不可或缺的。

4) 需求建议书

一份优秀的需求建议书,能让承约商或项目团队理解客户的希望是什么,他们怎样才能准备一份全面的申请书,以可行的价格满足客户的需求。准备需求建议书的工作并不复杂,它可能是很多大中型企业办公室文员所必须具备的基本技能。但准备一份优秀的需求建议书,必须深刻了解企业需求,对技术方案和项目管理过程有一定的理解,并且要有相当的逻辑学和语言文字的功底。

5) 如何准备一份有竞争力的申请书

准备一份优秀的申请书,需要有很强的文字组织能力,但仅此是远远不够的。申请书的竞争力主要来自于它所描述的解决方案。对重要的电子商务项目(如100万元以上的项目)来说,承约商为了提出有竞争力的解决方案,通常要组织一个由技术人员、管理人员和其他有关人员共同参加的工作小组来专门研究。如同客户公司内部进行可行研究一样,承约商也要对所提出的解决方案站在客户的立场来进行可行性评价,并对客户本身的需求特征(包括支付能力)进行研究。如此形成的项目申请书,方能挠到客户的痒处,说出客户想说却没有说出或说不明白的意思。这样的申请书,才能在竞争中稳操胜券。如此看来,申请书研究小组的负责人或申请书的执笔人,需要有丰富的组织经验和人际交往能力,并有一定的文学、心理学、技术经济学、企业管理学和电子商务专业知识基础。

6) 电子商务项目管理

要成功地运作一个电子商务项目,必须了解电子商务项目的执行过程,因为:

(1) 项目执行过程中的组织管理方案,是项目申请书中的一个重要的组成部分;

(2) 如果不了解项目执行的过程,也无法对项目的技术方案的可行性进行分析评价;

(3) 运作的项目如果无法执行,本身就是最大的失败。

因此,项目运作人员必须熟悉项目管理的全过程,掌握项目管理的原理、知识和技能。一个项目运作专家也应该是一个项目管理专家。

7) 演说技能与技术手段

在电子商务项目运作的过程中,发起者要向客户公司提出建议,客户公司内部的工作人员要向上级领导汇报可行性研究结果,承约商要向客户展示解决方案和申请报告。这些都是演说行为。演说效果的好坏,对所提出的建议和方案能否被对方所接受,对承约商能否争取到客户的合同,起着重要的作用。为了提高演说效果,需要培养演说技能,需要用一些现代化的手段。目前比较普遍使用的技术手段应是 PowerPoint 幻灯片制作与播放,它能在较短的时间内,生动、集中、有效地将想说的内容展示给听众(观众),如此基本的技术手段,项目运作人员必须掌握。对电子商务项目的承约商来说,报告演示技术表现得娴熟和完美,也能够增加客户对你的好感和信心。

8) 电子商务项目合同

电子商务项目合同可能牵涉到三个方面的法律知识:首先是一般经济合同法律知识,因为电子商务项目合同是经济合同的一种类型,它必须遵守经济合同法;此外,它又是一种项目合同,必须考虑在项目委托、承揽和管理方面的一些惯例和特殊的合同条款;同时,由于合同内容牵涉的核心技术是信息技术和网络技术,所以它又是一份电子商务合同。信息技术和互联网技术的应用,会带来很多新的法律问题,有很多问题不仅是前所未有的,而且是国际性的、跨越国界。因此,准备一份无懈可击的电子商务合同是很不容易的。电子商务项目运作人员除了要掌握一般项目委托与项目承揽合同法律知识以外,还应该研究电子商务法律问题,积累电子商务法律知识和惯例,结识在电子商务法律方面有研究的律师朋友。

9) 传统行业的专业知识背景

运作电子商务项目的根本目的,是应用信息和网络技术,帮助企业提高竞争力。电子商务项目的主要市场和任务,是对传统行业进行电子商务改造。在网络经济和经济全球化的冲击下,每一个行业都面临着不同的机会和挑战,都可能有不同特点的电子商务发展道路。因此,作为一个电子商务项目运作人员,应该具备一些传统行业的专业知识,最好对1~2个行业有较深的研究。你在哪个行业的专业知识背景深厚,你的朋友在哪个行业比较多,你就有可能在哪个行业里如鱼得水,成功地运作电子商务项目。

思考题

1. 简述电子商务项目的概念和特点。
2. 一般项目有哪些特征?
3. 举出 3 个在日常生活中你所见过的项目例子。
4. 制约项目目标实现的四个因素是什么?
5. 客户和承约商都可以策划电子商务项目吗?
6. 如何使一个电子商务项目的效益持续较长的时间?
7. 一般来说,电子商务项目生命周期有几个阶段?
8. 在项目生命周期的哪一个阶段中,所投入的力量最多?
9. 制订项目管理基准计划的 7 个步骤是什么?
10. 项目运作主要在项目生命周期的哪个阶段?
11. 谈谈项目运作与项目管理的关系。
12. 电子商务对企业的价值体现在哪几个方面?
13. 企业实现电子商务的困难何在?
14. 电子商务项目运作的目的是什么?
15. 在 A、B、C 三种运作模式中,电子商务项目的发起人分别是谁?
16. 一个完整的电子商务项目运作过程,可能会产生如下一些文件,请指出它们一般出自于谁人(哪个角色)之手,用连线表示。

文件名称: 项目中的角色:
(1) 项目建议书   (A) 中介咨询机构
(2) 可行性研究报告   (B) 客户公司项目经理
(3) RFP   (C) 承约商
(4) 项目申请书
(5) 项目合同

2 电子商务需求识别与分析

2.1 如何识别电子商务需求

2.1.1 电子商务需求识别的意义和目的

这里所谓电子商务需求,主要是指企业对开展电子商务的需要,并有满足这种需要的资金来源。识别客户公司对电子商务的需求,是电子商务项目运作的第一步,也是电子商务项目生命周期的第一阶段的工作内容(参见图 1.2.1)。这一阶段从分析、识别企业的问题、机会和需求开始,到企业需求建议书发布为止。

发现了需求,就是发现了项目,就是发现了下一步要努力的目标。由此可以看出,需求识别对项目运作的重要意义。

电子商务项目中的不同角色对需求识别的目的不尽一致。一般来说,客户自己识别对电子商务的需求,是为了采用合适的现代化手段来提高本企业员工的工作效率和企业的竞争力,为了使企业在市场上有更佳的表现;中介咨询公司和承约商帮助客户发现并确认电子商务需求,是希望从客户那里争取佣金和执行项目的合同,当然,他们必须站在客户的立场帮助客户分析问题、提出解决方案并实现客户的目标,赢得客户的满意,客户才愿意付给他们酬劳。

2.1.2 识别需求要从观察和分析着手

科学发现来自于观察。要准确地发现一个企业是否对电子商务有需求,首先要对该企业运行情况、企业的经营环境、竞争态势和市场机遇进行长期的观察和细致的分析。企业员工对本企业的观察应该最为便利。如果你是某企业内部的经理人员,在日常工作中,只要你留心观察,你就会有所发现。例如,你的企业内部可能存在如下一些问题:

① 发生频率较高的窝工现象;
② 某个环节总是搞不好,成为总体流程的瓶颈;
③ 操作复杂,容易出错;
④ 业务处理服务速度太慢,客户意见大;
⑤ 有些岗位的员工之间配合总是不大好;
⑥ 企业对员工的控制力越来越弱;
⑦ 广告费用太大;
⑧ 很多消费者(或客户)不知道我们。

诸如此类的问题,每一个都说明了企业存在开展电子商务的需要。例如客户不知道我们,就意味着可能有必要建立网站、扩大知名度;也可能需要建立一个客户邮件组发系统,并建立信息发布制度;广告费用太大,可能意味着需要改变宣传工具和信息发布模式,可能应该把传统媒体换成网络或者二者混合使用;对员工的控制力减弱、有些岗位员工之间配合不好,可能意味着需要重组流程,或建立信息管理系统;服务速度慢,则非常需要实现电子化;操作复杂、容易出错,说明采用计算机管理可能非常有效;流程出现瓶颈或者经常出现窝工现象,可能意味着需要建立一个企业资源计划(ERP)系统。

如果企业有了新的资金来源或是企业准备从原有的预算中挤出一些资金用于改善上述状况,上述的需要就能促成电子商务项目的建立。

有时候,企业内部的员工对本企业的需求情况熟视无睹,请企业外的咨询顾问来观察,可能会有新的发现。IT企业的人员由于对信息技术的最新发展动态了解较多,对电子商务项目的机会比较敏感,所以当他们参与观察和分析你的问题时,也可能会发现你自己未曾发现的需求。

对企业外部因素的观察和分析也很重要。当企业的经营环境、竞争态势和市场机遇出现重大变化的时候,即使企业内部运行机制没有毛病,企业也要调整策略,随着环境的变化而改变自己。对外部因素的观察,企业外部的咨询机构和一些IT从业人员,可能比传统企业企业内部员工更为有利。

本节我们想讲几个案例。第一个案例,就是企业外部的人员(大学生汤汉)通过观察而发现了企业(网吧)的需求,发起了一个名为"网吧收费管理系统"的项目,为改善该网吧的管理作出了贡献。

案例1:网吧收费管理系统

汤汉当时是大学三年级的学生,假期他在父亲开的一个网吧里打发时光,无意中发现网吧的管理员收了上网人的钱没有记账。他想:"父亲如何知道这个管理员一天实际收了多少上网费呢?"他问父亲,才知道父亲相信管理员是诚实的,一直没有认真地考虑这个问题。于是他向父亲分析了加强控制的必要性,并建议开发一个收费管理系统,以防止管理员舞弊。

汤汉的建议得到了父亲的同意,获得了父亲的一笔资助。他利用假期与别人合作,开发了这个系统,既改善了他父亲网吧的管理,又提高了自己的技能,还获得了一份劳动收入。

如今汤汉已经毕业两年了,回忆起这件事,仍然非常兴奋。

2.1.3 诱发电子商务需求的8种因素

通过观察发现电子商务需求,需要敏锐的眼光。而敏锐的眼光是可以通过实践来培养的。本小节将介绍8种可能诱发电子商务需求的因素,分别是:意外事件、市场竞争、经济环境变化、经营环境变化、高层人事变化、经营方针改变、企业重大活动、企业业务扩张等。如果你将这8个因素默记在心,每天用它们扫描一次身边发生的事情,你会发现电子商务的需求随处可见,运作项目的机会多多。

1) 意外事件产生(或突现)需求

我们的世界天天都有突发事件产生,这些突发事件,往往使企业产生对电子商务的需求。例如一场火灾，使某个企业损失惨重，该企业面临改组重构，就有可能摆脱原来的束缚，在电子化的基础上构筑商务流程。再如，一个企业的总经理突然被安排出国访问，他就可能急于建立本企业的网站及基于网站的远程指挥系统，以便在国外可以随时通过网络了解和指挥企业的运营，使出国访问不妨碍他对企业的控制。因此，我们应该关注对企业产生影响的突发事件，及时分析它给企业带来的各种影响，寻找机会。有很多企业，对发展电子商务的需要在客观上是一直存在的，但这种需要未能引起管理层的充分注意，而当意外事件发生后，这种需要便突现出来。很多项目就是由于突发事件的启动才发展起来的。

下面介绍的"数据备份系统"的案例，说的就是9.11事件对数据备份系统市场的影响。这个震惊世界的恐怖分子袭击事件，使人们意识到数据备份的重要性，引发了相关产品需求的增长。

案例2：数据备份系统

在震惊世界的9·11事件中，美国世贸中心大楼里有一个公司损失最小，因为该公司拥有一个数据及时备份系统，该系统自动将公司重要的备份数据及时通过网络传输到郊区的信息中心保存起来。恐怖分子袭击事件发生以后，媒体报道了这一消息，导致提供数据备份系统的开发商顾客盈门，以前不太注意数据安全的公司开始警觉，加强对数据安全方面的投入。有一个IT企业及时注意到这一需求的变化，开发并营销数据及时备份系统，生意十分火暴。

2）市场竞争产生需求

市场竞争是企业采用电子商务的原始动力。当一个企业的竞争对手采用了电子商务并且收到明显成效以后，这个企业必须做出应答，一般也会发展电子商务，以提高自己的竞争力来与竞争对手抗衡，否则就有可能被淘汰出局。因此需要关注竞争对手的动向。例如，作为一个旅游饭店来说，建立自己的网站并且链接到有关的旅游门户网站，可能对扩大客源很有好处。如果你所在的这座城市的大多数酒店都已经上网了，而你的酒店还没有，那你就可能失去一大批你本应可以争取的旅客，丧失了一块市场。

"兴海饭店的觉醒"所说明的就是这个道理。由于一开始忽略了采用新技术，结果同行采用了，使得兴海饭店在市场竞争中比较被动，客房出租率从1998年的65%降到2001年的50%以下，严酷的市场竞争，使兴海饭店的经理意识到电子商务的作用，诱发了兴海饭店对电子商务的需求。

案例3：兴海饭店的觉醒

兴海饭店是全国10 281家旅游饭店之一。该饭店一直采用传统的销售策略，在1998年以前的客房出租率始终在65%以上。从1999年以来，客房出租率不断下滑，到2001年底，已经不到50%。而同期当地的旅游人数比上年增加6%以上，本地同类饭店客房出租率平均达到68%以上。兴海饭店经理请来大学的专家帮助诊断。专家调查发现：同类饭店早在几年前就加入携程网（www.ctrip.com）或e龙网（www.elong.com），现在通过网上订房的客人已经占相当比例。兴海饭店经理回忆说，过去也有过一些旅游网站的业务人员来找他，劝他入网，可他当时并没有在意。现在看来是吃亏了。不过亡羊补牢也是必要的，他决心开始利用互联网，加盟一些旅游网站。

于是,他拨通了一个网页制作专家的电话,打算先建立自己的主页,再寄宿到旅游专业网站上,并接受旅游专业网站的相关营销服务……

3) 经济环境的变化产生需求

经济环境是开展电子商务的外部条件之一。经济发展是有周期的,在西方资本主义国家,有增长、衰退、萧条、复苏等不同的阶段。在我国,发展和紧缩也是周期性出现的。一般在经济发展和高速增长阶段,各种投资项目机会就会增多,在经济衰退和经济紧缩阶段,机会就会减少。但对电子商务而言,情况有所不同。在经济衰退和经济紧缩阶段,企业需要降低成本,而采用电子商务技术,可以帮助企业实现这个目标,所以企业仍有建立电子商务项目的需求。

一般来说,如果经济环境发生了变化,企业采用电子商务的机会就可能增加。例如在出现了经济从增长向衰退转化的势头情况下,企业为了迎接即将到来的严峻挑战,降低运行费用,可能会增加对电子商务的需求。在经济萧条阶段出现经济复苏的兆头时,企业为了迎接未来的扩张,发展电子商务的需求也会增加。因此,只要我们以积极的心态去对待经济环境的变化,我们就会发现电子商务项目的机会总是在身边。

在下面这个案例中,我们可以看到在经济紧缩阶段依然有很多企业上马电子商务项目。当然,黎明垫资为客户开发项目的做法,对吸引客户导入 MIS 系统起了一定的积极作用,但事情的实质还是客户有这个需求。

案例 4:我不怕经济不景气

如同在股票投资领域有牛市投资高手和熊市投资高手一样,做电子商务项目也有各种类型的高手。黎明应该是一个电子商务领域的"熊市高手"。他开了一个软件开发公司,主要是利用数据库技术帮助中小企业建立管理信息系统(MIS),生意一直很好。他的客户大多数是那些处于紧缩状态的中小企业。在谈到他的经营特色时,黎明说:"越是经营困难的企业,就越能从我这里得到好处。因为我帮助他们建立的 MIS 系统,可以有效地帮助这些企业提高管理效率,减少人员开支。因此,经济越是不景气,经营困难的企业越多,我的生意反而越好。此外,由于我的资金比较充裕,对于信誉好的客户,我可以先少收他的钱,允许他欠款,等到他日子好过了,再付清我的钱。这样,他们都喜欢与我做生意。我不怕经济不景气。"

4) 经营环境的变化产生需求

企业经营环境的变化,对发展电子商务的影响更为直接。例如,金融系统银根放松、电信系统服务降价、宽带骨干网铺设到了门口、新一代计算机软件问世、第三方物流企业的发展、银行电子结算支付系统的改善和不断完善,都有可能在一定的范围内和一定的程度上刺激起企业对启动电子商务项目的需求。再如,随着银行卡功能的不断完善,持卡消费的人群越来越多,在这种情况下,哪个商场的刷卡系统比较先进、快捷,哪个商场就能吸引更多的顾客购物,因此,刷卡系统的添置与更新的需求就会产生。

下面案例中,纯净水公司经理"如果宽带到户,我就开展电子商务"的话是很有代表性的。这个故事反映了经营环境(宽带网)对企业开展电子商务的制约作用。从本例不难看出,一旦宽带网这个瓶颈问题得以解决,利用互联网开展电子商务的需求就会猛增。

随着国家信息化基础建设的步伐加快,企业开展电子商务的基础条件在不断改善,原来制约企业开展电子商务的许多瓶颈问题(如带宽问题、网上支付、安全认证等)将逐一得到解决,每一个问题的解决,都是对电子商务需求的一个刺激,也是电子商务项目运作人员的一次发起项目的机会。

电信服务的降价、计算机及其配件的降价和新一代软件的问世,都意味着企业开展电子商务的成本降低或在同等成本下功效的提高。这进一步意味着采用电子商务技术会给企业带来更大的经济效益,无疑也会推动企业产生对电子商务的需求。

案例5:如果宽带到户,我就开展电子商务

我的公司生产桶装水。我知道网上销售是桶装水服务的一个很有效的技术手段和渠道。例如,上海的正广和桶装水,1993年上市,到1998年,形成了40万客户,于是将配送业务从总公司剥离出来成立了正广和网上购物公司,当时还是电子订购。到2000年1月,85818.com.cn正式投入运行,到2001年底,已经涵盖日用品、文化体育用品、家用电器等2万个品种,开通了6个城市的业务,客户数达80万人,网上交易额近3亿元。

我们目前的做法是通过水站来分销产品。通常一家水站代理多个品牌,由于我们厂商不掌握客户资料,常常受制于水站。而上海正广和通过在线订购直接掌握客户的信息,公司对供水站或配送站采取直接管理,无论是加盟店还是直属店,都必须按照公司的统一规范来操作。这样,水站只具备物流功能,从而有效防止了不正当竞争与客户流失,公司掌握了主动权。

现在的问题是客户上网不方便,网上浏览和登记的速度太慢。所以,我们开展网上销售服务条件还不成熟。不过我已经开始准备建网站了,一旦本地区宽带到户,我就开展网上服务,搞电子商务,学习正广和的做法。

5) 企业高层的人事变化产生需求

企业的经理层人事变更是经常发生的。变动之后,新的领导人可能会有新的经营理念和工作计划,也可能对上届领导人留下来的商务流程、办公自动化系统和其他电子商务系统不太喜欢,希望推倒重来或作较大的调整,在这种情况下,一个改革的建议或建设新系统的建议往往就容易得到批准。这就是人事变化产生的项目需求。例如,某机械加工厂换了一个厂长之后,觉得原来该厂自己建设的网站档次不够,网站宿主选择得不好,网页浏览速度太慢,决定请社会上专业公司来重建企业网站,重新选择网站宿主。

一般来说,企业的新任总经理会踌躇满志,希望在他任职期间使企业尽快出现新的起色。他们欢迎各种建设性的意见,比较容易接受新生事物,因此建设电子商务系统的可能性比较大。有的电子商务专业服务公司,专门瞄准一些大企业的动态,趁大企业经理层变动之际,及时去企业宣传游说,建立第一印象,往往收到较好的效果。有些企业中下层经理人员或业务人员,原先就有很多想法,但没有得到领导的赏识。他们将这些想法趁领导层变动之机再次提出来,往往能够得到采纳,从而为自己才华的施展开辟一个新天地。

同心食品厂的故事就是一个企业高层人事变化导致产生电子商务项目的例子。新领导要求改造企业网站,希望企业网站要调整宣传的角度,增加网上交易的功能,并且产品网页要做得漂亮,"让人看了就想买"。

案例6:让人看了就想买

同心食品厂主要生产糕点和月饼,过去已经建立起自己的主页,但新任总经理不满意。总经理指示其网站主管找专业机构对网站进行改造。下面是该厂网站主管在当地网络服务

公司的一段谈话：

我们过去的网站主要侧重于企业的介绍，新任老总要求我们在网站上突出产品的宣传，要将我们的糕点和月饼栩栩如生地搬到网上，让人家看了还想看，看了就想买，看了就想拨电话，或在网上下订单。为此，食品厂专门配备一个销售电话给我部门，也将网上销售的情况作为考核我们的一个指标。我来贵公司的目的就是寻求你们的帮助，看如何改造我们的网站以及建立一个有效的电子商务销售服务体系。

6) 经营方针的改变产生需求

企业经营方针的改变，必然会引起企业业务性质的变化和流程的重组。此外，企业的内部网、外部网以及客户关系管理系统也会随之发生变化，这也是发展电子商务项目的机会。可以认为，当今绝大多数企业在调整经营方针时，都会考虑到如何利用新技术来节约成本、提高效率、提高竞争力；考虑如何在一个新的、比较高的起点上来发展新的业务，从而形成对电子商务的需求。

案例"拒绝未经编码的产品"，说的是一个商场调整经营方针的故事。在这里，电子商务技术(条形码和数据管理系统)使企业经营方针的调整成为可能。通过采用电子商务，企业顺利地实现了经营方针的转变，从而增强了企业形象，降低了运行成本。本例也说明了企业经营方针的改变，会产生对电子商务的需求。

案例 7：拒绝未经编码的产品

这里所说的是一家日用品商场，一直以便宜著称。由于对进场的货源管理较松，商场假冒伪劣产品较多。随着消费者自我保护意识的加强，顾客投诉越来越多。商场决定调整经营方针，加强对货源的管理，树立品牌形象。

具体做法就是借助于电子商务手段，建立商品进场登记制度，所有的销售商品必须有条形码，有些没有条形码的鲜货也必须在编码后才能销售。这样，商场将建立条形码读入系统和数据管理系统，在结算方面采用收款机辅助人工作业，任何柜台任何时间售出任何商品，都一一自动记录在案，一旦出现顾客投诉，可以追查到人。而且，通过建立这个系统，商场管理人员预计可以减少 1/6，管理成本大大降低。

7) 企业重大活动计划产生需求

重大活动对电子商务的需求往往是临时的、一次性的。例如，某地区想搞一个大型的展览会，为了宣传和征集企业参展，主办单位可能要建立网站，也可能考虑建设一个可供参展商信息交流和网上贸易的平台，还可能考虑在展览现场设置一套安全监控系统。再如，某企业计划参加一个重大异地投标项目，可能需要制作一套多媒体演示系统用以向客户展示他们的解决方案。因此，如果一个单位计划举办或参加某种重大活动，那么这个单位就有可能需要发展电子商务项目，这个项目专为计划中的重要活动服务。

伟业公司招聘的故事所反映的就是重大活动对电子商务需求的现象。这里的重大活动就是组织展览和会议。

案例 8：谁能设计展会网页

举办展会是很多企业和政府机构经常需要举办的活动。伟业公司就是一个专门为企业或政府部门举办展会服务的公司，业务增长很快，公司利润每年都以 20% 以上的速度增长，每年承接的展会任务达 20 多个。为了便于开展业务，决定招聘能做展会网页的网页设计师。很多网迷报名应聘，都没有能够成功。后来，伟业公司的人事经理应邀为网迷指点迷津。他说：网迷们总是喜欢像做娱乐性的个人主页那样来展示自己的网页制作技巧，其实陷入了一个误区。展会网页是不同于娱乐性个人网页的，因为我们要通过网页来做生意。首先，它必须便于访问者了解展会的各种信息，主页显示要快，信息量要大；其次，要使商家对展会感兴趣，从而下决心掏钱买展位参加展览，因此网页设计者要善于文字表达，要有广告设计的功底；第三，一定要使商家报名变得容易，因此报名表的下载或在线报名的环节不能缺少；第四，网页也要考虑如何吸引普通参观者。因此，展会网页的设计师，不仅需要有网页制作技巧，更多的是需要有一个对展会网页的总体构思。

8) 企业业务扩张产生需求

企业在扩张的阶段最需要电子商务来帮忙。一个企业到了业务扩张的阶段，往往自己已经积累了一些成熟的业务模式和经验。电子商务则可以帮助企业将这些模式和经验规范化地确定下来，利用计算机的快速处理能力和网络传播能力，使之可以在更大的范围内、更便利地推广应用。

案例 9：只有在线管理，我才能扩大规模

华新数码物业管理公司承担了几十个高档住宅小区的物业管理工作。物业管理行业的公司，大多数很难赚钱，就经营目标而言，只有保持在微利水平上才能使业主满意。因此公司的赢利水平只能通过降低成本、增加服务、扩大规模等办法提高。而采用传统的管理方式，超过 10 个小区的管理业务，往往就难以控制，因为你无法检查每个小区工作人员的具体工作情况，更难直接应答业主的投诉。这种压力使华新物业管理公司的张总经理下决心开发在线管理系统。他说："要提高服务质量，又要提高盈利能力，我只能通过在线管理来扩大规模。"

经过大约 18 个月的努力，他终于开发成功在线管理系统。应用这个系统以后，物业公司管理能力可以管辖 100 多个住宅小区，每个小区的管理人员的工作状态、业主投诉和处理情况都可以在总控制室一览无余，大大提高所管辖小区的服务质量。

综上所述，企业对电子商务的需求可以有多种原因引起或激发。无论是环境因素发生变化，还是企业自身因素发生变化，都可能导致需求的产生。特别是当企业处于业务扩张的阶段，电子商务是最有用的帮手。

2.2　如何分析企业的具体需求

怎样判别一个企业是否需要开展电子商务？怎样识别这个企业在哪些方面需要导入电子商务的技术和制度？本节将讨论一些具体的做法。

2.2.1　检查企业的战略目标和实施计划

电子商务是用电子信息手段来装备企业的商务活动，而一切商务活动必须为企业的战略目标和实施计划服务，如果不知道企业的目标和计划，就无法知道电子商务能帮什么忙。因此，分析一个企业是否需要发展电子商务，首先要明确企业的战略目标和实现目标的计划。下面一些问题最好请企业的经理来回答或站在企业经理的立场去思考：

(1) 你是否需要找到一条自动完成例行任务的途径,这样可以把员工解放出来去做更重要的事情?

(2) 你是否需要找到一条在路上与你的办公室取得联系的途径,因为你曾经把重要的文件丢在了办公室?

(3) 你是否需要一种定期与客户联系的廉价方法,这样可以及时得到他们的反馈意见?

(4) 你是否对那些用纸记录的摆放在办公桌上的备忘录及日程表感到头疼,希望改善这种局面? 因为多了就杂乱无章,找起来很困难。

(5) 你的企业发展很快,你是否想向其他方向拓展,但为此必须维持已经建立起来的质量标准?

(6) 你是否想在 1 年内使公司利润增长 50%?

(7) 你是否想在 3 年内成为行业里的头号销售商?

(8) 你打算通过什么计划来实现你的抱负? 采用什么具体的办法?

问题还可以不止这些。

对前 7 个问题,任何一个肯定的回答,都能导致电子商务项目的发起。如办公自动化系统、信息管理系统、内部网、质量监测系统、公司网站、网络营销系统、企业资源计划系统等款款武器,总有一款可以适用。

2.2.2 检查企业的信息流程

充分了解公司在运营过程中的各类信息是十分重要的,这些信息包括所有发票、文件、情报以及日常工作中使用的其他形式信息。了解信息流程可以参考如下的思路,即描述他们在一天当中做些什么,如:

(1) 目前正在做的工作是什么?

(2) 谁负责这项工作?

(3) 产生了什么信息?

(4) 下一步将由谁收集这些信息?

(5) 在操作过程中某一信息引发了什么样的行为?

在描述了一天的工作之后,就可以发现每一任务都有与之相关的各种信息、人或团体。而后,可以对这些任务按照功能进行分类。

通常把企业的各种职能看成是放入信息的容器,如图 2.2.1 所示。在每一个容器中的信息是不同的,有的信息与几种功能有联系或有依赖关系,这种信息可以从一个容器传到另一个容器。有些容器的信息可以增添或修改,而有些容器的信息只能随时对它进行查阅。

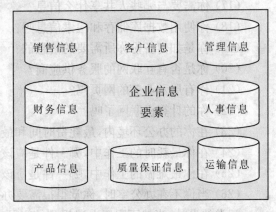

图 2.2.1　企业信息组成示意图

电子商务解决问题的切入点是信息处理,通过引入计算机、数据库和网络技术,提高企业内部和外部有关信息的传输速度、可靠性和共享便利程度。因此,通过检查企业的信息组成、信息流程和信息源,就可以发现在哪些方面存在改进的需求。

2.2.3 评估企业电子商务技术现状

我们所研究的企业,也许已经或多或少地导入了一些电子商务手段。因此,对企业所用电子商务技术的现状进行评估是很有必要的。

可以从如下的提示中选择一些问题,编制一个问卷,请企业的有关人员填写或通过与企业员工的交谈后,站在企业员工的角度来回答。

(1) 当你想到办公室中的计算机时,你认为它们起着什么作用?

(2) 你如何储存信息,用文件柜还是用电子形式?

(3) 你用电子形式存储那些文件?

(4) 你对现有的电子化技术是否满意?

(5) 你注意到能使你工作效率更高的技术吗?

(6) 你如何处理通信问题,是手写信件、打印信件还是电子邮件或其他?

(7) 为了保持与客户的联系,满足他们的需求,你是使用应用软件来帮助你达到这一目的吗?

(8) 你做电话通信记录吗?

(9) 为使你能从以前的订单或谈话中联想起过去的信息,你是否对你的客户情况(如喜好、地址、性格、需求等)做一些记录?

(10) 你对客户的身份和证件进行调查了吗?

(11) 你平均多长时间看一次电子邮件?多长时间发一次电子邮件?

(12) 你通常用电子邮件做什么?

(13) 你是否定期与其他公司、供应商、合作伙伴(签约者)互通信息?

(14) 你的办公室里有哪些文件(信笺、备忘录、订单表、发货单等)?

(15) 你知道哪些人需要知道你发出或你保存的文件?

(16) 哪些文件是保密的?

(17) 你需要与哪些人共享什么信息?

(18) 你使用数据库储存和检索信息吗?

(19) 你是如何备份你所需要的信息的?

(20) 你是否有互联网的服务供应商?

(21) 你有展示业务的网页吗?

(22) 你的计算机联网了吗?

(23) 在你的办公环境内,最耗费时间和最难做的工作是什么?

(24) 在你最耗时的工作中,哪一件是应该尽力改进的最重要的工作?

(25) 在你最难做的工作中,哪一件是应该尽力改进的最重要的工作?

(26) 当你不在办公室时,你觉得很需要办公室里的信息吗?

问卷的设计,当然不限于上述提到的问题,可以有其他更多的问题。但当企业若干员工从各自不同的角度回答了上述问题之后,我们就可以对企业的电子商务技术水平作一个大致的评价。由此可以发现企业离一个装备现代化公司还有多大的差距,在哪些方面需要作具体的改进,明确拟发起的电子商务项目将要解决哪些问题。

2.2.4 研究企业的 4 种基本选择

不管企业现有的电子商务系统处于什么状态,企业对电子商务的需求都可以描述成 4 种基本的技术选择,即维持现状、系统升级、启用新系统、寻找合作伙伴。

(1) 维持现状 就是按照老样子做,这对大部分企业来说其实是不明智的。因为这种选择,没有认识到处于发展中的企业最终需要利用新技术的力量及其广泛用途。电子商务的新技术可能会满足他 90% 以上的需要,并且长远看来会节省企业的时间和金钱,提高企业的运转效率和竞争力。不使用新技术的时间越久,企业在学习的曲线上越落后,以后想追上去困难就会更大。

(2) 系统升级 是指对已经有一定电子商务基础的企业进行技术改造。升级包括购买新的硬件组件和应用软件的新版本,从而使企业当前的系统跟上时代。硬件升级通常包括快速处理器、附加的存储器、更快的调制解调器、更大的硬盘驱动器等,有时还甚至还包括一个新的主板。软件的升级包括操作系统升级和应用软件的版本更新。系统升级是一个永无止境的阶梯战略。由于技术发展很快,在有些情况下,升级是必需的,很值得,特别是对一些软件,开发商已经在网上提供可免费下载的补丁,弥补软件先前的不足。这种升级,企业的成本很低,也不会妨碍员工的正常作业;但在另一些情况下,升级可能没有太大的实用价值,升级太快太频繁,反而增加员工的不便。因此企业的电子商务技术是否需要升级,要根据具体的情况来分析。

(3) 启用新系统 就是一切从新开始。如果企业在技术曲线上落后太远,升级就十分昂贵,甚至是不可能的。在这种情况下,从技术的角度来说,企业应该将现有的系统全部换掉,尽管这样做可能是 4 种情况中最昂贵的选择,但这是对未来进行的技术投资。新的技术将来升级比较容易,而且最新的技术在一定时间内不需要升级。企业如果作出了这样的选择,就有可能成为行业中的佼佼者。

(4) 寻找合作伙伴 是一种借鸡下蛋的战略。对于很多小企业来说,这样的选择是一种非常明智的选择。因为有些较为先进的技术,维护起来有一定的困难,并且非常昂贵,如计算机辅助设计和制造技术(CAD/CAM)、电子数据交换(EDI)等,中等企业可能普遍拥有,小企业如果与他们打交道,必须具备同样的能力。在这种情况下,小企业需要找一些大企业合作,分享这些买不起但又非常需要的技术。这样,企业在电子商务项目上的初期投资就会大大减少。

可以通过研究企业对上述 4 种基本选择的倾向来锁定企业对电子商务的具体需求。企业从 4 种基本选择中进行选择的最佳方法,是从各种可变条件中逐一进行比较,如表 2-2-1 所示。在表 2-2-1 中,左栏是各种可变条件,右栏是 4 种基本选择。本表的用法:对照每种条件,在右栏中作出相应的选择。答案没有对或错之分,但通过答案,可以了解企业对电子商务的独特要求。

表 2-2-1　企业的 4 种基本选择测试表

可变条件	维持现状	系统升级	启用新系统	寻找合作伙伴
硬件 　　你需要一个以上的服务器吗？ 　　你需要用于条形码、存档和备份的附加设备吗？				
软件 　　你要求特殊的软件吗？ 　　你需要使用与新硬件配套的软件证书吗？				
咨询与订约 　　你是否需要负责编程、新应用程序、网络、商务过程以及项目管理的顾问？				
培训 　　公司员工是否需要额外的技术培训？				
旅行 　　你需要旅行去和远方的客户做生意吗？				
支持软件包 　　你需要用于公用事业及其他支持领域的额外的软件包吗？				
网络与 PC 机的成本 　　什么硬件升级是必需的？（估计一般一个包括软件、硬件、咨询和网络工程项目的花费约 20 多万元）				
时间 　　新系统的安装与培训需要多长时间？最快什么时候能开始？				
用户资源 　　需要多少人力资源？ 　　这些人是兼职还是专职？				
基准信息 　　你的估计为什么是正确的？同行中有来自其他公司的例子吗？				

注：本表选自（美）Kathleen Allen & Jon Weisner 著的《电子商务技术手册》，有改动。

2.3 需求建议书的准备与发布

一般来说，企业领导层一旦批准了电子商务项目建议书，也就表明企业确认了对该项目的需求。接下来的事就是如何满足这一需求。

当一个企业确认了电子商务的需求之后，如何以最佳的途径来满足这一需求？通常人们习惯于口头征询实施方案。在很多情况下，企业（尤其是中小企业）喜欢用口头的、非正式的联系与交流方式来征询方案。但随着网络经济的发展、商业活动节奏的加快、市场竞争的激烈、商业伙伴数量和项目复杂性的增加，准备正规的需求建议书显得越来越重要，特别是大型的电子商务项目，一般都要求正式招标。

2.3.1 什么是需求建议书

需求建议书（Request for Proposals，RFP）是项目客户与承约商建立正式联系的第一份书面文件，也叫招标书。需求建议书一般由项目的客户起草，主要描述客户的需求、条件以及对项目任务的具体要求，向可能的承约商发送。

准备需求建议书的目的，是从客户的角度全面地、详细地论述发展电子商务项目的目标和要求。通过需求建议书，能够使承约商或项目团队理解客户所希望的是什么，以便让他们准备一份全面的项目申请书，以可行的价格满足客户的需求。

2.3.2 需求建议书的主要内容

1）工作表述

工作表述就是说明项目的工作范围，概括客户要求承约商或项目团队执行的任务或工作单元，说明项目所涉及的各种事情哪些必须由承约商或项目团队去完成，哪些由客户自己去做。如建设一个网站，所需设备的采购任务，是由客户自己完成，还是由承约商去完成；企业网站上的页面文字，是客户自己撰写，还是由承约商撰写等等。

2）任务要求

需求建议书必须要具体规定承约商需要完成的任务的规格和特征，如要求涉及大小、数量、颜色、重量、速度和其他承约商提出的解决方案所必须满足的物理参数和操作参数。例如，建立一个企业网站，可能要求在 1 000 人同时访问的情况下不会产生堵塞的感觉，网站的浏览页面不低于多少；建立一个自动结账和收款系统，可能要求每天能办理 12 000 次交易的功能和其他特定的功能，如在开出了发票的 30 天内没有收到账款，就会自动产生催款通知。

具体的任务要求，可能会用作将来的验收标准。

3）交付物

交付物就是承约商所提供的实体内容，这在需求建议书中应该说明。例如，对于自动结账和收款系统来说，客户可能要求承约商提供硬件（计算机）、软件（磁盘和一些印刷品）、操作手册和培训课程。交付物也可能包括客户要求承约商提供定期进度报告或终期报告。

4）客户供应条款

需求建议书还应该列出客户的供应条款。例如，客户需要建立一个网站，可能需要向承约商提供公司内部的组织结构及各部门之间业务关系的详细说明，包括信息流程的类型、信息流量和发生频率等。

5）表述客户对需求的确认

需求建议书不是对客户需求的最后确认。最后的确认应该在对承约商提出的方案进行评估之后。例如印刷宣传手册，可能在开机之前要经过客户审定；局域网的建设，在购买材料和设备之前，客户必须审定承约商的技术方案。这一点在需求建议书中必须向承约商说明白。

6）期望的合同类型

合同可以按固定价格订立。这样，承约商实际上就是费用包干。客户只给固定的价钱，不管承约商实际工作花费多少。承约商必须保证功能的实现和质量要求，超支的风险由承约商负担。

合同也可以规定承约商不承担风险，即在时间、原材料限制的条件下，不论实际成本多少，都会给承约商特定的报酬，也就是所谓包工不包料。在我国现阶段的条件下，由于质量检验和资信度水平不高，这种合同比较普遍。

在需求建议书中，最好说明客户是希望采用那种类型的合同。

7）期望的付款方式

付款方式可以分为一次性付款和分阶段付款；在开始前付款和结束后付款。一般依项目的性质来定付款方式。如网页制作，往往在项目末期付款；而架设局域网，一般在方案确认后，付款30%以便承约商采购，工程结束验收后付满90%，留10%等到使用一段时间以后确认无问题时付清。具体付款方式需要合同双方协商，但在需求建议书中，客户应该先提出自己的期望付款方式。

8）要求的进度计划

进度计划的要求可能很粗，如要求在6个月内完成；也可以详细一些，如多长时间内完成方案设计和审定，多长时间内完成硬件选购与安装，多长时间内完成软件研制、测试与安装，最后承约商在系统安装调试后，在多长时间内提交所有的系统文件和操作培训。

9）申请书的格式和内容提示

为了便于在几个承约商之间进行比较和评价，申请书应该在形式上采取同一个格式，内容的结构也应该一致。这样对不同的申请者来说比较公平，也能减轻客户在评审时的工作量。客户在需求建议书中可以限定申请书的每一部分采用的文字数量或页数。

10）提交申请书的最后期限

申请书受理的截止日期是必须要交代清楚的。例如，要求承约商在接到需求建议书后多少个工作日之内（如1周之内、1个月之内等）提交申请书，或大家一律在某月某日之前提交申请书。这样做的目的是便于同时对众多的申请者进行比较、评估，也是为了保持公正，不给某些承约商以额外的时间和机会。

11）对申请书的评价标准

要告诉承约商客户将根据哪些准则来评价他提交的申请书。这样做的目的，是指导承约商写好申请书。一般评价标准包括4个方面的内容：

（1）承约商在类似项目中的经验　如他们近期是否在预算内按期完成了类似的项目，客户对他们是否满意?

(2)承约商提出的技术方案是否合适 如采用哪种类型的计算机软件? 数据库的设计方法是什么? 用来建立管理信息系统的是哪种语言? 采用哪些供应商的设备? 等等。

(3)进度计划 承约商是否能按照所要求的进度完成项目计划?

(4)成本 如承约商的报价是否合理? 成本预算中有无漏算的条款? 将来在执行时有没有可能出现超支,或有无可能因过于节约而导致质量不能保证? 有的申请人为了争取合同,在报价上压低成本,到了执行阶段,或偷工减料,或增加成本,结果导致所建系统的缺陷很多,或使最终成本大大超出原始的估算。对此需要引起注意。

12)资金总量

客户有多少资金可以用于发展拟议中的电子商务项目,承约商总是希望了解这一点,但客户在需求建议书中,往往不愿意透露这个信息。其实,客户暗示大约的数字,告诉承约商他打算花多少钱来办这件事是有好处的,这样可以使承约商能够提交与资金水平相适应的申请书,提高在项目准备阶段的工作效率。

2.3.3 申请书的征集对象

需求建议书准备好之后,客户就会通知那些可能有兴趣并且有能力完成需求建议书中所提任务的潜在承约商,让他们提交申请书。这就是征集申请书的过程。客户进行此项工作的一般方法有两种: 第一种是提前选出一组承约商,给他们每人送一份需求建议书;第二种是客户在有关的报刊杂志上做广告,请有兴趣的承约商前来索取需求建议书。

鉴于我国电子商务的发展历史和近年来的具体情况,有条件成为电子商务项目承约商的征集对象可以很多,大体有:

(1)电子技术开发公司;

(2)计算机应用开发公司;

(3)信息技术研究开发机构;

(4)网络集成与咨询服务公司;

(5)现代商务技术开发公司;

(6)大学里的研究所或研究中心;

(7)有相关专业特长的技术人员个人。

　　　　……

对中小企业来说,由于在电子商务项目上的投资不可能很大,考虑将来系统的维护、更新和升级方便,还考虑经常性的咨询和培训的需求,电子商务项目的承约商应该尽量在本地选择;再考虑本行业的发展变化很快,企业的淘汰率很高,所以应选择实力较强的大公司或外地大公司在本地的分支机构,这样可能会得到较为长久的技术支持和售后服务。高等院校的研究机构一般也具有较强的稳定性、责任性和技术支撑,可以视同于大公司。

衡量一个承约商是否有实力,也可以从新闻媒体的广告中去分析。一般来说,广告做得多、做得好的公司是处于上升通道中的公司,比较珍惜自己的形象,责任感较强,经济实力也比较雄厚,财务状况一般良好。因此从近期报纸杂志的广告中去收集征集对象的信息、寻找合作伙伴,是一个切实可行的办法。

2.3.4 征集申请书的注意事项

应该把从发出需求建议书到处理申请书的过程看成是一种处理竞争的过程。客户应注意不要只给一个或几家承约商提供信息,而应把信息提供给所有感兴趣的承约商。因此,在申请书的确立阶段,客户不得个别回答准备申请的承约商的问题,以避免给这些承约商一种不公平的竞争优势,而别的承约商却没有得到同样的信息。

需要说明的是,并不是所有电子商务项目周期都包括书面的需求建议书的准备和随后的承约商的申请,有时可以从界定需要做什么而直接进入项目生命周期的执行阶段,在这个阶段里计划和执行项目,以满足需求。这种超越需求建议书和申请书这两个步骤的情况在中小项目上是很常见的。例如,当公司决定发起和执行一个项目以满足一定的需求、解决特定的问题时,公司可能会用自己的人员和项目团队而不是用外部承约商。

还有一些伸缩性比较大的电子商务项目,在正式的需求建议书中可以不写出具体要求,但是客户要与几个可能的承约商同时沟通。

但是,对任何一个电子商务项目来说,不管它是有条理的、正式的,还是非正式的,都开始于对问题或机会的研究和需求识别。客户将自己的需求明确地告诉潜在的承约商,承约商则根据客户所限定的工作范围(书面或口头限定)和要求,制订完成所需事项的进度计划,并在此基础上进行预算,以便让客户进行选择和决策。

思考题

1. 识别电子商务的需求有什么意义?
2. 如何发现企业对电子商务的需求?
3. 哪些因素可能导致企业产生电子商务的需求?
4. 除了文中所述 8 个因素导致企业会产生对电子商务的需求以外,还有没有其他可能的因素?
5. 试编制一份检查企业战略目标与实施计划的调查问卷。
6. 试编制一份对企业电子商务技术现状进行评估的调查问卷。
7. 讨论:一个企业在 4 种基本选择中作出怎样的选择,就有可能存在发展电子商务项目的机会?
8. 需求建议书是客户的文件还是承约商的文件?
9. 有人说,编制电子商务项目需求建议书的过程,就是企业对开展电子商务的需求进行识别和明确的过程,这话对不对?
10. 某玩具厂商需要建立一个电子商务网站,请为该企业准备一份需求建议书。
11. 在编制上题所述需求建议书的过程中,你感到缺少哪些信息?
12. 征集申请书一般有哪些方式?
13. 列举 5 个你所了解的电子商务项目承约商公司或其他机构。
14. 是不是所有的电子商务项目都要准备书面的需求建议书?
15. 举一个超越需求建议书和申请书这两个步骤的电子商务项目的例子。

3 电子商务项目构思

3.1 项目构思的意义与切入点

3.1.1 项目构思的意义

企业的发展过程就是企业更新项目和发展项目的过程。企业会由于外部经营环境的变化而构思新的项目,也会因为对现有状况的不满或因为竞争而构思开发新的项目,还有可能是按照企业既定战略部署开发新项目。总之,诸多原因导致企业有了新项目的需求。

电子商务项目构思是指对企业单位的电子商务导入方案进行准备、酝酿和调整的过程。项目构思是项目运作中的一个关键步骤,项目构思的成果很大程度上决定了整个项目的运作方向与运行方式,对项目的成败有着至关重要的作用。

3.1.2 项目构思的切入点

项目构思的切入点是分析企业外部环境的变化。因为从本质上讲,企业开发新项目是对外部环境变化的适应。正是外部环境的不断变化,使企业面临挑战和机会,迫使企业进行新项目的开发。而一旦企业决定开发新的项目,企业和其所面临的微观环境将发生变化,它所面临的宏观环境也有可能发生变化。开发新项目将使企业和外部环境形成新的资源和信息交换关系。

外部环境的变化对项目构思的影响主要体现在 5 个方面:一是外部环境的变化可能使过去没有市场的项目变成有市场的项目,例如由于国民经济的发展,人均收入不断提高,为许多项目的开发提供了市场机遇;二是外部环境的变化可能使一些过去不可行的项目变成可行的项目,例如国家经济政策的调整,让一些项目的成功运作成为可能;三是外部环境的变化还可以产生一些新的项目,例如新技术、新能源和新材料的研制与使用,可以使企业开发出以前从未构想过的新产品或新项目;四是外部环境的变化可能限制原本可以开发的项目,例如国家和社会对环境保护关注程度的不断加大会使一些污染项目重新规划,甚至有可能取消;五是外部环境的变化可能对拟开发的项目起制约作用,这种制约作用往往表现为使项目的收益受到影响。

在进行电子商务项目构思时,要预测可能的外部环境变化,放弃可能因为外部环境的变化而难于开发或继续经营的项目,选择那些经得起外部环境变化考验的项目,同时要根据可能的外部环境变化对项目进行可调性设计,以应付可能发生的变化。

3.2 影响项目构思的因素

3.2.1 宏观环境变化对电子商务项目构思的影响

宏观环境变化主要体现在政治法律、社会经济、科学技术等几个方面,它们对电子商务项目的构思影响很大。

1) 政治法律环境变化的影响

政治法律环境是指一个国家或地区的政治制度、体制、政治形势、方针政策和法律。我国正在进行政治经济体制改革,企业政治法律环境的变化幅度较大,变化也较频繁。企业不仅要随时预测政治法律的变化可能给自身带来的影响,更要抓住这些变化带来的机遇。

政治法律环境中对电子商务项目构思影响最大的是政府的产业政策。政府的产业政策对项目构思的影响主要体现在以下三个方面:

(1) 政府在确定其产业政策的时候,往往经过了大量的社会经济调研,产业政策决定扶持的往往是那些发展过程中处于"瓶颈"的产业,也就是那些急需发展的产业,企业一旦进入这种产业,往往能够获得快速的发展。

(2) 产业的扶持政策为企业进入该产业领域提供了很大的便利和实惠,如税收、贷款政策的优惠会降低企业进入成本和运营成本,同时为企业的发展提供了良好的机遇。

(3) 产业扶持政策可以使企业在很短的时间内进入该产业,可以缩短企业的项目论证时间、报批时间以及其他必须的工作流程,可以使产品提前上市。

2) 社会文化环境变化的影响

社会文化环境是指一个国家或地区的民族特征、文化传统、价值观、宗教信仰、教育水平、社会结构和风俗习惯等情况。社会文化环境中的大部分因素都具有继承性和稳定性,但是当社会的政治法律环境发生巨大变化时,社会文化环境也将随之变化,这些变化一方面将淘汰人们对一些产品的需求;另一方面也会引发许多新的需求,这些需求应该是在构思新项目的主要来源。例如,针对改革开放以来,我国出现的网络日益普及的实际情况,可以据此开展网上购物、网上淘宝;针对学生对教师空间上的限制,可以开展网上课堂,在网上推出各种教学服务。

利用社会文化环境的变化进行项目构思,要把握好以下 4 个环节:一是通过已经发生的社会现象,预测将要发生的消费趋势和消费观念的转变;二是广泛搜集资料,准确分析判断新趋势所引起的需求变化;三是评估新需求的数量及特性;四是根据需求特征构思新项目。

3) 经济环境变化的影响

经济环境是指企业经营过程中所面临的各种经济条件、经济特征和经济联系等客观因素。新项目的开发都是在一定的经济环境中运作的,经济环境直接影响项目实施的可行性和经济效益。

密切关注当地经济环境的变化,对每一次经济环境的变化进行分析和评估,可以扩大企业项目构思的范围,还可以使企业抢先抓住项目机会,先于竞争者占领市场。

企业在经济环境变化时进行项目构思要特别注意两个问题:一是经济环境的变化给许多项目开发提供了基础条件,这种基础条件对企业来说是一种项目机会,企业只有通过这种项目机会,捕捉到市场机会才能开发该项目。二是经济环境的大变化往往以一个环境因素的变化为标志,尽管这个因素的变化对经济环境的影响是广泛而深远的,整个经济环境也会因此发生变化,但这并不意味着这个因素变化就为某一特定项目提供了全部基础条件,其他基础条件的成熟可能还需要一段时期,只有当一个项目的全部基础条件具备后,该项目才是可行的,切勿操之过急。

4) 技术环境变化的影响

技术环境是指一个国家或地区的技术水平、技术政策、新产品开发能力以及技术发展的动向等。当今科学技术发展的速度大大加快,其成果大大改变了社会生产方式、生活方式。科学技术的每一个发展都将对项目构思产生巨大的影响。

(1) 科学研究成果引发项目构思 科学技术的研究和发展,使人们改变了对外部世界的看法,重新认识人与自然、人与社会的关系。现代科学观念直接或间接地导致人们消费观念和产品需求的变化。例如,互联网技术的发明及其不断成熟,使社会中产生了大量的网民,这就为一些提供在线服务的商家提供了大量的商业机会。

(2) 新发现引发项目构思 随着科技的发展,人类逐渐认识宇宙的奥秘,每一次科学的大发现都可能直接引发一系列新产品的构思和开发。新发现在商业上的初步成功又将为进一步的商业开发提供坚实的基础。

(3) 新能源和新材料的运用引发项目构思 科学技术的发展必将导致更多的新能源和新材料的诞生。新能源的生产、销售以及新材料的运用往往包含巨大的商机。在进行项目构思的时候采取这些地方作为突破点。

(4) 新技术的运用引发项目构思 一些新技术的成功运用往往孕育着无限的商机。20世纪对商业乃至人类影响最为深远的莫过于计算机技术的出现和发展,计算机进入众多的商业企业和千家万户,改变了人们的生活和生产方式,为人们带来了极大的方便,提高了工作效率。例如计算机在各行各业的广泛运用,改变了人们诸多传统上的工作方式,足不出户就能获得各种信息,在网上可以进行各种交流和商业活动。

新发现、新技术、新材料和新能源的运用,能为企业提供丰富的项目构思源泉。抓住了"四新"并使之尽快商业化的企业,往往可以成为最成功的项目开发者,取得其他后来者难以比拟的较为持久的竞争优势。但是新发现、新技术、新材料和新能源本身并不能直接成为具有商业价值的项目,它们往往是以一种"技术种子"的形式,影响着未来的研究和开发。

企业进行项目的技术构思应做好以下三个方面的工作:

一是及时收集新技术、新材料和新发现的信息,以期尽快开发有商业前景的项目。

二是长期不断地跟踪有关的专利技术文献,各种专利发明不仅是项目构思的直接来源,还可以利用这些专利解决企业项目构思中遇到的技术难题。如果能够与专利发明者合作,不仅能迅速解决技术难题,而且还会使企业缩短新产品研发周期并节省研发费用。

三是努力开发综合技术。所谓综合技术是指两种或两种以上技术复合在一起的技术,一旦成功开发综合技术,就会产生新的产业,也就能产生新的项目构思。

3.2.2 微观环境变化对电子商务项目构思的影响

微观环境是包括产业结构、直接竞争者、经销商、客户和供应商所形成的直接影响企业的经营环境。微观环境的变化往往会直接促使企业开发新的项目。开发新项目不仅可以提高企业的经营业绩,还能加强企业在产业中的竞争地位。而电子商务系统可以伴随新项目的诞生而导入企业。

1) 产业及其竞争结构变化的影响

每一个企业都是在某一个产业或主要在某一产业中从事经营活动。不同的产业因其产出的产品不同而具有自己独特的技术经济特征,而且在不同的产业阶段,该产业还可能呈现出不同的业态,这些业态又会随着产业的成熟度的提高而变化。面对这些变化,企业应积极构思新的项目,以加强企业在该产业中的地位和竞争能力。引起产业变化的因素有以下几种,这些因素的变化一般会促使企业开发出新的项目。

(1) 向成熟产业发展的需求　每一个产业都是从新兴产业发展而来的,处在新兴产业状态的产业具有竞争无序化、产品非标准化、产业发展方向不明确等不确定性特征。一旦成为成熟产业,不确定性就大大减少。企业可以通过自己在新兴产业发展过程中摸索、积累的经验和知识,准确把握产业的未来方向,构思出适合未来产业发展要求的有竞争优势的产品或项目,以促进产业走向成熟,奠定企业在新产业中的地位。

(2) 专有技术的扩散　专有技术往往是企业进入相关产业的移动性障碍,但是随着产业的发展,专有技术不可避免有扩散的趋势,其扩散途径可能有三:一是对有关公司使用专有技术制造的产品的分析、模仿;二是通过招募新员工带来的技术交流;三是通过一些懂得专有技术的研究机构,主要包括大学和咨询公司等获得相关技术。有心介入具有专有技术产业的企业,可以随着产业的发展,抓住专有技术扩散的各种可能途径,逐步克服移动性障碍,开发出新项目。

(3) 产品革新与过程革新　产业的发展变化总是伴随着产业内部的产品革新和过程革新。产品革新与过程革新都有可能是新项目构思的来源。生产过程或生产方法的革新,不仅使产品的竞争者增加,还可能诞生一个供应该过程或方法的制造商。

(4) 向相邻产业进军　随着一个产业成熟度的提高,该产业边界一般会有有扩大的趋势。产业边界的扩大意味着企业进入新的产业,当然这些产业和原产业存在着极强的买方或卖方关系。进入相关产业为企业构思项目提供了新来源。产业边界扩张的原因主要来自三个方面:一是在日益激烈的产业内部竞争中,企业为增强其竞争优势而实行纵向一体化;二是企业通过买卖关系,逐渐熟悉了相邻产业的经营过程,成功地克服了移动性障碍,希望寻求更多的发展支撑点;三是该产业发展的客观条件要求企业必须向相邻产业进军。

(5) 初现产业不断创新　一个产业刚形成时称为初现产业,这时产业发展方向未定,产业的主导产品未定,充满机会的同时风险极大。处于这个阶段的产业,最需要的是大胆创新,不断构思新的项目。

2) 顾客需求变化的影响

顾客的需求是项目成功的基础,顾客的需求变化又会引发许许多多新项目的开发,它往往是项目构思最重要的源泉之一。顾客需求的变化一旦形成趋势,就注定了传统产品生命的终结。抓住这种趋势并成功开发出满足新趋势的产品,往往能够取得巨大的商业成功。

(1) 消费趋势的变化　消费趋势是指广大消费者在一段时期选择产品消费的主流。引起消费趋势变化的原因一般有两点:一是消费者统计特征的变化或心理认同感的变化(主动变化);二是众多产品竞争形成新的主导产品及其促销的成功,使消费者选择了这类主导产品(被动变化)。被动变化是以主动变化为依据的,而主动变化则依赖于整个社会经济的发展以及社会文化、观念及人类基本需求的变化。

在消费趋势变化过程中,项目构思者应关注四大趋势:一是产品主要消费群体的统计(如主要特点、对产品的期望)变化趋势;二是先进地区的产品发展状况即本产业的设计变化趋势;三是其他产业或相邻产业的产品流行趋势;四是消费者的心理变化趋势。

(2)顾客现实需求的变化 要找出顾客的现实需求变化,可从顾客感到不满的地方入手,按下列7个步骤展开工作:第一步是确定大致的活动领域;第二步是识别该领域的常用顾客;第三步是从常用顾客那里收集与现有产品有关的问题调查表;第四步是获得顾客对每个问题的评价;第五步是估算每个问题出现的概率;第六步是汇总顾客对现有问题解决的建议;第七步是设计和选择可解决问题的产品。

对顾客的现实需求变化的了解还可以从收集顾客的产品构思入手。顾客作为产品的最终使用者,一般有自己最理想的产品结构设想,这些产品构思无疑会为项目构思者提供参考。有许多方法可以收集到顾客的产品构思,最常见的是问卷调查法,此外还可组织特定的项目小组进行信函征询或有奖公开征集新产品构思等等。

(3)探索潜在需求 表面需求是指所有人皆知的需求。与表面需求不同,潜在需求是隐蔽在顾客内心深处的,满足潜在需求的产品很难通过正规的市场调研方法发现,但当开发者将能满足顾客潜在需求的新产品推上市时,往往能够很快获得顾客的好评。

探索潜在需求的过程往往有一个从具体到抽象、从抽象到一般的分析设计过程。构思新产品总是通过对一些表面现象进行研究,从而深入到人类基本需求中寻求这种表面现象的原因,最后构思出满足这种需求的产品。

3)经销商和供应商的影响

相对于制造商而言,经销商作为顾客与制造商的中间人,更加了解顾客的需求。一些具有商业头脑的经销商由于了解竞争产品,能够及时把握市场的变化情况,经常建议制造商开发新的项目或产品。这些建议也是电子商务项目构思的来源。经销商的项目建议通常和市场情况及变化紧密相连,具有极强的商业价值。

3.3 电子商务项目构思的常用方法

3.3.1 混合法

混合法包括项目混合法和信息整合法。根据项目混合形态的不同,项目混合法可以分为两种形式:项目组合法和项目复合法。

所谓项目组合法,就是把两个或两个以上项目相加、汇总,形成新项目,它是项目构思时常采用的最简单方法。为适应市场的需要,提高项目的整体效益和市场竞争力,依据项目特征和自身条件,企业往往将自有或社会现存的几个相关项目联合相加成一个项目。例如,把某一农业饲养项目和加工、销售项目进行组合,形成产销一体化,既保证了销售所需要的货源,又为生产提供了流通渠道和销售保证。

项目复合就是将两个以上的项目,根据市场需要,复合形成一个新的项目。

两种形式的不同点是:经过组合后的项目,并不从本质上改变原被组合项目的性质;而项目经过复合后,则可能变成性质完全不同的新项目。

信息整合法是将通过各种途径获取的信息整理后，把不同性质的信息进行相互混合，以生成构思的一种方法。在植物新品种培育过程中，通过杂交，会培育出优良的下一代。类似的，信息杂交也可以收到令人满意的构思效果。例如，某企业掌握了人们日益注意自身保健和注重自身形象的两种信息，市场上存在的是分别具有其中一种功能的产品，该企业依据信息整合原理，推出一种具有保健、清新口气功能的口香糖，获得了良好的市场销路。

3.3.2 集体创造法

成功的项目构思所涉及的问题和因素很多，需要广阔的知识面和大量的商业信息以及多方向、多层次的思维。因此，单靠投资者本人或某些项目构思者，往往很难顺利地完成项目构思，这就需要依靠群众智慧、发挥集体的力量。成立由各个领域方面专家组成的项目小组，聘请外部专家担任小组组长，负责对各成员的意见、观点进行汇总整理，并提出建设性意见。这就是集体创造法。

这种方法的运作流程是首先给每位参加集体构思的人一份与项目构思相关的主要问题的问卷，要求每个人在一定的时间内将问题的解决办法以及对项目的设想、看法，记录在问卷上，然后将问卷收回，将内容汇总整理，加以总结之后，再提交集体讨论，以做进一步讨论、研究、比较和筛选，最后达成一致的方案。

在应用集体创造法的过程中，将意见调查法和头脑风暴法进行综合，效果会更加理想。

3.3.3 头脑风暴法

头脑风暴法可分为直接头脑风暴法（通常简称为头脑风暴法）和质疑头脑风暴法（也称逆向头脑风暴法）。前者是在专家群体决策时尽可能激发创造性，产生尽可能多的设想的方法；后者则是对前者提出的设想、方案逐一质疑，分析其现实可行性的方法。

采用头脑风暴法组织群体决策时，要集中有关专家召开专题会议，主持者以明确的方式向所有参与者阐明问题，说明会议的规则，尽力创造融洽轻松的会议气氛。一般不发表反面意见，以免影响会议的自由气氛，由专家们"自由"提出尽可能多的方案。

头脑风暴法应遵守如下原则：

（1）庭外判决原则　对各种意见、方案的评判必须放到最后阶段，此前不能对别人的意见提出批评和评价。认真对待任何一种设想，而不管其是否适当和可行。

（2）欢迎各抒己见，自由鸣放　创造一种自由的气氛，激发参加者提出各种荒诞的想法。

（3）追求数量　意见越多，产生好意见的可能性越大。

（4）探索取长补短和改进办法　除了提出自己的意见外，鼓励参加者对他人已经提出的设想进行补充、改进和综合。

（5）选择合适的人数和时间　为便于提供一个良好的创造性思维环境，应该确定专家会议的最佳人数和会议进行的时间。经验证明，专家小组规模以 6～15 人为宜，会议时间一般以 20～60 分钟效果最佳。

参会专家的人选应严格限制，便于参加者把注意力集中于所涉及的问题。具体应按照下述三个原则选取：① 如果参加者相互认识，要从同一职位（职称或级别）的人员中选取。领导人员不应参加，否则可能对参加者造成某种压力。② 如果参加者互不认识，可从不同职位（职称或级别）的人员中选取。这时不应宣布参加人员职称，同等对待不同职称的人员。③ 参加者的专业或其从事行业应力求与所论及的决策问题相一致，这并不是专家组成员的必要条件。但是，专家中最好包括一些学识渊博，对所论及问题有较深理解的其他领域的专家。

头脑风暴法的主持人，最好由对决策问题的背景比较了解并熟悉头脑风暴法的程序和方法的人员担任。

头脑风暴法的所有参加者，都要求具备较高的联想思维能力。在进行"头脑风暴"（即思维共振）时，应尽可能提供一个有助于把注意力高度集中于所讨论问题的环境。有时某个人提出的设想，可能正是其他准备发言的人已经思维过的设想。其中一些最有价值的设想，往往是在已提出设想的基础之上，经过"思维共振"的"头脑风暴"，迅速发展起来的设想，以及对两个或多个设想的综合设想。因此，头脑风暴法产生的结果，应当认为是专家成员集体创造的成果，是专家组这个宏观智能结构互相感染的总体效应。

通常在头脑风暴法开始时，主持者通过采取询问的方法，因为主持者很少有可能在会议开始5～10分钟内创造一个自由交换意见的气氛，并激起参加者踊跃发言。主持者的主动活动也只局限于会议开始之时，一旦参加者被鼓励起来以后，新的设想就会源源不断地涌现出来。这时，主持者只需根据头脑风暴法的原则进行适当引导即可。应当指出，发言量越大，意见越多种多样，所讨论问题越广越深，出现有价值设想的概率就越大。

会议提出的设想应由专人简要记载下来或录在磁带上，以便由分析组对会议产生的设想进行系统化处理。系统化处理程序可以总结为三点：一是对所有提出的设想编制名称一览表；二是用通用术语说明每一设想的要点；三是找出重复的和互为补充的设想，并在此基础上形成综合设想。

3.3.4 创新思维法

创新思维法又可分为辐集式创新、发散式创新、逆向式创新等三种思维方式。

辐集式创新是使头脑中的许多创新思维集中于某个中心点，向某一思维终点发起创新攻势。此方法的基本功能是抽象、概括和判断。这种创新是多侧面、多角度的，而且是连续不断的，具有去粗取精、去伪存真的功能和提纲挈领、收拢梳理、集中使用的作用。它可以使创新思路逐渐清晰，本质渐渐显露，最终在一点上取得突破。例如在设计产品上，集中顾客各方面的需求信息，在满足顾客对产品基本功能需要的同时，依据产品特点和本企业优势创造出具有自身特色的产品。

发散式创新就是从某一研究和思考的对象出发，充分展开想象思维，从一点联想到多点，通过对比联想、接近联想和相似联想形成项目构思的新想法，从而产生由此及彼的多项创新思维。

逆向式创新则是采取与人们常规思维完全相反的方式，由于其另辟蹊径的其独特性，往往能获得独特的效果。例如：在经济萧条期，商家往往只能采取被动的降价措施，然而效果往往并不理想，有的商家反其道而行之，采取升价策略，顾客由于好奇心理，反倒对该商品另眼相看，此商品在经济萧条期间不仅没有损失，反而赢得了市场。

3.3.5 比较分析法

比较分析法是指项目策划者通过对自己所掌握或熟悉的某个或多个特定的项目,既包括典型的成功项目也包括不成功的项目,进行纵向分析或横向比较,从而挖掘和发现项目投资的新机会。这种方法的主要特点是将现有项目从内涵和外延上进行研究和反复思考,比组合复合法要复杂些,而且要求项目策划者具有一定的思维深度,还必须掌握大量有价值的信息。

3.4 电子商务项目构思的成功案例

3.4.1 发散式创新:将网络商店开到美国

1) 背景

2005 年,网上商店声势浩大地向传统商店发起进攻,但是国内愿意网络购物的人还是少数。本案例的主人公关宁,电子商务专业毕业生,白手起家,手中仅有借来的 2 万元启动资金。

2) 构思过程

电子商务专业毕业的关宁,多年学习专业知识的同时,密切关注电子商务方面的各种信息,他经过自己的分析,得出了电子商务拥有美好前景的结论,他决定利用自己所掌握的知识赚取第一桶金。经过调查分析,关宁发现国内电子商务刚刚起步,还没有形成大的气候,而太平洋彼岸的美国,已经掀起了网络购物热潮。利用发散思维的创新方法,他充分展开想象思维,从一点联想到多点,如如何选择开网店的主要销售商品,网店的运作方式,通过对比联想、接近联想和相似联想形成了项目构思,最后他决定将网店开到美国,在销售产品的选择上,他经过搜集市场信息,大胆选择小型摩托车为主要销售产品,因为小型摩托车在国内的制造成本大约是 200 美元,加上运费,最终成本为 260 美元。这种小型摩托车在美国的销售价格为 200～600 美元,因此相对于在国内开网店,在美国开网店的利润收入会更加可观。另外,他的良好英语沟通能力、一定的网络推广诀窍、丰富的电子商务知识为网店的顺利开张奠定了坚实的基础。最后,他邀请在美国的一个朋友作为自己在美国的合作伙伴,成功地将网店开到了美国。

3) 成果

关宁充分了解美国消费者的购物习惯后,将自己的网站设计成符合美国人审美观点的形式,将国内特色产品挂到网上,有人下订单后,关宁直接发送产品到美国合作者处,然后再由合作者将商品发送给消费者。找到一个有能力找到消费者、善于推广和谈判的合作者也很重要,另外双方的财务关系也必须梳理清楚。由于网店的利润非常可观,而且由于自己的推销策略非常对路,不到半年的时间他便赚到了自己的第一桶金,买了无贷款的房子,有了私家车,手里的余钱投向了其他的渠道,目前的收益也非常不错。

3.4.2 信息整合术:网上英语角

在一次去柬埔寨旅行的过程中,杨军看到当地人通过教旅行者当地的语言能够挣到不菲的收入,而国内与外国人的交流机会非常有限,大家对提高英语口语的需求很大,尽管有各种各样的英语培训班,但是由于其资源稀缺,成本比较昂贵,再加上上课地点的限制,这种方式并不能满足广大英语爱好者的需求,如果能够提供这种与外教进行方便的英语交流服务的话应该有比较好的市场。

在平常的学习过程中,有人可能经常遇到这样的窘境:在和别人用英文进行交流时,尽管知道所需的各种单词,但是居然不能开口说出一个完整的句子,这是因为他缺少脱口而出的练习。大部分的人都想通过与外教的面对面练习来提高自己的表达能力,但是机会实在是太少,很多人学了好多年的英语,还是没有和外教有过直接的交流,这就难免出现所谓的"哑巴英语"。

经过调研,杨军决定开办网上英语角——Free talking。但是如何创造一个大家能够自由交流的平台?如何将教学双方联系起来?如何运营这种项目?这些问题摆到了杨军的面前。

一个美国朋友告诉他,好多外国人都在业余时间找一些兼职工作增加收入,因此可以聘请那些在中国工作或者旅行的外国人担任外教,这样就解决了教师的问题。现在外语培训学校的口语班价格一般为100元/节,以每班20人为例,平均每个人与外教直接交流的时间不会超过10分钟,所以价格还是比较昂贵的,而杨军的Free talking的收费是49元/半小时,而且课程的费用是可以分摊的,因此,在实际操作中会更加便宜。相互比较一下,Free talking的性价比优势显而易见,这样在消费市场可以打开一个局面。具体的运作模式是用户通过互联网进行预约,通过MSN和Skype与外教进行线上交流,不断地提高自己的服务质量以吸引更多的消费者,目前Free talking的目标用户主要定位在两类人群:一类是希望克服和外国人交流时有恐惧感的用户;另一类是有明确目的的用户,如计划参加类似托福和雅思口语考试的用户。

目前网上英语角已经成功开办,得到了消费者的认可,消费人群在不断的扩大。不满足于仅仅作为一个中国人和外国人交流的互动平台,杨军还有自己更长远的目标:将Free talking打造成为一个中外文化交流的平台。

从白领到自己创业,杨军的理想在一步一步地实现,也给大家提供了许多有借鉴意义的启发。

3.4.3 运动器材公司的网络营销

1) 项目背景

广州市振佳运动器材有限公司(以下简称振佳公司)是一家以生产、销售、出口运动健身器材为主营业务的小规模公司,拥有十多年体育用品设计和制造的经验,其主要产品是可折叠式家用健身器材,可以帮助都市人克服工作繁忙、空气污染、居室狭小及预算有限等诸多限制,随时在家中进行健身运动,实现自身的健康、健美、长寿和精神享受,是一个有市场前景的产品。

振佳公司在开展网络营销之前,宣传手段以报纸、专业媒体为主,受资金的限制,只能在国内部分媒体上发布企业和产品的广告,不但广告的数量和区域受到较大的限制,广告投放非常盲目,广告效果也难于评估。

随着互联网的飞速发展,许多的企业经营决策者都意识到互联网蕴藏着无穷的商机。

为了适应互联网经济下的市场竞争环境,利用广泛的网络资源,为企业的经营提供更多的帮助,多数企业在互联网上建立了独立的站点,通过发布企业、产品及服务等相关信息,尽可能地让用户了解企业,争取到更多的商业机会。为了让目标用户能从浩瀚的互联网中查找到自己的网站,搜索引擎登记注册、会员管理及数据库营销、邮件营销、其他站点的图标广告、链接交换、新闻组、BBS营销等多种网络营销手段被广泛使用。但是仍然有不少经营者抱怨实际的投入并没有带来相应的产出,于是网站成了企业经营者"食之无味、弃之可惜"的鸡肋。经营者把失败的原因归结于网站的美术风格不够漂亮或者服务提供商的素质太差,服务提供商也会认为企业经营者的期望值太高。然而真正原因在于大多数企业和服务提供商都只是把网站和网络营销看成了一个孤立的市场推广手段,而忽视了构建以网站和网络营销为主体的整体市场营销战略。

振佳公司认为,网络营销的真正含义是以网络为核心的整体市场运营体系,而不是一个孤立的市场分支。通过分析公司的需求,结合公司的实际情况,公司营销部门提出了"网络营销+传统媒体"的网络营销解决方案。

2)方案简述

(1)网站建设 网站营销的基本是建立一个符合企业形象、体现企业价值的网站。基于对公司的产品特性、竞争环境、目标用户和营销目标的综合分析,振佳公司明确了网站的定位:面向国内外经销商,以产品宣传为主的信息型站点。网站设计上以产品为核心,网站内容特别是产品部分的内容必须详尽、实用;网站的结构和组成科学合理,避免给浏览者造成混乱和浏览的困难;网站应能够分析对访问者的偏好和来源等等。

(2)网络营销 网站建设仅仅是网络营销的第一步,站点建成后,如何增加站点访问量,尤其让潜在的用户访问,是一个非常重要的课题。同时网站获得一定的访问量并不代表着高购买率。所以,一方面要通过技术手段进行网络营销;另一方面要和传统的市场推广和广告宣传相结合,才能取得较好的整体效果。在技术手段的网络推广中,主要以国内外搜索引擎登记注册和大型贸易站点的登记注册为主,让国内外的经销商都能非常方便地搜索到并登录网站。同时通过网站跟踪统计系统掌握访问网站的客户的行动轨迹和活动规律;了解客户与网站的互动情况。再根据对客户访问行为的统计和分析情况,用客观的数据指导公司传统媒体的投放。

3)巨大效益

网站跟踪统计系统显示,通过搜索引擎来自全球的访问者中以西欧和东南亚居多,且有较多数量的重复访问者。这表明在上述两地存在一定数量的潜在用户。为此振佳公司在西欧和东南亚的专业媒体投放了配套的广告。最终引起了德国一家专业运动器材经销公司的注意,并最终签订了价值2 000万的产品供销合同。同时两地还有不少的经销商通过电子邮件和企业建立了长期业务联系。

4)分析

传统广告和互联网相互结合、优势互补,可以促进企业传统业务的发展,可以使得企业的电子商务走得稳健和踏实,更加有生命力。振佳公司总经理翁先生说:"作为一家规模和实力有限的公司,企业营销策略一直是我们最难把握的。以前的广告投放浪费资源极大,而且效果并不明显。网络营销让我们真正地了解到客户情况,基本上做到了'有的放矢',让我们尝到了互联网的甜头。"

思考题

1. 怎样理解电子商务项目构思的切入点?
2. 哪些因素会影响电子商务项目的构思?
3. 项目构思的常用方法有哪些?
4. 能否举出应用头脑风暴法进行项目构思的例子?

4 提出电子商务解决方案

4.1 申请前期的沟通与研究

4.1.1 申请前期沟通的意义

电子商务解决方案是电子商务项目运作成败的关键。提出电子商务解决方案,是电子商务项目生命周期第二阶段(参见图 1.2.1)的核心内容。一个承约商如果能够提出客户非常满意的解决方案,那他就有很大的把握赢得投标的竞争,争取到客户的项目合同。

一个电子商务项目承约商,想要针对客户的需求建议书制订出有获胜把握的申请书,不应当等到客户发出正式的征求才开始行动,而是要在潜在的客户准备提出需求建议书前不久,就与潜在客户建立联系,通过多种形式与潜在客户交往,了解他们的需求是怎样产生的,从而酝酿满足他们需求的解决方案。

事实上,很多成功的电子商务项目承约商,正是经常与老客户、当前客户保持密切的接触,并且不断开创与潜在的新客户的关系。在这些关系中,要主动帮助客户解决一些认识问题,使他们明白可能从电子商务项目的执行中获得哪些好处,以及不开展电子商务可能会遇到怎样的困难。这样不仅可以提高客户对电子商务项目的热情,而且还可以在客户的心目中树立自己的良好形象。

作为电子商务项目的承约商,通过与潜在客户密切沟通,会使自己处于一种有利的地位;当客户确实发出需求建议书时,承约商能立即作出反应,最终将被客户选为执行项目的单位。熟知客户需求、要求和期望的承约商,与那些对客户情况不太了解的承约商相比,将有更大的把握来应对客户的需求建议书,从而准备一份有竞争力的重点突出的申请书。

有时候,电子商务项目的承约商可以主动向客户提交申请书或项目建议书。如果客户确信此申请书将会以合理的成本解决问题,客户可能就会与他签订合同,这样就省去了客户准备需求建议书的阶段和接下去的众多承约商的竞争申请过程。

国外很多企业把这种申请前期的沟通工作纳入市场研究的范畴不无道理。与客户沟通的过程既是研究客户的过程,也是研究与开拓自己市场的过程。从市场的角度看,争取了一个项目,也就是赢得了一个市场份额,如果前期的沟通能够使企业不通过竞争就能得到合同,那就相当于不战而胜,应该是兵家上策,也是最理想的结果。

当然,不能指望通过前期沟通来避免竞争。前期沟通的主要目的,仍是提出一个能针对客户特点的满足客户需求的解决方案,通过这个方案在竞争中去赢得项目合同。

不论目标是要赢得竞争申请的过程,还是从客户那里获得不需竞争即可直接签订的合同,承约商在申请前期与客户的沟通,对于承约商最终赢得合同、执行项目都是很重要的,至少能够奠定一个有利的基础。

4.1.2 申请前期沟通的内容与方式

1) 沟通的内容

在申请前期的活动期间,电子商务项目承约商应尽可能多地了解客户的需求、问题以及客户决策过程,同时也要加深客户对自己的了解。在这期间,具体需要沟通的内容可以概括如下:

(1) 客户的远景规划与使命 即客户的公司奋斗目标是什么? 希望在同行中处于什么样的地位? 希望为社会提供什么样的产品或服务?

(2) 客户的运营情况 即客户的公司运营状况怎样? 是盈利还是亏损,面临的困难是什么?

(3) 客户的信息系统 即客户公司内部的信息流程如何? 哪些人(或部门)在产生哪些信息? 哪些人(或部门)之间需要传递怎样的信息? 哪些人(或部门)用什么手段处理什么样的信息? 等等。

(4) 客户在电子商务方面的技术差距 在电子商务技术的应用方面,客户的公司与其他同类企业相比,差距如何? 与当今先进技术相比,差距又如何? 客户有没有弥补差距的愿望和客观需求?

(5) 客户评价方案的立场和方法 客户将以什么标准来评价申请书中提出的方案? 客户可能会在需求建议书中予以说明,但不一定说明得很具体、很详细。关于这一信息,知道得越早越有利,越便于你投其所好地设计解决方案。

(6) 客户所愿意承担的费用标准 客户愿意拿多少钱来满足他的愿望? 有没有足够的支付能力? 这往往需要在与客户的交往中通过观察或旁敲侧击的方式才能知道,因为有的客户不愿意事先透露这个底牌。

(7) 你承担类似项目的优势条件 事实上,最了解你的是你自己,你要把你自己的优势总结一下,找个合适的机会让客户知道你的优势。

(8) 你对本项目的理解与建议 你的观点与客户的观点如果一拍即合,那是最好的情况,沟通起来就会更愉快、更容易。但如果客户对问题理解得明显不对,或对电子商务的做法不太清楚,你也不能虚伪地附和,而应在尊重对方的基础上,策略地向客户渗透你的观点。

(9) 你过去的成功案例 你过去的经验和业绩,对你是否能被选定为项目的承约商,往往起重要的作用。如果你有成功的案例,一定要让客户知道。

2) 沟通的方式

在申请前期与客户的沟通,可以通过以下一些方式进行:

(1) 面访 即直接访问客户,当面向客户代表咨询,聆听客户对项目的看法和要求。在面访时,也可以相应提出一些解决方案的概念或方法,把它们呈递给客户或是让客户进行评论。通过得到客户对其概念或方法的反应,可以理解并了解客户所希望的到底是什么。这样做也有利于在客户心目中树立起负责任的良好印象。总之,面访是一种很有效的也是最简洁的方式。但面访一般需要事先电话预约,有的客户也可能会拒绝面访。

(2) 与客户一起参加体育或娱乐活动 在体育和娱乐等轻松的环境中,人们比较容易建立感情,沟通思想,增加信赖感。在体育和娱乐活动之闲暇,往往可以非正式地了解到对方的真实想法。

（3）信函和电子邮件　通过信函和电子邮件直接向客户咨询或者介绍自己，可以节约时间和成本。无论对方是否回应，都能够给他留下比较深的印象。但这种方式所得到的客户回应一般较少。即使有回应，也多是一些标准化的条文或介绍，了解的深度有限。

（4）邀请客户访问你的公司　如果可能的话，应尽量邀请客户来访问。客户如果决定访问你的公司，那对你是非常有利的。因此要认真接待客户的代表，不论他派的人是总经理还是普通职员，都要接待好，给他留下有利的印象。

（5）请客户参观你过去执行的项目　如果你有过成功的类似项目，应该邀请客户去参观考察。有缺陷的项目也可以参观，但要向客户说明造成缺陷的原因和避免缺陷的可能性。邀请客户去参观你曾为之提出方案并成功执行的项目，能在客户面前提高你自己的声望。即使客户不去参观，你这样做也能收到一定的效果。

（6）义务帮助客户做一些有益的工作　对于熟悉的战略伙伴，在平时经常联络，并义务帮助他们做一些他们需要做的小事情，这样可以增进友谊和信赖，也有利于了解对方的需求和价值观，从而有利于提出他们能够接受的解决方案。

（7）主动参加客户举办的庆典或其他活动　客户如遇庆典，应主动去函庆祝，如有邀请，应尽量安排参加。这都是接近客户、了解客户需求的好机会，不应放过。

（8）经常向客户传递一些有益的信息　免费向客户提供信息，不仅可以赢得客户的好感，树立自己形象，而且还可以影响客户的价值观，增加客户对有关问题的认同程度，这对争取客户的项目是有利的。

（9）参与研讨会　与客户一起参加一些专题研讨会议（如专题论坛、高级研修班等）是非常有意义的事。一起参加研讨会，不仅可以增加双方的信赖和友谊，而且可以借研讨会的机会统一思想认识，从而能够提出一个建立在正确概念之上的客户满意的解决方案。

4.1.3　申请前期的研究工作

申请前期不仅需要与客户进行沟通，还要进行方案的研究。正如前面所述，与客户沟通的主要目的也就是为了研究出一个切实可行的解决方案，以便提交一个有竞争力的项目申请书。这需要做很多的具体工作。例如，为了提出一个很实用的有价值的技术方案，需要仔细识别研究企业的需求。第2章中所介绍的分析企业具体需求的许多做法，在这里都是适用的。

为了使所提出的方案更容易被客户接受，承约商还需要站在客户的角度分析客户的投资效益，最好能帮助客户进行投资的可行性研究。关于可行性研究的具体做法和要求，将在第5章作详细介绍。

申请前期研究工作的核心任务，是形成一个技术上可行的、经济上合理的整体解决方案。这个方案将是项目申请书的主要组成部分。以下以一个建立网站的例子来说明整体解决方案的具体含义，说明前期研究工作可能包括哪些内容。

假如已经知道大明公司想建立一个企业网站，通过研究来提交一个有竞争力的申请书，希望最终能够承揽这项业务，这件事的研究工作应该包括以下内容：

1）网站构思

通过研究，需要明确以下一些问题：

（1）谁是大明公司的目标市场？哪些人是本网站的服务对象？这就要搞清楚大明公司

的产品或服务是什么,主要是面向哪些人销售,而这些人的年龄结构、性别、文化程度、生活习惯、好恶又是怎样。可以在网上查找一些同类的网站和这些人群喜欢的网站,以此作为参考对网站进行构思。

(2) 大明公司希望访问者从网上看到什么? 公司的网站如同一幅图像,大明公司网站的图像应该是怎样的呢? 是描写公司还是描写产品? 是描写公司骨干的辉煌业绩还是描写公司产品(或服务)的特色? 这取决于大明公司的性质和它的受众。应该直接咨询大明公司的管理人员,请他对公司的形象作一个描绘。如果他描述起来有困难,可以请他浏览一下同类其他网站,确定他所喜欢的颜色、背景、图形、版面、按钮、分栏和声音。例如,电子邮件按钮,图案可以是动画的电子邮件信封,带有迷人且眨动的眼睛,也可以是棕色的大方框,上面写着"E-mail"的字样。总之要关注大明公司的管理人员的倾向,看他喜欢什么风格,并记住他的偏好,在网站构思中尽量兼顾到。

(3) 访问者要在大明公司的网站上干什么? 有了上述构思之后,就要考虑目标受众了。他们在网上喜欢干什么? 如果大明公司的市场是 10 岁的儿童,他们大部分时间花在玩视频游戏上,就要在网页上建立大量闪动的、快速运动的素材让他们玩。如果大明公司的市场是 50 岁以上的知识分子,多提供一些深奥的信息可能较好。MTV 的一代人或许会沉迷于瞬间闪烁与令人兴奋的素材,因而他们可能要听音乐、看录像和一些体育活动。我们的重点是要把顾客吸引到网站上并挽留住他们,他们在网站上待的时间越长,就越倾向于消费较多的东西。在研究目标受众时,也可以访问一下大明公司竞争者的网站,看看他们在干些什么,是怎么干的,还需要再看看其他的网站是如何做好工作的。

(4) 选择哪些网站运行技术? 决定了提供给观众的东西以后,应该考虑运行网站所必需的技术了。大明公司的网站是否需要提供电子邮件? 是否需要提供聊天室? 是否需要可供下载的音乐或可供下载的软件? 是否需要处理订货单? 是否需要提供网上信用卡支付功能? 怎样考虑这些信息安全和保密的要求? 这些都是在网站构思研究阶段所要回答的问题。不同的选择,最终会影响到不同的成本,因此在构思阶段的技术选择上,应该与大明公司的管理人员沟通。

2) 网站开发方案的研究

一个网站有两个基本部分:前端和后端。前端是访问者在网站上看到的图案和其他可视对象,如图形、颜色、文本和订单。后端是运行网站的技术,如计算机编码和应用软件。网站设计者一般设计网站的前端,网站开发者一般开发技术。网站工作的好坏取决于设计和开发的好坏。网站的有效性主要涉及 3 个方面:外貌、执行情况和便携程度。外貌是否引人入胜,是设计的艺术问题;执行情况的好坏与开发方案关系密切;而便携程度是指网站不出问题地从一个服务器转移到另一个服务器的方便程度。

网站的访问者可能使用不同的计算机平台,它们是系统部件下的硬件和软件。例如,有的使用苹果机系统,有的使用 PC 机系统,有的可能使用 Unix 系统;浏览器的版本、调制器的速度、显示器的大小等也可能不同。必须研究如何处理这些不同的情况。

3) 网站运行和维护方案研究

网站运行研究,首先要研究网站宿主。有几种入网的方式可供选择:拨号入网是最简单的方式,但它仅仅是把公司作为一个用户连接到互联网上,网站会被遗忘在后边。对大部分中小企业来说(大明公司属于这一类),可能比较合适的方式是找一个宿主(ISP),将组成公司网站网页的文件储存到 ISP 的服务器上,由 ISP 负责连接到互联网,并提供相关的技术服务。这就牵涉到选择什么样的 ISP 了,需要对 ISP 进行研究。

大企业资金比较雄厚,可能自己建立服务器,并通过专线与互联网连接。在这种情况下,服务器、路由器如何选择,选择哪一家、哪一种型号产品比较合适,服务器机房如何设计,都需要研究。

网站将来如何维护,是必须要考虑的内容。网站维护通常包括以下工作:

(1) 更改网页的各种外貌特征;

(2) 检查与其他网站的链接,以保证这些网站是在运行的;

(3) 根据要求改变文本;

(4) 根据要求更新网站的其他部分;

(5) 清理钻进网站里的计算机臭虫。

这些工作可以由大明公司自己完成,也可以委托他人承担,牵涉到项目合同价款的不同。

以上简述了大明公司网站建设项目前期所需要进行技术方案研究的主要内容。当然,网站建设只是电子商务项目之沧海一粟,项目的性质不同、条件不同,技术方案也会不同,整体解决方案也就不同。

一般来说,一个电子商务项目解决方案,主要包括技术方案、管理方案和成本测算三个方面。技术方案的目的是用新技术来满足客户的要求,是整体解决方案的核心;管理方案则是告诉客户你打算如何执行这个项目,向他展示你计划实施的可靠性;成本测算是确定合同价款的依据。

完成了上述的研究工作以后,就可以着手进行项目申请书的编制了。

4.1.4　前期研究的代价与回报

电子商务项目承约商在申请前期所做的种种努力,都是自己的市场开拓或商业开拓工作,一般不用客户付出任何成本代价。这些努力带来的报偿,是在以后显现出来的,即在回应了客户的需求建议书后,被选为执行项目的承约商,或直接从客户那里争取到执行项目的合同。

4.2　是否投标

从上节的分析中可以看出:制订和准备电子商务项目申请书,是要花费时间并且消耗成本的。所以对客户(特别是不太熟悉的客户)的需求建议书,确有必要研究一下是否回应,是否参与竞争申请过程。

4.2.1　决定是否投标的主要因素

在作出是否参与项目投标的决定之前,必须从实际出发,对被选中为获胜承约商的可能性作出现实的估计,也就是要评估中标的可能性。在评估过程中通常需要考虑如下因素:

1) 竞争

要了解承约商的竞争对手。除了本承约商之外,还有哪些承约商会提交申请参与投标?

这些承约商是否具备竞争优势？他们的竞争优势是因为他们与客户的关系密切，还是因为他们对本项目的准备更充分？或者是因为他们以前的工作表现好，在客户心目中的声望高？如果竞争对手强大得多，竞争明显会失败，就不必去争。

2）风险

本项目是否有失败的风险？如果有，风险是来自于技术方面还是资金方面？例如，客户的要求在技术上在本地是否暂时难以满足？开发客户所需要开发的软件，对承约商来说，成功的把握大约是多少？万一失败，将会导致什么结果？对风险太大的项目，承约商若没有竞争优势，即使争取到了，做起来可能也不合算，就应考虑放弃。

3）任务与目标的一致性

要考虑所申请的项目与承约商的经营目标是否一致。如果该项目对承约商实现长远经营目标有利，即使赚钱不多，也应该争取；如果该项目与承约商的经营范围十分吻合，应该当仁不让地去争取；如果该项目不在承约商经营范围之内，即使有钱可赚，但也应该考虑再三，看是否会牵扯太多的精力。

4）能力的扩展

所申请的项目是否会进一步增强公司的能力？如果是这样，就应该努力争取。例如，某公司一直都是给个体食品市场提供自动控制库存系统，现在有一个需求建议书，要为拥有10家连锁店的超市提供全部库存控制系统，这样的任务，可能会给该公司提供一个扩展能力和把生意扩大的机会，不应放过。

5）声誉

承约商在过去虽成功地为类似的客户完成了项目，但还是未能使客户满意，这对承约商申请本项目有很大影响。任何企业都希望将电子商务项目委托给有成功经验的承约商去执行。此外，承约商过去在类似的投标中有没有失败的记录？如果有，原因是什么，如今那些原因是否还存在？

6）客户资金

客户真的有可得到的资金用于所提出的电子商务项目吗？在实际中，有的客户有时候只是在进行"无目的的调查"——虽然未确定是否投资于此项目，但却发出了需求建议书。有时候客户可能是出于好意，但却很不成熟地发出了需求建议书，因为他预料董事会将会同意投资。然而，如果出现资金困难，董事会就可能会无限期地推迟项目，即使是已经收到了来自感兴趣的承约商发出的申请书。承约商不应把时间花在回应不可能被投资的需求建议书上。

7）申请书所需资源

承约商有没有合适的资源来准备一份高质量的申请书？一旦决定申请，草率准备申请书是不行的，应当准备的是高质量的申请书。因为高质量的申请书是投标获胜的绝对必要的前提。准备一份高质量的申请书，必须有适当的人力资源来承担工作。如果承约商的组织内部没有合适的资源来准备高质量的申请书，就应当安排一下，尽量获取其他的资源，以确保制订出最可行的申请书。承约商不应当仅仅出于提交申请书的目的，而用不适当的资源去准备申请书。提交低质量的申请书会给客户留下不好的印象，会降低客户以后与承约商签订合同的可能性。

8）项目所需资源

如果承约商中标了，能得到合适的资源来执行项目吗？承约商需要从组织内部获得合适的人选来承担项目工作。假如在合同已经签订后,承约商又发现工作团队必须重组,而不是采用原计划人员,这样的话,成功完成项目的概率就会降低。结果,失望的客户将不再给承约商回复未来的需求建议书的机会。如果承约商无法确定自己拥有足够的资源来执行项目,就需要制订一个计划,以获得成功执行项目所需要的资源(例如雇用新成员或是雇用顾问,或让分包商执行一些工作单元)。

综上所述,承约商需要切实了解自己准备申请书的能力以及签订合同的可能性。申请书的挑选过程是一个竞争性的过程——客户将从那些相互竞争的申请书中挑选出一个获胜者。对于承约商来说,成功的投标是指签订合同,而不是仅仅提交了申请书。如果提交的申请书多次失败,就会损坏承约商的声誉。

《孙子兵法》云:知己知彼,百战不殆。根据这个道理,承约商是否投标,要看各方面的情况。一方面要看承约商自己的力量,另一方面要看竞争对手,更重要的是看客户的情况,因为最终决定承约商的申请书能否获得成功的是提出电子商务需求的客户。

4.2.2 客户如何评估承约商的申请

为了了解承约商自己准备申请书的能力以及签订合同的可能性,有必要研究一下客户将对承约商的申请书如何评估。

一般来说,不同的客户会以不同的方式评估承约商的申请书。有些客户首先看一看各种申请书的价格,然后选出 3 个最低价格的申请书,进一步评估。而有些客户首先会排除那些高于他们预算价格的申请书,或排除那些在技术部分不满足需求建议书中提出的要求的申请书。另一些客户,特别是大型项目的客户,会建立一个申请书评估小组,用记分卡决定是否每一份申请书都满足需求建议书中的所有要求,并且依以前定义的评价标准来评定申请书。

有时候,承约商提出的电子商务解决方案中的技术部分和管理部分先被评估,而不考虑成本部分。那些在技术管理审查中获得高分的,才进一步被评估成本部分。客户在决定哪一份申请书最有效时,更看重解决方案的技术、管理部分而不是成本部分。

客户在评估承约商电子商务项目申请书时常用的一些标准如下:

(1) 承约商是否遵从客户在需求建议书中提到的要求和工作表述。

(2) 承约商对客户问题与需求的理解。

(3) 承约商提出的解决问题的方法的合理性与可行性。

(4) 承约商具有的有关类似项目的经验与成功经历。

(5) 将被委托负责项目工作的主要人员的经验。

(6) 承约商的管理能力。包括承约商的有关计划和控制项目,以确保项目任务在预算内按时完成的能力。

(7) 承约商进度计划的现实性。申请书中的进度计划是承约商计划用于项目资源的一种现实考虑,进度计划应符合需求建议书中所陈述的客户要求的进度计划。承约商是否制订了详细的进度计划?

(8) 价格。客户可能不仅会评估承约商的项目总成本,而且会评估解决方案中成本部分的详细结构。客户关心的是,承约商所提价格的合理性、现实性与完善性。承约商所用的是正确的成本评估方法吗?对于项目类型来说,劳动时间、工人等级以及工作效率都合适吗？有遗漏的地方吗？客户想确信的是，承约商没有为了赢得项目而低估价格，以避免一旦在项目执行阶段超出预计成本，承约商再来向客户索要额外的资金。他们认为故意低估价格的承约商是不道德、不合法的。

如果承约商决定投标，承约商应该参考上述的客户评价方法和评价标准来重新审视承约商的解决方案，根据客户的标准，结合自己的实际情况，对方案进行最后的修正。

4.3 准备申请书

一旦承约商决定投标，就要努力准备一份高质量的申请书。

准备申请书的工作可能是由一个人执行的任务，也可能是需要组织中的一个小组来完成。小组集体准备申请书，是一些有各种专长和技术的人员共同合作的资源密集型活动。如果是小项目（或简单的项目），如为客户设计一个企业网站，一个经验丰富的商业网站策划人员在了解了客户的有关要求后，可能会在很短的时间内就准备出一份申请书，而不用牵涉到其他人。然而，如果是政府机构发出的数百万美元项目的需求建议书，要求设计和建立一个新的地区性的快速运输系统，每个感兴趣的承约商都可能会组织一组人员和分包商来帮助他提出申请。在这种情况下，承约商可能委任一名项目经理，由他来协调申请小组的工作，确保在需求建议书的预定日期前准备出一份内容全面而又与客户要求一致的申请书。

对于很大的项目，提出一份全面的申请书，应该被当做一个完整的项目本身来看待：项目经理需要组织申请小组，建立一份在客户预定日期前完成申请书的进度计划。进度计划应当包括各项人员起草他们被指派的申请书部分的完成日期、申请小组中适当的人选执行审议的日期、申请书拍板定型的日期。申请的时间进度计划必须留出时间来准备图表的图解说明、打印、复印以及把申请书邮寄或直接送达客户。

针对一项大规模的电子商务项目的需求建议书，申请书可能是很多册文件，包括各种图表和几百页的正文。而且，这种申请书还经常必须在需求建议书颁布后的 30 个工作日内完成！投标于这么大项目的承约商，通常要做需求建议书前的市场调查，所以甚至在客户正式颁布建议书前，他们就可能已经开始准备申请书了。在 30 天的回复期内，承约商可能会首先修正与要求不一致的部分内容，然后用剩下的时间来"包装"一份一流的专业申请书。

4.3.1 申请书的内容

项目申请书是一个推销文件，而不是技术报告。它可能是几本或几册，包括上百页的内容、图解和列表，也可能只有 10 页左右。但无论篇幅大小，申请书应当列出足够的细节，使客户了解承约商将向客户提供最佳的收益。然而，如果申请书过分详细，可能会使客户不愿去看，而且也会增加承约商准备申请书的费用。

申请书经常被设计为 3 个部分，包括技术、管理和成本。如果是一份较复杂的申请，这3 个部分可能是 3 个独立的册子。承约商申请书的详细程度取决于项目的复杂程度和需求建议书的内容。有些需求建议书会声明，如果承约商申请书超过了一定的页数，客户将不予接受。毕竟，客户急于迅速评估所有已提交的申请书，他们可能没有时间去看好几册的申请书。

以下详细讨论项目申请书中的关键部分和核心内容,即电子商务解决方案中的技术部分、管理部分和成本估算部分的编制要求。

4.3.2 技术部分编制要求

在申请书中描述技术方案的目的,是使客户认识到承约商是怎样理解客户需求或问题的,并且能够提供风险最低且收益最大的解决方案。技术方案的描述,应当包括以下组成部分:

1) 理解问题

应当用自己的话来表明承约商对客户的问题或需求的理解,而不是仅仅重述客户在需求建议书中写的问题表述。承约商可以用陈述或表格形式来描述客户当前的状况,通过对客户问题或需求的描述,使客户有信心与承约商一起工作,并放心让承约商来执行项目,因为承约商真正了解客户的问题所在,知道将要解决什么问题。

2) 提出方法或解决方案

一些问题本身会产生一种特定的解决方案,如内部网站受到外来侵扰这一问题,本身可能说明需要设立一个防火墙。然而,有些问题可能不是这样的,这些问题可能需要在一个具体项目被详细描述前,把分析与开发任务当作项目的一部分来执行。例如建立一个 ERP 系统,由于涉及的问题和影响因素太多(一般都要涉及流程重组),具体的方案就不可能由承约商在事先单方面提出,而应由客户与承约商合作,在项目的执行过程中去产生和完善。

在一般情况下,在申请书中技术方案的描述,可能会包括以下内容:

(1) 如何收集、分析和评价有关问题的资料信息。

(2) 评估几个备选方案或进一步提出解决方案的方法是什么。承约商有没有在过去类似项目中用过的实验、测试或模型。

(3) 提出方案或方法的基本原理。这种基本原理可能建立在以前承约商进行过的实验、解决类似问题的经验或用来解决问题的独特的专利技术的基础之上。

(4) 确认提出的方案或解决方法将能够满足客户的需求建议书中所陈述的各种要求。对客户的要求都应该全面应对,不要遗漏。遗漏了,将会引起客户的怀疑,从而降低承约商获得合同的概率,特别是当竞争对手能够满足所有要求的时候。

如果承约商不能满足某些特定的客户要求,那么应当在技术方案说明中表明这一点。特定需求的变动被当作例外事件。对于客户要求中会涉及的每一个例外事件,承约商应当解释为什么他的要求是不恰当的或为什么不能满足要求,并提出替换选择。虽然承约商应当避免对客户的要求提出例外,然而有些情况下例外是适当的。例如,客户在信息不充分的情况下提出的不合理要求,承约商就应该告诉客户一些全面的信息,这样会增加客户对承约商的信赖。

3) 客户的收益

申请书应当表述所提方案或方法如何能使客户受益。收益可能是数量上的或是质量上的,还可能包括成本节约、减少程序时间、减少库存、更好的客户服务、更少的废品残品率或出错率、提高安全条件、更多的及时信息和减少维修次数等。技术方案的这一部分应当通过与竞争对手的比较,使客户确认所提方法的价值。

4.3.3 管理部分编制要求

管理方案也是项目申请书中不可缺少的一部分。管理方案编制的目的是使客户确信承约商能做好项目所提出的工作,并且可以保证收到预期结果。管理方案包括以下组成部分:

1) 工作任务描述

应当界定在完成项目中将要执行的主要任务,并且提供每个主要任务所包括内容的简要描述。注意不应仅仅重述客户在需求建议书中所做的工作陈述,也不需要包括冗长的详细活动的清单,这样的活动清单将在合同签订后,在项目周期执行阶段的初期列出。

2) 交付物

应该写明所涉及的一系列交付物(有形的产品及物品),这些交付物应当在项目期间提供,例如报告、图表手册、设备和培训等。

3) 项目进度计划

管理方案应当包括承约商完成项目所必须执行的主要任务的进度计划。进度计划必须表明承约商能在需求建议书所陈述的时间限制内完成项目。任务进度计划可以用图表的方式给出:标有项目预计的开始和结束日期的任务清单,用通常被称作甘特图(Gantt Chart)的条形图,沿着水平的时间轴,每小节代表估计的每件任务的持续时间;或者也可以用网络图表,任务用表格的形式给出,以便表明任务之间的次序及相互依存性。

除了主要任务,进度计划可能还包括别的关键事件的日期,如重要的评审会议日期、客户考核活动日期、交付项目(如进程报告、图纸、手册或设备)日期等。

4) 项目组织

管理方案应当描述承约商将如何组织工作和资源,以便执行项目。大型项目会涉及许多分包商,设计一个组织关系图可能更为合适,并把被委任为每个项目的负责人的名字附在主要的项目功能之后。将被委任于该项目的关键人员的简历也应当包括进去,以便使客户了解他们主要的相关经历,使客户确信项目会成功。除了组织关系图之外,承约商还可以用一个责任矩阵来列出主要的项目任务和负责每项任务的完成人员、组织或分包商的名称。

5) 相关经验

为了使客户确信承约商能执行项目,在申请书中应当列出承约商曾执行过的类似项目。应当简洁地描述过去的每个项目,并解释说明从那个项目中得来的经验,将怎样有助于成功地执行所申请的项目。承约商也应当给客户提供每个项目的价值,给客户一个承约商有管理这种规模项目的能力的概念。如果承约商以前所有的相关经验都只是几万元的项目,那么签订几百万元的合同的可能性就会很低。对于每一个以前的类似项目,最好写出每个客户的名称和地址,以便目前的客户能与他们联系,考证承约商的工作表现。来自以前曾获得过满意服务的客户的介绍信也应该被列在内。如果承约商有良好的工作绩效纪录,那么这种信息将特别有帮助。

6) 设备和工具

有些项目会要求承约商使用特殊设备,如计算机软件、生产设备或测试工具。在这种情况下,申请书应该列出一个清单,说明承约商愿意提供自己拥有的一系列设备和特殊工具,以便使客户确信承约商拥有必备的资源。

4.3.4 成本估算书的编制要求

成本估算书的编制目的,是使客户确信承约商申请项目所提出的价格是现实的、合理的。在有些情况下,客户可能只想知道项目总成本的底线,而大多数客户也想看看可选择项目的成本结构和细节。

1) 成本结构与价款估计

成本估算书通常由成本结构的描述和成本要素数据列表所构成。成本要素一般分以下各项:

(1) 劳动力 本项给出了预计在项目中工作的各个级别的人员的估算劳动成本。可能包括针对每个人或每个等级(如高级工程师、设计师、程序员)进行估算的小时数和小时工资率。估算的小时数必须是符合现实的,如果太高或太多"水分",总估算成本就可能会高于客户愿意付出的成本;相反,如果估算小时数太低,承约商就可能在这个项目上亏损。小时工资率通常基于每个人的年薪或每个等级的平均年薪加上职工附加福利(健康保险、退休金)等的额外的百分数,然后,这些薪水被一年中的正常工作小时数(如每周 40 小时,乘以52 周,总共 2 080 个小时)平均,来决定每人或每个等级的小时工资率。

(2) 原材料 本项给出承约商需要为执行项目而购买的原材料的成本。例如,建设机房项目的原材料成本可能包括木材、新窗户、电线、设备和防护地板的成本。

(3) 分包商和顾问 当承约商没有专长或资源去完成项目中某些特殊的任务时,他们可能会雇用分包商和顾问来执行这些任务。通常要求分包商和顾问人员提交有关工作范围和任务成本的申请书,然后承约商把这些成本加进项目的总成本中。

(4) 设备和设施租金 有时承约商必须租用特殊的设备、工具或设施,以完成项目。

(5) 差旅费 如果在项目执行中需要出差(不是在当地),那么应当包括旅费(机票、车船票、住宿费和伙食费等)。承约商首先必须估算一下出差的次数和路线。

(6) 文件 有些客户想要承约商分别表述项目文件交付物的成本,可能会是光盘、印刷手册、培训教材、图表或其他文件的制作成本。

(7) 企业一般管理费 将上述 6 项条款的费用附上百分比,以涵盖承约商正常的一般管理费——经营的间接成本,如保险费、折旧费、财务费用、总管理费用、市场营销费用和人力资源费用。

(8) 物价上涨 大型项目或合同期比较长的跟踪服务性项目,预计可能得花几年的时间才能完成。在这种情况下,承约商应该考虑项目期间内原材料价格与工资率的上涨等因素造成的成本增加。例如,对于一个 3 年期的项目,可能要预计在项目的后两年中每年都会增长 4%的工资。如果同样的项目要求承约商在第 3 年里购买大量的原材料,那么在承约商将要购买原材料时,现有的原材料成本预算可能就需要增加一定的百分比,以包含原材料的预计增长成本。

(9) 意外开支准备金 一般来说,意外开支准备金(Contingency)或管理储备金(Management Reserve),是项目承约商可能要碰到的意料之外的条款或任务的费用金额,这些条款也许是被忽略掉的,而这些任务也许是因为首次没有实施成功而需重复执行。这一点,承约商在成本预算时应该考虑。

(10) 利润 上述 9 项条款是成本,现在应当增加一个作为利润的数额。总成本加上利润就是承约商为申请项目而定的价格。

2）项目定价所考虑的因素

当承约商在准备申请书时,要牢记必须与其他承约商竞争才能赢得合同。因此,一定要谨慎定价,不能高估了申请项目的价格,否则客户将会选择其他定价低的承约商。然而,又必须同样小心避免低估申请项目资金,因为那将可能导致尴尬的、损害自己声誉的结局。

一般在对申请项目进行定价时,应考虑以下因素:

（1）成本预算的可信度　承约商所确定的申请项目的总成本应该是全面而精确的。应当花一定的时间,仔细考察项目并详细地评估成本,而不是只作大约估计了事。理论上,成本应当以最近的相似项目为依据,如技术人员的薪酬、目前软件的价格表、网络硬件和外围设备的最新报价等。让有经验的人或专家帮忙评估项目成本是明智的。成本预算越详细越好。

（2）接受低价位的情况　很有可能承约商正处于极愿意接受低价格的境况中。例如,如果承约商没有多少其他项目可做,那么除非接到新的合同,否则就有必要解雇工人。在这种情况下,应该"薄利多销",避免解雇企业员工。另一个在低价位可以接受的例子,就是这个项目能够提供拓展能力或扩展到新领域的机会,对自己长远经营目标有利。第三种情况是：客户的声望比承约商大得多,为了提高自己的知名度和地位,愿意以较低的价格为客户服务,力图与客户结成长期的战略伙伴,提高公司形象和竞争力。

（3）客户预算　如果承约商了解到客户已经为此项目而做的预算,就不应该提出超过客户预算的价格。这正说明了申请前期的沟通是多么重要。通过帮助潜在客户确认需求或提交一份附有成本预算的项目申请书,承约商能帮助客户确定项目预算。如果客户发布了竞争性的需求建议书(并不封死项目的预算数目),那么对客户预算拥有灵敏信息的承约商,则比没有做过相似工作的其他承约商,更有可能提交具备可接受价格的申请书。

4.4　提交申请书以及后续行动

客户的需求建议书通常会提供说明书,注明必须提交申请书的到期日以及申请书接受人的姓名和地址。有些客户想要承约商提供申请书的好几个备份,因为申请书会被分发给各有关方面的人员去审查和评估。

4.4.1　提交申请书的注意事项

在提交申请书之前要再次阅读客户的需求建议书,对照客户的要求检查看看有无遗漏。

1）按时提交

特别是政府机构,对按时提交申请书要求严格,迟交的申请书不会被考虑接受——如果迟交,承约商的努力就白费了。

2）保证送达

一般申请书可以邮寄,但有时邮寄会有延误,为防万一,最好安排专人送达。还可以通过不同的快递服务部门,递送两套申请书,以确保至少有一套按时到达目的地。对于比较重要的项目或是在前期调查研究上花费数千小时的项目,承约商应该采取这类谨慎措施。

3）电话确认

在提交申请书之后，承约商要积极采取确认活动。应当给客户打电话，以确认客户已收到了申请书。几天后，还可以与客户再次联系，询问客户关于申请书是否有问题或需要澄清什么。这样以专业化的方式采取后续行动，会给客户留下一个好的印象。

4）关注他人

如果承约商显得过分积极，则可能被客户视作是试图影响申请书评估过程的侵扰因素，因此不能过分。但承约商必须时刻考虑，别的竞争承约商是否在申请书提交上去后，仍然与客户保持联系，他们做的是否过分。

5）客户可能的态度

有些大企业，特别是政府客户，通常不会理睬来自承约商的后续联系。因为只有这样，才能做到没有任何一家承约商获得不公平的竞争优势，避免了对申请书评估过程的影响。这类客户将会主动进行必要的沟通联系。联系通常以书面表格的形式进行，表中有一系列特定问题需要回答，或者还会包括需要个别承约商澄清的有关问题。如果是这样，承约商的书面回答必须迅速，及时反馈给客户。

4.4.2 合同签约

申请书得到了客户批准，也就是中标了。中标并不意味着承约商就可以开始工作了。在执行项目前，承约商与客户之间必须签订合同——这是项目生命周期第二阶段的最后一步。

合同是一种工具，是用来建立起良好的客户关系的手段之一。通常客户是合同的甲方，承约商是乙方。合同表达了甲乙双方之间的沟通结构，表达了双方达成确保项目成功的共识与期望。

合同也就是承约商与客户之间的协议，承约商同意提供产品或服务（交付物），客户则同意作为回报付给承约商一定的酬金。合同必须清楚地表述客户期望承约商提供的交付物。例如，合同将陈述项目成果要符合一定的规格或是必须提供特定的文件。合同也必须陈述客户必须付款给承约商的条款。

1）合同的类型

电子商务项目合同，一般有两个基本类型：一是固定价格合同，二是成本补偿合同。

（1）固定价格合同　　在固定价格合同中，客户与承约商对所申请的工作达成一致意见：即不管将来情况如何，合同价款保持不变，除非客户与承约商双方都同意改变。这种合同就是包干合同，对于客户来说是低风险的，因为不管项目实际耗费了承约商多少成本，客户都不必付出多于固定价格的部分。然而，对于承约商来说，固定价格合同是高风险的，因为如果完成项目后的成本高于原计划成本，承约商将只能赚到比预计要低的利润，甚至会亏损。

投标于一个固定价格的项目，承约商必须建立一种精确的、完善的成本预算，并把所有的偶然性成本都计算在内。同时又必须小心，不要过高估计申请项目的价格，否则别的承约商将会以低价格而被选中。

固定价格合同对于一个仔细界定过的低风险的项目是最合适的。例如建一个简易的企业网站，客户（甲方）已经提供了详细的上网发布的材料内容、有关格式、图片、颜色、页数、网站功能要求,而乙方又有成功的经验。在这种情况下的项目成本预算,基本上不会离谱,在未来执行项目时发生偏差的情况较少。

(2) 成本补偿合同　在成本补偿合同中,客户同意付给承约商所有实际花费的成本(劳动力、原材料等),加上一定的协商利润,而不是费用包干。这种类型的合同对客户来说是高风险的,因为在项目执行时有很多意外的支出,承约商的实际花费可能会超过预计价格。例如,承约商原来对数据库建设项目的预算可能没有考虑到企业基础数据整理和数据输入的工作,而这些工作必须完成,数据库才能通过验收。于是最后客户不得不因此增加对本项目的预算外的支出。

在成本补偿合同中,客户通常会要求承约商在项目整个过程中,定期地将实际费用与原始预算作比较,并通过与原始价格相对照,再预测成本补充部分。这样,一旦项目出现超过原始预算成本的迹象,客户就可以采取纠正措施。这种合同对于承约商来说是低风险的,因为所有增加的成本都会由客户补偿。承约商在这种合同中不可能会出现亏损。然而,如果承约商的成本确实超过了原始预算,承约商的名誉就会受到损失,从而又会使承约商在未来赢得合同的机会降低。

成本补偿合同对于风险高的项目是合适的。例如,开发客户特有的 ERP 创新系统,这种系统软件不能从现有的市场上购置,而过去开发同类的项目的成功率都很低。但一旦开发出这样的系统,客户的竞争力会大大增加,所以客户愿意承担失败的风险。

2) 合同条款

电子商务项目合同也是一种经济合同,因此一般经济合同的标准条款都是应该借鉴的。下面是一些可能在确定电子商务项目合同条款时涉及的特殊考虑。

(1) 成本的真实性　有的承约商喜欢夸大项目中所耗费的时间和成本,这种行为是不合法的也是不道德的。不应效仿,应该实事求是。为了保证做到这一点,可以在合同条款中写明对成本真实性的要求,乙方不得谎报成本,否则应受到相应的惩罚。

(2) 成本超支或进度计划延迟的通知　在某些电子商务项目中,特别是软件开发类项目,成本的超支或进度计划的延迟现象经常会发生。一旦出现实际成本或预期成本将超支或进度计划将延迟的迹象,承约商必须通知客户,并提交书面的原因及书面纠正措施计划,以使成本回到预算内来或进度计划回到正常轨道上来。

(3) 分包商的支持　有时在项目执行阶段,一方可能发现需要另外雇用分包商来执行某一些专业性很强的任务。合同条款必须写明,一旦乙方有这个需要并决定这样做,必须事先通知客户,获得客户的同意。

(4) 客户提供的设备及信息　项目合同条款应注明客户(甲方)在项目全过程中将提供给承约商(乙方)的所有设施和资料以及甲方将这些设施和资料交给乙方的日期。这项条款保护了乙方的利益,避免由于甲方的设备、信息或其他东西的耽搁,而导致进度计划中时间的推后。万一这种情况发生,责任应由甲方负责。

(5) 专利　这涉及可能在执行项目时产生的专利的所有权问题。合同要写明乙方以什么方式和在什么时候向甲方提供工作作品,工作成果是如何被检验、接受或拒绝。如果工作产生了专利成果,成果的所有权归属于谁。如果在工作中应用了第三者的专利,又由谁向第三方付款。

(6) 专有信息的透露　有些项目,需要合同明确是否禁止任何一方向其他方面透露有关该项目的情况,或把项目有关机密信息、技术或该项目中另一方的工作过程用作其他用途。电子商务项目合同一般要对保密资料进行定义,例如对一个企业的 ERP 项目来说,可能会这样定义:"保密资料是指财务资料、企业计划、业务流程、技术资料或其他另外指定为保密的材料。"

(7) 国际化考虑　应当适应来自国外的客户。为外国客户执行项目的合同或是部分项目在国外执行的合同,可能会要求承约商做一些适应性工作,例如:

① 注意特定的假日和工作习惯;

② 客户所在国的物价水平以及合同中涉及的劳动力或原材料的成本在该国的对比价格;

③ 用客户的语言文字提交项目文件,例如手册或报告。

(8) 终止理由与责任　说明在哪些情况下客户可能会终止项目,例如出现承约商在执行项目过程中发生严重错误,或承约商因某种原因不能继续履行合同,或客户因特殊原因改变计划等。合同也应写明终止项目的理由与哪一方应承担什么责任。

(9) 付款方式　合同应该清楚地表述客户将按什么方式付款给承约商。一般工程项目或服务项目付款方式有:

① 每月付款,以承约商的实际成本为基础;

② 每月或每季度付款,以项目进度计划全部期间的预期为基础;

③ 按合同总数的百分比,当承约商完成了预先确定的重大事件时付款;

④ 在项目完成时付款。

在大多数情况下,当承约商需要在项目的早期阶段购买大量设备及软件平台等供应品时,客户将在合同开始时就付出第一期款项。

(10) 奖金或罚款　有些合同规定奖金条款,如果提前或高于客户要求标准完成项目,客户将付给承约商奖金。另一方面,有些合同会涉及罚款条款,如果项目到期没有完成或没有满足客户要求,客户就将减少付给承约商的最终款额。有的电子商务项目罚款额可以很大,例如超过了要求的项目完成日期,每周罚款合同总额的 1%,最大数额可达 10%。迟于计划 10 周,就可能会使承约商的利润损失殆尽,甚至导致亏损。

(11) 变更　包括提出、批准并执行有关项目范围或进度计划的变更过程的规定。变更可能由客户发起或是由承包商提出。有些变更是价格上的必要变更(增加和减少);另外一些则可能不是。在项目进行中提出任何变更之前,必须制订相关文件并经过客户同意。客户通常想让承约商提供一个价格预算,并附上影响进度计划的潜在因素,以便提出变更要求。之后,他们才允许承约商执行变更。如果承约商不经过客户同意,或是仅仅获得客户组织中的非权威人士的口头赞同,就做出了变更活动,那么他就面临着因其变更活动而不能收到付款的风险。

4.5　投标案例

大地网络建设有限公司是全国著名的电子商务项目承约商。本节介绍大地网络建设有限公司投标中原贸易服务公司大型电子商务网站建设的申请书,供大家学习参考。该申请书一共由 15 份文件构成。15 份文件装订成一册。封面形式如图 4.5.1 所示。

在图 4.5.1 中,中原贸易服务公司是项目客户,大地网络建设有限公司是申请人。申请书的内容见图 4.5.2 总目录。

在图 4.5.2 投标文件总目录中，第 1 项投标函，实际是大地公司的一个简短的声名，表明他们对中原公司的招标书已经理解，同意招标书的一些约定，并提出本申请的总价款和本公司的有关立场的说明。

第 2 项为认可投标商申请表，是大地公司向中原公司提出申请，希望准许本公司（大地公司）投标，并提供本公司的地址、成立日期、注册资本、联系方式、银行账号、法人代表姓名、授权代表的职务和姓名及签名、申请日期等。

第 3～6 项为大地公司有关情况的介绍与说明，包括以前执行的同类项目的业绩。

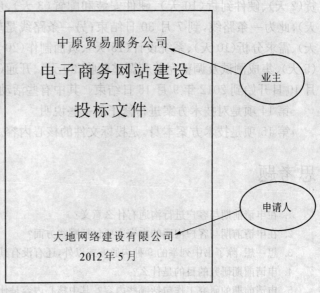

中原贸易服务公司

业主

电子商务网站建设

投标文件

大地网络建设有限公司
2012 年 5 月

申请人

图 4.5.1 投标书封面

总 目 录

1. 投标函
2. 认可投标商申请表
3. 大地网络建设有限公司营业执照复印件
4. 大地网络建设有限公司 ISO9001 质量认证证书复印件
5. 大地网络建设有限公司简介
6. 大地网络有限公司项目建设主要业绩（附用户证明）
7. 技术人员能力和履历表
8. 硬件总体报价
9. 系统软件配置及报价
10. 系统总体报价
11. 培训
12. 有关承诺
13. 项目实施进度计划
14. 对投标技术规范的修正
15. 技术方案

图 4.5.2 投标文件总目录

第 7 项是大地公司计划安排在本项目上的主要经理人员和技术人员的履历表。

第 8～10 项为费用估算（工程造价），是本项目报价的依据。

第 11 项是大地公司提出的对中原公司有关人员的培训计划。

第 12 项的承诺，包括战略性合作承诺和本案的质量承诺。质量承诺包括硬件系统与集成、应用软件、保修、技术支持、验收、文件资料等 6 个方面，每个方面的承诺少则一句话，多则若干条。

第 13 项是本项目实施进度计划，活动包括合同签订（2012 年 6 月 10 日以前）、硬件订货（2 天）、硬件到货（10 天）、硬件安装和配置（3 天）、应用平台安装调试（10 天）、培训（40 天），此为一条路线，到 7 月 30 日结束；另一条路线是软件开发，活动包括开发场地准备（5 天）、需求分析（10 天）、系统设计（15 天）、页面制作（20 天）、编程（20 天）、应用软件安装调试（5 天）、集成测试及调整完善和调整验收（30 天）、开通（1 天）、监护（15 天）等。从 2012 年 6 月 10 日开始到 2012 年 9 月 15 日结束。其中有些活动是平行作业。

第 14 项是对技术方案进行修正的一些说明。

第 15 项是技术方案本身，是投标文件的核心内容。

思考题

1. 在申请前期与客户进行沟通有什么意义？
2. 在申请前期与客户沟通的内容主要包括哪些方面？
3. 想一想，除了书中列举的 9 种沟通方式以外，还有没有其他的与客户进行沟通的方式？
4. 申请前期研究的目的是什么？
5. 申请前期的研究工作包括哪些内容？其中核心内容是什么？
6. ISP 是什么意思？你能否写出它的全称？
7. 承约商在申请前期的研究工作，费用由谁来承担？为什么？
8. 为什么要作是否投标的决策？
9. 在哪些情况下承约商不应勉强去投标？
10. 为什么说如果投标就要准备一份高质量的申请书？
11. 申请书的编制一般需要多少人？
12. 申请书的主要内容一般由哪几部分构成？
13. 申请书中技术方案描述的目的和要求是什么？
14. 申请书中的管理部分应包括哪些内容？
15. 编制成本估算书的目的是什么？估算成本时一般考虑哪些因素？
16. 给项目定价时需要考虑哪些因素？
17. 向客户提交申请书以后，承约商在什么情况下需要电话确认？这样做有什么好处？
18. 承约商申请书得到客户批准以后，为什么还要同客户签订合同？
19. 根据客户与承约商对于相关合同类型的风险程度，在下表的空白框内填入"低"或"高"。

合同类型	风险	
	客户	承约商
固定价格合同		
成本补偿合同		

20. 合声贸易公司有经理室、财务部、销售部、采购部、仓储部等 5 个部门，在一个办公室办公。现在希望给每个部门配置一台电脑，并内部联网，共享打印机和互联网调制器。该公司正在征求承约商。请你针对上述需求准备一份申请书。你的身份是一个新办的网络服务中心的业务经理，这是你上任的第一件工作。你的目标是以不低于 5％的利润争取到这个项目。

21. 就习题 20 的项目，起草一个适合于此类业务的一般性的标准合同文本，以便在与合声公司洽谈签约时使用。

5　电子商务项目计划编制

5.1　范围计划

5.1.1　项目范围的概念

电子商务项目的计划编制,是项目运作的重要内容。一份周密的项目计划,是实施项目解决方案的重要依据,具有非同小可的意义。一般来说,电子商务项目计划编制工作包括范围计划、进度计划、费用计划、质量计划、人力资源计划、沟通计划、风险计划和采购计划等8个方面计划的编制。

项目范围(Project-Scope)包括项目的最终成果或服务以及实现该成果或服务所需要做的各项具体工作。项目范围是制订项目计划的基础。项目范围的确定,就是为成功地实现项目的目标而规定必须完成的工作任务。

5.1.2　项目范围的界定

项目范围的界定,就是将主要的项目可交付成果分解为较小的且易于管理的单元,即形成工作分解结构(Work Breakdown Structure,WBS)。

界定项目范围,通常要考虑项目交付物(产品或服务)、工作任务、作业规范和产品说明。

(1) 产品范围　确定产品或服务中应包含有哪些功能和特征。

(2) 任务范围　确定为了交付具有一定特征和功能的产品或服务,应做那些工作。

(3) 作业规范　确定怎样完成上述工作,如何做才能实现项目的目标。

(4) 产品说明　确定项目产品或服务所包含的具体细节是什么。

由此可见,项目范围的定义要以组成它的所有产品或服务的范围为基础。这是一个从一般到具体的层层深入的过程。即使某一个项目只提交某单一产品或服务,也可能需要层层分解,因为该产品或服务本身可能包含一系列要素,每一要素有其各自的组成部分,每个组成部分又有其各自独立的范围。例如一个企业的电子订单系统包括硬件、软件、培训和实施等4个组成部分。

5.1.3　工作分解结构

1) 工作分解结构的概念和作用

工作分解结构(WBS)是项目所有细目等级树,所有的细目构成了整个项目的工作范围。WBS 的最底层的工作细目称为工作包。

影响 WBS 详细程度与等级多少的因素一般有 3 个:一是项目的复杂程度;二是团队成员的成熟度,即工作经验多寡、工作能力高低和责任心大小;三是预期的进度和预算的控制水平。

显然,对同一个电子商务项目,可以建立不同的 WBS。图 5.1.1 是某企业内部网建设项目的 WBS。

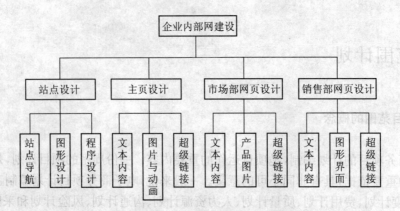

图 5.1.1　按产品进行组织的企业内部网项目的 WBS 示例

一般来说,一个项目的 WBS 作用如下:

(1) 明确和准确说明项目的范围。

(2) 为各独立单元分配人员,规定这些人员的相应职责。

(3) 针对各独立单元,进行时间、费用和资源需要量的估计,提高时间、费用和资源估算的准确性。

(4) 为计划、预算、进度计划和费用控制奠定共同基础,确定项目进度测量和控制的基准。

(5) 将项目工作和项目的财务账目联系起来。

(6) 便于划分和分派责任。

(7) 确定工作内容和工作顺序。

(8) 估算项目整体和全过程的费用。

2) 制订 WBS 的方法

制订 WBS 的方法通常有类比法、由上至下法、由下而上法等几种。

(1) 类比法　类比法是指用一个类似项目的 WBS 作为起点。比如某 IT 企业曾经开发过很多软件项目,为客户设计过多种类型的软件。每当接到一个新的设计软件的任务时,就要为新的设计方案制订 WBS。在设计新的 WBS 时,项目组成员总是根据以往的经验来开始新的工作,以过去设计的软件设计项目的 WBS 作为新的软件项目范围定义和成本估算的起点。他们所用的方法就是类比法。

(2) 由上至下法　由上至下的 WBS 构建方法为常规方法,就是从项目最大的任务开始,逐步将它们分解成下一级的多个子项。如图 5.1.1 中描述的企业内部网项目任务,就是分解到第 3 层的各个细目的。

(3) 由下而上法　由下而上法要让项目组人员一开始就尽可能地确定项目有关的各项具体任务,然后再将各项具体任务进行整合,并归总到一个整体活动或 WBS 的上一级内容当中。例如,可能会有一个小组的人来负责企业内部网项目的 WBS 的制订工作,在列出详细的工作任务之后,他们对所有工作进行分类。这样他们就可以将这些详细的工作归入上一级的大项中。

5.1.4 项目范围计划的编制

项目范围计划包括范围说明书和范围管理计划,并带有详细依据。

1) 范围说明书

范围说明书是在项目参与人之间确认或建立一个项目范围的共识,作为未来项目执行的文档基准。范围说明书详细说明了为什么要进行这个项目,明确了项目的目标和主要的可交付成果,是项目团队和客户(任务委托者)之间签订协议的基础,是未来项目实施的基准。并且随着项目的不断进展,可能需要对范围说明书进行修改和细化,反映项目本身和外部环境的变化。在实际的项目实施中,不管是对主项目还是子项目,项目管理人员都要编写其各自的项目范围说明书。

2) 范围管理计划

范围管理计划是描述项目范围如何进行管理,项目范围怎样变化才能与项目要求相一致等问题的,包括对可能发生范围变更的原因、频率和变更量的评估,对变更的分类以及对实施变更的程序规定等,也应该包括对一个项目范围预期的稳定而进行的评估(比如:怎样变化、变化频率如何及变化了多少)。范围管理计划也包括对变化范围怎样确定,变化应归为哪一类等问题的清楚描述。

5.2 进度计划

5.2.1 项目进度计划的含义及其重要性

进度计划就是根据项目的活动定义、活动排序及活动持续时间估算的结果和所需要的资源进行的进度计划安排,其主要任务是确定各项活动的起始和完成日期、具体的实施方案和措施。通过进度计划的编制,使项目实施过程成为一个有机的整体。

实践表明,从达到项目范围、时间和成本要求等方面来看,许多电子商务项目是失败的。电子商务项目的管理者经常说,按时交付项目是他们最大的挑战之一。进度问题是项目生命周期内造成项目冲突的主要原因。进度问题如此普遍,部分原因是资源的临时变更,比如团队成员的临时调离,有时是因为在范围和进度方面由于主、客观原因超出限度等。

5.2.2 项目进度计划的编制过程

1) 任务分解和责任分配

编制项目进度计划,首先必须对任务进行分解,并向项目成员分配工作责任。大型复杂的电子商务项目的工作任务分解,就是要建立一个 WBS。

例如,同心食品厂需要在 30 天内建成一个网站。经研究,该网站建设项目的任务可分解为网站规划、图片资料收集、数据库结构设计、数据库开发、文本编制、网站宿主选择、网页设计、网站调试、网页上传、在线测试等 10 项具体活动。任务分配如表 5-2-1 所示。

表 5-2-1 同心食品厂网站建设项目任务分解和责任分配

活动编号	活动名称	任务的详细说明	负责人
1	网站规划	依据合同和甲方的补充要求,对网页数量、内容、网站运行方式进行总体安排	黎 明
2	资料收集	拍摄本厂的产品图片,收集企业的图片、文字宣传资料、通信地址和联系人名单、汇款账号等,收集有关宿主的资料	张 强
3	数据库结构设计	对公司的数据库进行结构上的设计	黎 明
4	宿主选择	选择国内一流的 ISP,购买虚拟主机空间,洽谈服务条款和价格	许 杰
5	文本编制	设计网页内容结构,编写产品说明、企业简介、服务承诺书、问题与解答和其他网页上的文字内容	李西文
6	数据库开发	设计和开发产品数据库和网上登记、查询、订货、反馈系统	黎 明
7	网页设计	根据文本和图片设计网页,要求美观大方,浏览便捷	张 强
8	网站调试	包括网页链接、数据库功能测试、数据图片、文字的衔接。	张 强
9	网页上传	将调试好的网页传送到 ISP 服务器上,利用企业原来的域名和账号	李西文
10	在线测试	从互联网上登陆本网站,检查预定的各项指标,是否符合要求,如有问题,分析解决	黎 明

2) 活动工期估计

当项目任务分解成活动并将每项活动的责任分配到人之后,每项活动的责任人就可以根据他的经验和可以得到的资源来估计完成本项活动所需的时间。例如,对表 5-2-1 来说,工期估计的结果如表 5-2-2 所示。

表 5-2-2 同心食品厂网站建设项目活动工期估计表

活动编号	活动名称	负责人	时间估计(天)	备 注
1	网站规划	黎 明	1	
2	资料收集	张 强	2	
3	数据库结构设计	黎 明	5	
4	宿主选择	许 杰	3	
5	文本编制	李西文	5	
6	数据库开发	黎 明	22	都需要助手 2 人
7	网页设计	张 强	5	
8	网站调试	张 强	2	
9	网页上传	李西文	1	
10	在线测试	黎 明	1	
合计			43	

电子商务的活动工期是一个可变的因素。例如数据库开发这个活动,有人可能需要 3

个月,但换另外一个人操作,可能只需要 3 个星期。另外,同样的活动,一个人去做与 3 个人去做,工期可能明显不同。因此,活动工期的估算,必须与可获得的资源数量和必须要达到的质量标准联系在一起,而不同资源的使用,不同的质量标准,对应于不同的成本。

3) 确定工作先后关系

在某项活动开始前必须结束的那些活动称为该项活动的紧前活动,在某项活动结束以后才能开始的那些活动叫做该项活动的紧后活动。如表 5-2-2 中的网页上传,必须在网站调试以后进行,所以网站调试是网页上传的紧前活动,而在线测试就是网页上传的紧后活动。

紧前活动和紧后活动的客观存在,规定了项目任务中各项活动的先后次序。

对可以同步进行的活动,如安排同步进行,就可以缩短整个项目的工期。例如,对于表 5-2-2 中的各项活动,如按照表中顺序安排,项目工期就需要 43 天,这就不符合合同约定的"30 天之内"的工期要求。但考虑数据库开发(持续时间最长)可以与其他活动同步进行,工期就可以大大缩短。

4) 绘制甘特图

在活动顺序大体确定之后,可以采用甘特图(Gantt Chart)来对项目执行计划做一个简易的安排。例如,对上述同心食品厂网站建设项目来说,根据对它的活动顺序的安排和表 5-2-2 提供的活动工期,可以绘制它的甘特图如图 5.2.1。图 5.2.1 中的上方数字表示时间(天数),左侧是各项活动的名称,右侧棒线的长度表示活动的持续时间。

有了每项活动的工期,又有了各项活动的总体安排,项目的总体工期估计就是一件比较容易的事情了。从甘特图(图 5.2.1)上可以看出,同心食品厂网站建设项目的计算工期是 29 天,符合计划工期(30 天之内)的要求。

活动	负责人	2	4	6	8	10	12	14	16	18	20	22	24	26	28	30
网站规划	黎　明	▬														
资料收集	张　强		▬													
数据库结构设计	黎　明		▬													
宿主选择	许　杰			▬												
文本编制	李西文			▬▬												
数据库开发	黎　明			▬▬▬▬▬▬▬▬▬▬▬												
网页设计	张　强					▬▬▬										
网站调试	张　强													▬		
网页上传	李西文														▬	
在线测试	黎　明															▬

图 5.2.1　同心食品厂网站建设项目进度计划甘特图(计算工期为 29 天)

5.2.3　网络计划的应用

目前项目进度计划多采用网络计划方法,运用这一方法有助于明确反映各活动之间的逻辑关系,有利于项目执行过程中各工作之间的协调和控制。

1) 绘制网络图的原理及图例

下面依然以上述同心食品厂网站建设项目为例来说明。

绘制网络图可使用两种不同的规则。一种是用节点或方框表示活动,称为节点法(Activity On the Node,AON),又叫单代号法;另一种形式是用箭头表示活动(Activity On the Arrow,AOA),称为箭头法,又叫双代号法。为便于理解,以下以节点法为例。

(1) 活动的表示 每项活动在网络图中用一个框表示,对该项活动的描述都写在框内,如图 5.2.2 所示。给每个框指定一个唯一的活动号。在图 5.2.2 中,活动"宿主选择"给定的活动号是"4"。

(2) 活动之间逻辑关系的表示 活动之间有先后次序关系,这种关系用箭头线表示。箭头线表明哪些活动在其他活动可以开始以前必须做完。连接活动框的箭头表示先后次序的方向。一项活动只有在通过箭头与它联系的所有前面的活动完成后,才能开始。如图 5.2.3 所示,只有在"网页调试"活动完成后"网页上传"才能开始。

图 5.2.2 用方框表示活动　　　　　图 5.2.3 活动之间先后次序的表示

有些活动可以同时进行。例如,图 5.2.4 中的"数据库结构设计"与"资料收集"可以同时并行。当有并行的活动出现时,必须等所有的并行活动全部结束,箭头指向的后续活动才能开始。如图 5.2.4 中的"数据库开发"必须在"数据库结构设计"与"资料收集"工作都结束后才能开始,"网页调试"必须在"数据库开发"和"网页设计"都结束时才能开始。

图 5.2.4 是同心食品厂网站建设项目用节点法绘制的完整的网络图,注意图中附加了负责人姓名。

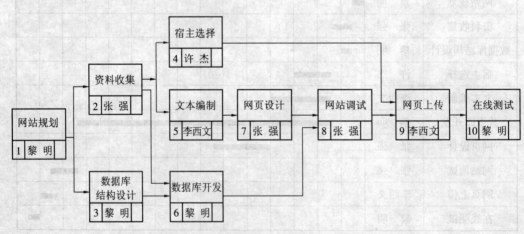

图 5.2.4 同心食品厂网站建设项目网络图

2) 网络计划中的参数计算

(1) 活动工期的估计与表示 活动工期估计一般在图框的右下角表示出来,如图 5.2.5。

(2) 最早开始时间和最早结束时间 在为每项活动设定预计工期后,以项目预计开始时间为参照点,就可以为每项活动计算出最早开始时间与最早结束时间。

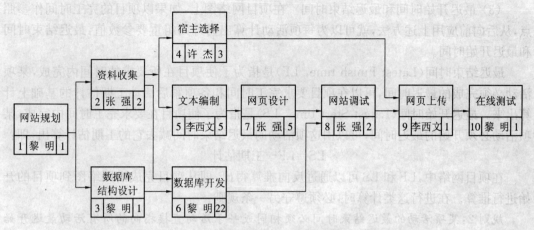

图5.2.5 附有活动工期估计的网站建设项目网络图

最早开始时间(Earliest Start time，ES)是活动能够开始的最早时间，可以在项目的预计开始时间和所有紧前活动的工期估计基础上计算出来。最早结束时间(Earliest Finish time，EF)是活动能够完成的最早时间，可在某项活动的最早开始时间加上该项活动的工期估计计算出来的。即

$$EF＝ES＋活动工期估计$$

ES和EF是通过正向计算得到的，即从项目开始沿网络图到项目完成进行计算。在进行这些正向计算时必须遵守一条规则：

规则1：某项活动的最早开始时间必须相同或晚于直接指向这项活动的所有活动的最早结束时间中的最晚时间。

图5.2.6是利用网络图计算同心食品厂网站建设项目最早开始时间和最早结束时间的例子。该图中节点的左上角为该活动的最早开始时间，右上角为该活动的最早结束时间。计算特点是正向计算，即从左到右依次进行。项目预计开始时间记为0，这样，最早的活动"网站规划"可以开始的时间就为0，由于它的预计工期为1天，它最早能在1天后完成。当"网站规划"在第1天完成时，"资料收集"和"数据库结构设计"就可以开始了。"资料收集"的预计工期为2天，所以它的ES为第1天，EF为第3天。

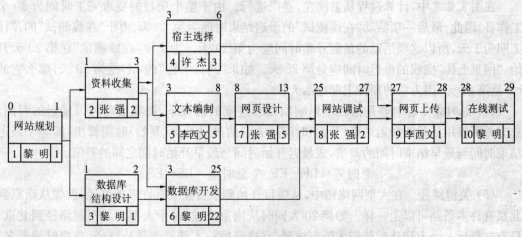

图5.2.6 最早开始时间和最早结束时间

（3）最迟开始时间和最迟结束时间　在项目网络图上，如果以项目的完工时间作参照点，从后向前应用上述方法，就可以为每项活动计算出另外两组重要参数值：最迟结束时间和最迟开始时间。

最迟结束时间（Latest Finish time，LF）是指为了使项目在所要求的时间内完成，某项活动必须完成的最迟时间，可以在项目要求完工时间和各项紧后活动工期估计的基础上计算出来。最迟开始时间（Latest Start time，LS）是指为了使项目在要求完工时间内完成，某项活动必须开始的最迟时间，可以用这项活动的最迟结束时间减去它的工期估计算出，即：

$$LS = LF - 工期估计$$

在项目网络中，LF 和 LS 可以通过反向推算得出，即从项目完成沿网络图到项目的开始进行推算。在进行这类计算时，必须遵守另一条规则：

规则 2：某项活动的最迟结束时间必须相同或早于活动直接指向的所有活动最迟开始时间的最早时间。

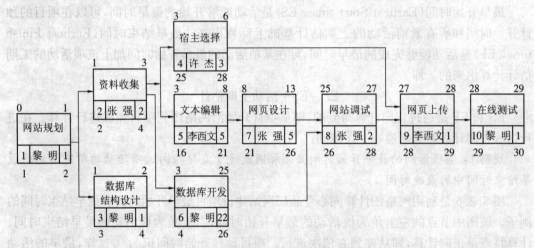

图 5.2.7　最迟开始时间和最迟结束时间

图 5.2.7 是在图 5.2.6 的基础上绘制的。它应用"规则 2"将各项活动的最迟开始时间和最迟结束时间计算出来，并且分别在节点方框的左下角和右下角标注出来。

在图 5.2.7 中，计算过程从右向左，逆向进行。由于整个项目的要求完工时间为 30 个工作日，因此，最后一项活动"在线测试"的最迟结束时间为第 30 天，由于"在线测试"的预计工期为 1 天，所以这项活动的最迟开始时间应为第 29 天。为了使"在线测试"在第 29 天开始，"网页上传"完成的最迟时间应是第 29 天。如果"网页上传"的 LF 是第 29 天，那么它的 LS 是第 28 天，因为它的预计工期是 1 天。

（4）总时差　总时差是指在不影响项目总进度的前提下，每项活动可以延迟的时间。总时差可以用活动的最迟结束（开始）时间减去它的最早结束（开始）时间算出，即等于最迟结束时间与最早结束时间的差值，或最迟开始时间与最早开始时间之间的差值。

$$总时差 = LF - EF \quad 或 \quad 总时差 = LS - ES$$

（5）关键路径　在大型网络图中，从项目开始到项目完成有许多条路径，就像从南京到北京有许多条路可以走一样。如果 20 人同时从南京出发，每个人都沿着不同路径到北京，只有在最后一个人到达后他们才能完成聚会，这最后一人就是走最长路径（花费时间最多）的人。在项目网络图上，只有最长（花费时间最多）的活动路径完成之后，项目才算结束。这条在整个网络图中最长的路径就叫关键路径(Critical Path)。

确定关键路径的一种方法是找出那些具有最小时差的活动。所有这些活动构成的路径就是关键路径。

图 5.2.8 是同心食品厂网站建设项目的标明关键路径的网络图。

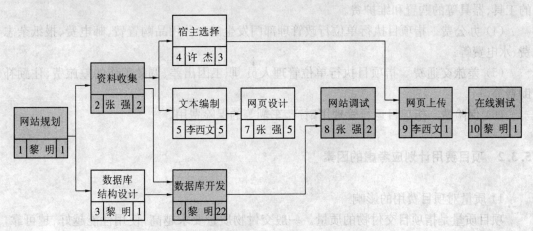

图 5.2.8　标明关键路径的网站建设项目网络图

5.3　费用计划

5.3.1　项目费用的构成

项目费用是指项目形成过程中所耗费的资源成本与费用。项目费用计划包括项目的资源计划、成本估算等内容。

1) 项目直接费用

项目直接费用是指与项目的形成有直接关系的那部分费用。也就是说,费用的发生与项目是直接对应的。电子商务项目的直接费用包括人工费、材料设备费、委托加工制作费用、其他直接费等。

(1) 人工费　即项目工作包的人员工资、福利费和劳动保护费。

(2) 材料和设备费　在项目实施过程中直接从事工程所消耗的、构成项目工程实体或有助于工程形成的各种材料、结构件、设备(如计算机、交换机等)的实际费用以及摊销及租赁费用。

(3) 委托加工制作费用　包括部分软件设计、设备制作的外包费,安装调试相关的费用。

(4) 其他直接费用　即在项目实施过程中直接发生但未包括在上述费用中的其他费用。例如,项目可能需要一些专用的仪器、设备和工具,这些专用器具可能并不常用,可以租用这些器具,支付租金。

2) 项目管理费用

项目管理费用指为组织、管理项目所发生的费用支出,为项目的间接费用,主要包括:

(1) 人工费　指项目执行单位管理人员工资及按规定提取的职工福利费和劳动保

护费。

（2）固定资产使用费　指项目执行单位行政管理用固定资产的折旧费、修理费和租赁费。

（3）工具用具使用费　指项目执行单位行政管理用低值易耗品摊销及不属低值易耗品的工具、器具等的购置和维护费。

（4）办公费　指项目执行单位行政管理部门发生的办公用品购置费、邮电费、报纸杂志费、水电费等。

（5）差旅交通费　指项目执行单位管理人员、职工因出差、调动工作的差旅费、住勤补助费等。

（6）保险费　指项目运行管理用财产、车辆等的保险费用。

5.3.2　项目费用计划应考虑的因素

1）质量对项目费用的影响

项目质量是指项目交付物的质量。一般交付物质量要求越高，使用性能越好、越可靠，但建造费用越高。

2）工期和进度对项目费用的影响

项目费用由直接费用和间接费用组成。一般工期越长，项目直接费用越低，间接费用越高；反之，工期越短，项目直接费用越高，项目间接费用越低。

项目费用与项目进度也有关。一般情况下，项目的进度越快，项目费用越高。例如，为了加快进度，要激励员工们节假日加班，必须多付一些薪水。

3）价格对项目费用的影响

对企业商务电子化项目来说，人力资源的价格、电子设备和器材的价格是影响项目费用的主要因素。在做费用预算时，应做好人力资源、电子设备和器材的价格预测。一般来说，计算机类电子设备在配置水平不变的情况下价格变动趋势向下，而人力资源的价格变动趋势总是向上。

4）管理水平对成本的影响

管理水平对项目成本的影响是显而易见的，高的管理水平可以有效地节约成本。

5.3.3　项目费用的估算

费用估算是项目计划中的一个重要组成部分。要进行费用计划编制，首先要进行费用估算。费用估算涉及确定完成项目活动所需资源的费用计算。费用估算方法主要有以下几种。

1）经验估算法

进行估计的人应有专门知识和丰富的经验，据此提出一个近似的数字。这种方法是一种最原始的方法，是利用类似项目的费用对现在的项目所需的费用进行的一种近似的猜测，所以，又称为类比法，亦是一种专家评价法。它对要求很快拿出一个大概数字的项目是可以的，但对要求详细的估算显然是不能满足要求的。此种方法主要适用于机会研究，可以作为提出项目任务和考虑投资的参考。

2）规模费用估算法

这是一种传统估算方法。它利用基本的数学知识以过去为根据来预测未来。它的基本方法是利用规模和费用图。如图5.3.1所示，图上的线表示规模和费用的关系，图上的点是根据过去类似项目的资料描绘的，根据这些点描绘出的线体现了规模和费用之间的基本关系。这里画的是直线，但实际上也可能是曲线。费用包括不同的组成部分，如材料、人工和运输费用等。这些都可以有不同的曲线。项目规模知道以后，就可以利用这些曲线找出费用各个不同组成部分的近似数字。

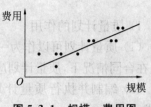

图5.3.1 规模—费用图

这里要注意的是，如果项目周期较长，还应考虑到今后几年可能发生的通货膨胀、材料涨价等因素。做这种费用估算，前提是有过去类似项目的资料，而且这些资料应在同一基础上，具有可比性。

3）参数模型估算

参数模型估算是一种建模统计技术，利用项目特性计算项目费用。模型可以简单，也可以复杂，视情况而定。软件开发中的功能点分析也是参数估计的一种例子。这种方法的准确性依赖于可以计量的参数和模型的可测量性。

4）利用项目管理软件估算

利用某些项目管理软件进行项目费用估算，能够考虑许多备选方案，方便、快捷，是费用估算的一种发展趋势。

5）WBS全面详细估算

即利用WBS方法，先把项目任务进行合理的细分，分到可以确认的程度，如某种材料、某种设备、某一活动单元等，然后估算每个WBS要素的费用。

以上介绍了5种费用估算的方法。在实际应用中还可将几种方法结合起来使用。例如，对项目的主要部分进行WBS详细估算，其他部分则按过去的经验进行估算。

5.4 质量计划

5.4.1 项目质量和质量计划

项目质量是对项目交付物的品质要求。项目质量要求的高低，与项目成本和项目进度关系密切。电子商务项目质量计划，就是确定与电子商务项目相关的质量标准并决定达到标准的方法，它是项目计划中的重要组成部分之一。

项目质量计划应结合项目其他计划（如费用计划和进度计划）一同编制，因为质量计划中规定的质量标准的高低以及达到质量要求标准的方法必然会影响到项目的实施成本和进度等方面。

5.4.2 质量计划的作用及一般要求

1) 质量计划的作用

（1）质量计划可以作为一种工具，当用于项目组织内部时，应确保项目要求纳入质量计划；在合同情况下，质量计划应能向其顾客证实具体的特定要求已被充分阐述。

（2）编制并执行质量计划，有利于实现规定的质量目标和全面、经济地完成合同的要求。

（3）质量计划编制过程实际上是各项管理和技术工作协调的过程，这将有助于提高管理效能。

（4）质量计划可作为质量审核、评定和监督的依据。

2) 编制质量计划的一般要求

（1）在编制质量计划时应处理好与质量手册、质量管理体系、质量策划的关系。

（2）当一个组织的质量管理体系已经建立并有效运行时，质量计划仅需涉及与项目有关的那些活动。

（3）为满足顾客期望，应对项目或产出物的质量特性和功能进行识别、分类、衡量，以便明确目标值。

（4）应明确质量计划所涉及的质量活动，并对其责任和权限进行分配。

（5）保证质量计划与现行文件在要求上的一致性。

（6）质量计划应由项目组织的技术负责人主持，由质量、技术、工艺、设计、采购等有关人员参加编制。

（7）质量计划应尽可能简明并便于操作。

5.4.3 质量计划的编制方法

1) 收益/成本分析

质量计划编制过程必须权衡成本与收益。收益指项目各项工作做得好，满足质量要求，减少返工，提高生产率，降低成本，提高项目干系人的满意程度。成本是一项综合性的消耗指标，它与产值、收入、利润等经济指标密切相关。成本支出水平是项目管理水平的体现。

通过收益/成本分析，可以有效揭示成本与其他经济指标的关系。如分析产值与质量的关系可知：质量提高可以降低返工率或减少残次品，这就意味着有效总产量增加，单位成本降低。

2) 质量管理计划

质量管理计划说明项目管理团队将如何实施其质量方针。用 ISO9000 的话来说，就是要说明"项目质量体系"，实施质量管理的组织结构、责任、程序、过程和资源。质量管理计划为项目总体计划提出了依据。

3) 质量管理计划实施说明

该说明要非常具体地说明各种问题的实际内容以及如何在质量控制过程中加以衡量。举例而言，仅仅说明符合计划进度要求不行，还必须指出各项目活动是必须准时开始，还是只需按时完成就行；或者指出各项目活动全都需要测量，还是只需测量某些可交付成果就行。如果只测量某些可交付成果,则应指明是哪些可交付成果。

4)核对表

核对表具体内容因行业而异,其用途是检查和核对某些必须采取的步骤是否已经付诸实施。核对表是一种有条理的工具,可简可繁。

5.5 人力资源计划

5.5.1 人力资源计划的概念和编制原则

项目人力资源计划是通过科学的分析与预测,对项目实现过程的人力资源管理工作做出整体安排,以确保在环境变化的条件下,项目组织能够获得必要数量、质量和结构的人员,并使组织和个人都能够同等地得到利益,从而实现目标的过程。

项目人力资源计划的编制,一般应按照以下原则来进行:

1)整体性

编写人力资源计划时,必须以项目总体目标为依据,以实现项目总体目标为中心。人员的招聘、考核、培训、激励等工作都应符合总体目标的要求,其各部分工作应为总体目标做出各自的贡献。

2)灵活性

任何计划都是面向未来的,而未来总是充满变数,因此人力资源计划必须具有一定的灵活性。在编写时应充分考虑到电子商务项目目标实现过程中组织内外部环境可能发生的变化,并制订出相应的措施来应对这些变化,从而保证计划的合理性和有效性。

3)双赢

编写人力资源管理计划时,应考虑使组织和个体都得到利益,即人力资源计划一方面要创造良好的环境,充分发挥组织中每个人的主观能动性;另一方面也要切实关心组织的每个成员在物质、精神和职业发展等方面的需求,帮助他们实现个人目标。

5.5.2 制订组织规划

项目人力资源计划的首要任务是制订组织规划。组织规划的主要内容包括三个方面:

(1)组织结构选择。

(2)确定各单位的分工协作及报告关系。

(3)确定集权与分权程度及权力分配。

制订电子商务项目的组织规划要从项目的实际情况出发,一般应综合考虑四种影响因素:一是项目性质及复杂程度;二是组织不同单位之间各种信息沟通和报告关系;三是不同技术人员之间的联系或衔接关系;四是项目母体组织结构类型和劳动人事方面的规章制度。

5.5.3 项目人员配备计划

人员配备对于项目组织而言是一项十分重要的工作。合理的人力员配备不仅可以降低人力资源成本,而且有利于充分地挖掘人力资源的潜力,提高项目组织的工作效率。特别是对于企业电子商务项目来说,选择合适的项目团队成员对项目的成功是非常关键的。

1) 人员配备过程

项目人员配备过程分工作分析和人员选配两个步骤。

(1) 工作分析 人员配备计划的首要工作是工作分析。工作分析是通过分析项目的类型来确定需要的项目成员的数量及担当的职责。工作分析的最后结果是形成工作说明书与工作规范。工作说明书是工作分析的书面文件之一,是一种说明岗位性质的文件,包括职责定义与说明,即每个工作岗位的内容和权限等。工作规范主要是根据工作说明书中所规定的岗位职责,说明对担当该岗位工作的人员的特定知识、能力和个性特征等方面的规范化要求。

(2) 选配人员 选配人员是指根据工作说明书和工作规范,对每个岗位所需人员的获得及配备做出工作安排。

2) 人员选配计划的原则

(1) 目标性原则 人员配备计划应以实现项目目标为中心,即项目组织的一切人员的配备必须为实现项目目标服务。根据实现项目总体目标所需完成的工作要求,合理配备人力资源,以保证项目目标的实现。

(2) 人尽其才原则 在人员配备计划中,必须充分考虑每一位组织成员的经验、知识、能力、兴趣、爱好和需求,并深刻理解各岗位及工作的性质和要求,使得团队成员能充分地发挥自己的聪明才智。

(3) 专业性原则 在本世纪上半叶,亚当·斯密就提出了劳动分工原则。这一原则一直是人员配备的基本原则。按照劳动分工的原则,进行岗位划分时要充分使工作岗位的内容尽量地专业化。如同心食品厂网站建设项目,按照专业分工的原则,张强从事他擅长的网页设计工作,而黎明从事其擅长的数据库开发工作。这样,项目的人员分工才有效率。

(4) 灵活性原则 由于项目目标的实现过程中会发生许多意想不到的变更,比如项目团队成员的突然撤离,或者材料的延误等不可预测因素的存在,运行中的项目也会发生变更,因此项目组织成员工作的安排要求具有较大的灵活性,有时需要安排一人兼任多个岗位或完成跨组织的工作等。

5.5.4 项目人员的招聘与培训计划

项目团队成员的招聘是项目人力资源管理的一项重要工作,这项工作的好坏关系到项目的成败。因为项目的各项工作都是由人来完成的,若没有招聘到合适的项目成员,就无法保证项目目标的实现。项目人员招聘的目标就是力求保证项目团队能获得完成项目目标所需的人力资源。

培训可以弥补招聘工作的不足。有些人员在社会上不一定能招到,或者招聘的成本太高,在这种情况下,对企业内部的人员进行培训,再将他充实到项目团队,也不失为一种可行的选择。即使是招聘来的合适的人员,在上岗前和岗位中也应根据项目进展中的具体情况,经常开展培训工作。所以,培训计划是项目人力资源管理计划中的重要内容。

编制培训计划一般包括 5 个步骤:一是评估培训的需求;二是确定培训的目标;三是选

择恰当的方法;四是安排培训的时间;五是评价培训的效果。

5.6 沟通计划

5.6.1 沟通计划的概念

沟通计划(Communications Planning)就是确定项目利益相关者信息交流和沟通的要求,即确定何人、何时需要何种信息及如何传送给信息需求者。项目沟通计划涉及项目全过程的沟通工作、沟通方法、沟通渠道等各个方面的计划和安排。

5.6.2 项目沟通

1) 项目沟通的内容

项目沟通包括人际沟通和组织沟通两方面的内容。人际沟通强调的是人与人之间沟通的技巧性,组织沟通则是这些技巧在组织结构之间的综合体现。人际沟通主要包括如何认识和把握沟通中的受体,了解各种人际沟通的形式和媒介的优劣势,从而熟练运用人与人之间沟通的技能,如倾听、非言语沟通、口头表达等。

组织沟通则主要讨论特定的组织环境下的沟通形式,包括纵向沟通、横向沟通、团队沟通、会议沟通、会见和面试、冲突处理、谈判技巧、跨文化沟通等。人际沟通是沟通的基石,人际沟通所采用的一切沟通形式,本身就为沟通提供了广泛的媒介。组织沟通是对人际沟通的应用和发展,它既研究了组织沟通的规范性、程序性等科学的内容,又结合个体和情景考察了管理沟通的风格和模式。

2) 项目沟通的方式

(1) 会议　会议是促进项目团队建设和强化团队成员的期望、角色以及对项目目标投入的工具。在项目执行期间召开各种类型的会议,是项目沟通的主要渠道之一。最常用的项目会议有三种类型:一是情况评审会议;二是解决问题会议;三是技术设计评审会议。客户和项目承担人通常会在签订的合同中明确对定期的情况评审会议和特定的技术评审会议的要求。

(2) 书面沟通　人员的书面沟通一般是在项目团队中使用内部备忘录。在确认决策和行动时,一张备忘录或一封信件,面对面会谈或电话交流的笔录,可能比个人的记忆力更合适一些。当以备忘录来确认口头沟通时,应该给其他不包括在这次沟通中但又需知道这条信息的人一份副本。另外,如果一个项目团队成员离开项目,则候补人员需对有关以前行动和决策的沟通记录有所了解,这时书面沟通就更重要了。

(3) 口头沟通与面对面沟通　人员的口头沟通可以是面对面的,也可以通过电话进行。它可以通过有声邮件或电视会议等方式实现。通过口头沟通,可以以一种更准确、便捷的方式获得信息。这种沟通为讨论、澄清问题、理解和即刻反馈信息提供了手段。面对面的沟通同时提供了一种在沟通时观察身体语言的机会,即使是电话沟通也能让听者听出语调、声音的抑扬变化和声音的感情色彩。身体语言与语调变化是丰富口头沟通的重要因素。与电话沟通相比,面对面的沟通可以更好地加强人员的沟通。

（4）利用软件辅助沟通　尽管信息技术公司通常使用许多类型的硬件和软件来改善沟通，但他们仍需要调整已存在的系统来适应一个项目环境的特定的沟通需要。许多公司开发自己的系统，市场上也有这样的产品供使用，如 Involv、Mobile Manager 和 CSI Project，用以辅助公司进行企业范围内的项目沟通。在 20 世纪 90 年代后期，许多其他产品被开发出来或被改进，用来解决提供快速、便利、连贯和最新的项目信息这一问题。Microsoft Project98 也有许多改善项目沟通管理的功能。

5.6.3　提高沟通绩效的要点

在企业电子商务项目中，经常出现以下这样的情况：客户在检查项目阶段成果时，指出曾经要求的某个产品特性没有包含在其中，并且抱怨说早就以口头的方式反映给了项目组的成员，但项目经理却一无所知，而那位成员解释说把这点忘记了；或者，某程序员在设计评审时描述了他所负责的模块架构，然而软件开发出来后，客户发现这和客户所理解的结构大相径庭……这些问题都是由于沟通引起的，沟通途径不对导致信息没有到达目的地。

为了提高项目沟通的绩效，人们总结出以下几条经验：

1）项目经理高度重视

有人认为，项目经理最重要的工作之一就是沟通，通常花在这方面的时间应该占到全部工作的 75%～90%。只有通过良好的交流才能获取足够的信息，发现潜在的问题，控制好项目的各个方面。

2）建立沟通管理体系

一个完整的沟通管理体系应该包含以下几方面的内容：沟通计划编制、信息分发、绩效报告和管理收尾。沟通计划决定项目干系人的信息沟通需求：谁需要什么信息？什么时候需要？怎样获得？信息发布使需要的信息及时发送给项目干系人。绩效报告收集和传播执行信息，包括状况报告、进度报告和预测。项目或项目阶段在达到目标或因故终止后，需要进行收尾。管理收尾包含项目结果文档的形成，包括项目记录收集、对符合最终规范的保证、对项目的效果（成功或教训）进行的分析以及这些信息的存档。

3）牢记两条关键原则

尽早沟通、主动沟通，是项目沟通的两条原则，实践证明它们非常关键。

尽早沟通要求项目经理要有前瞻性，定期和项目成员建立沟通，不仅容易发现当前存在的问题，很多潜在问题也能暴露出来。在项目中出现问题并不可怕，可怕的是问题没被发现。沟通得越晚，暴露得越迟，带来的损失越大。

主动沟通说到底是对沟通的一种态度。在项目管理中，应极力提倡主动沟通，尤其是当已经明确了必须要去沟通的时候。当沟通是项目经理面对用户或上级、团队成员面对项目经理时，主动沟通不仅能建立紧密的联系，更能表明你对项目的重视和参与，会使沟通的另一方满意度大大提高，对整个项目非常有利。

4）保持畅通的沟通渠道

沟通看似简单，实际很复杂。这种复杂性表现在很多方面，比如说，当沟通的人数增加时，沟通渠道急剧增加，给相互沟通带来困难。典型的问题是"过滤"，也就是信息丢失。产生过滤的原因很多，比如语言、文化、语义、知识、信息内容、道德规范、名誉、权利、组织状态等等,经常碰到由于工作背景不同而在沟通过程中对某一问题的理解产生差异的情况。因此项目经理必须保持沟通渠道的畅通,尽量采用直接沟通的方式,以免信息在传递中出现堵塞和偏差。

5.6.4 项目沟通计划的编制

项目沟通计划编制工作大致可以按照下面几个步骤进行。

1) 确定项目沟通的目标

根据项目沟通的目标确定项目沟通的各项任务:先根据项目沟通的时间和频率要求安排项目沟通的任务,然后进一步确定保障项目沟通的资源需求和预算。

2) 根据沟通需求确定计划内容

项目的沟通需求是项目干系人的信息需求的总和,通常可以通过综合所需的信息内容、形式和类型以及信息价值的分析来确定内容。

3) 确定项目沟通的技术

沟通技术各种各样,如正式沟通和非正式沟通、单向沟通和双向沟通、书面沟通和口头沟通、横向交叉沟通和纵向沟通等。这些技术,在项目沟通计划编制中都可以考虑选用,但应考虑哪一种最有效、最适用。

4) 确定信息收集渠道和归档格式

项目沟通计划要详细说明用何种方法从何处收集信息,即信息的收集渠道,同时也要说明采用何种方法存贮不同类型的信息,也就是信息的归档格式。

5) 确定信息分发渠道以及信息的分发与使用权限

项目沟通计划要详细说明各种信息(状态报告、数据、进度计划、技术文件等)将流向何人,采用何种方法(书面报告、会议等)传送各种类型的信息,同时也要说明各种信息的分发权限以及最终用户的使用权限。需要说明的是,这种结构必须和项目组织结构图中描述的责任和报告关系相一致。

6) 准备发布信息的描述

项目沟通计划要对准备发布的信息进行必要的描述,包括信息的格式、内容、详细程度、信息的来源、获得信息的方法、信息的存贮要求(如存贮的格式、存贮的时间等)等方面的描述。

7) 提供信息发生的日程表

项目沟通计划还需要给出信息发生的日程表,也就是要说明何时进行何种沟通。

8) 说明约束条件和假设前提

约束条件和假设前提是项目沟通计划编制的重要依据,因此需要在沟通计划中予以说明,以便在这些条件发生变化时对沟通计划进行修订,如费用、风险、时间、人员变化等。

9) 注明更新和修订沟通计划的方法

项目沟通计划编制工作是贯穿于项目全过程的一项工作,为了保证项目沟通计划适应项目沟通的实际需要,随着项目的进展需要对沟通计划进行更新和修订。因此,项目沟通计划还需要注明对计划进行更新和修订的方法。

5.7 风险管理计划

5.7.1 项目风险管理与风险管理计划

项目风险管理制是通过风险识别、风险分析和风险评价等手段去认识项目的风险,并以此为基础合理地使用各种风险应对措施和管理办法,对风险实行有效控制,妥善处理风险事件造成的不利后果,以最小的成本保证项目总体目标实现的管理工作。

风险管理计划主要说明如何把风险分析和管理步骤应用于项目管理之中。风险管理计划应详细说明风险识别、风险分析、风险评价和风险控制过程所涉及的方方面面以及如何评价项目整体风险。

5.7.2 风险识别与风险评估

1) 风险识别

风险识别是指风险管理人员在收集资料和调查研究的基础上,运用各种方法对尚未发生的潜在风险以及客观存在的各种风险进行系统的归类和全面的识别。

风险识别的主要内容包括:① 识别引起风险的主要因素;② 识别风险的性质;③ 识别风险可能引起的后果。风险识别的主要方法包括:① 文件资料审核;② 信息收集整理,包括头脑风暴法、德尔菲法、访谈法和 SWOT 技术;③ 检查表;④ 流程图法;⑤ 因果分析图;⑥ 工作分解结构。

2) 风险评估

风险评估是风险计划的重要内容,其主要任务包括:风险发生概率的估计和评价;风险后果严重程度的评估;风险影响范围大小的评估;风险发生时间的评估。

风险评估方法包括定性评估方法和定量评估方法。

(1) 定性风险评估方法 主要有:① 历史资料法;② 理论概率分布法;③ 主观概率法;④ 矩阵图分析法。

(2) 定量风险评估方法 主要包括:① 盈亏平衡分析法;② 敏感性分析法;③ 决策树分析法;④ 非肯定型决策分析法。

5.7.3 项目风险的种类与应对策略

1) 项目风险的种类

项目风险基本可分为以下 4 类:

(1) 项目技术、性能、质量风险 项目采用的技术与工具是项目风险的重要来源之一。一般说来,项目中采用新技术或技术创新无疑是提高项目绩效的重要手段,但这样也会带来一些问题,许多新的技术未经证实或并未被充分掌握,则会影响项目的成功。还有,当人们出于竞争的需要,就会提高项目产品性能、质量方面的要求,而不切实际的要求也是项目风险的来源。

（2）项目管理风险　项目管理风险包括项目管理过程的方方面面，如项目时间进度安排、资源分配（包括人员、设备、材料）、项目质量管理、项目管理技术（流程、规范、工具等）的采用以及分包商的管理等。

（3）项目组织风险　项目组织风险的一个重要来源，就是项目决策时所确定的项目范围、时间与费用之间的矛盾。项目范围、时间与费用是项目的三个要素，它们之间相互制约。不合理的匹配必然导致项目执行困难，从而产生风险。

（4）项目外部风险　项目外部风险主要是指项目的政治、经济环境的变化，包括与项目相关的规章或标准的变化，组织中雇佣关系的变化，如公司并购等。这类风险对项目的影响和项目性质的关系较大。对于电子商务项目来说，社会上技术进步的加速可能也是项目风险的一个来源。

2）项目风险的应对策略

同一组织对不同的项目、不同的组织对相同的项目，其处理风险的态度可以是不同的，但无论如何，其应对策略不外有以下 4 种：

（1）回避风险　考虑到风险事件的存在和发生的可能性，主动放弃或拒绝实施可能导致风险损失的方案，通过回避风险，可以在风险事件发生之前完全彻底地消除某一特定风险可能造成的种种损失，而不仅仅是减少损失的影响程度。

（2）转移风险　转移风险是指一些单位和个人为避免承担风险损失，而有意识地将损失或与损失有关的财务后果转嫁给其他单位或个人去承担。

转移风险有控制型非保险转移、财务型非保险转移、保险和担保三种形式。

（3）损失控制　损失控制是指损失发生前消除损失可能发生的根源，并减少损失事件的频率；在风险事件发生后减少损失的程度。

（4）自留风险　自留风险又称承担风险，它是一种由项目组织自己承担风险事故所致损失的措施。

5.8　采购计划

5.8.1　项目采购概述

1）采购的定义

项目管理中的采购含义不同于一般概念上的商品购买，它包含着以不同方式通过努力从系统外部获得货物、工程和服务的整个采办过程。因此，采购不仅包括购买货物，而且还包括雇佣承包商来实施工程和聘用咨询专家来从事咨询服务。

2）采购的原则

（1）成本效益原则　凡是为项目所采购的货物和服务，应注意节约和效率，充分体现成本效益原则。

（2）质量符合原则　采购的货物和服务质量良好，适合项目的要求。

（3）进度适应原则　所采购的货物应及时到达，服务应及时提供，采购时间与整个项目实施进度相适应。

（4）公平竞争原则　即应给符合条件的承包商提供均等的机会。这不仅符合市场经济运行原则,而且也会进一步提高项目实施质量;同时,公平竞争又会促使报价降低,因而对项目的费用控制更加有利。

3)采购的意义

采购对项目组织来说非常重要。在电子商务项目中,在运用采购的情况下,项目承包商实际上就是一个 IT 技术集成服务商。通过实施采购计划,企业可以降低固定成本和经常性成本,把精力放在其核心业务上,获取关键技能与技术,更具有轻巧和灵活的特性,提高专业化程度和竞争力。对其他公司来说,采购策略的灵活运用,甚至可以直接增加利润来源。

5.8.2 采购计划的编制

项目采购计划是确定怎样从项目组织以外采购物资和服务,以最好地满足项目需求的过程。它考虑是否采购、采购什么、采购多少、怎样采购及何时采购。

1)采购计划编制的依据

一般来说,采购计划编制通常依据以下几项文件:① 范围说明;② 产品说明;③ 采购活动所需的资源说明;④ 市场状况调研;⑤ 其他计划结果;⑥ 制约条件和基本假设。

2)编制采购计划的技术和工具

在编制采购计划过程中,常用以下两种方法:

(1)转折点分析 即分析各种不同采购策略的转折点,如自制还是外购,长期租赁还是短期租赁等等。

(2)向专家咨询 向具有专门知识或经过训练的单位和个人、咨询公司、行业团体、有发展前景的承包商以及项目实施组织内部的其他单位咨询,往往是编制采购计划前的必要步骤。这些单位或个人,可能具有与采购有关的专业知识。项目组织可以聘请采购专家作为顾问,甚至邀请他们直接参与采购过程。不管是自制的还是外购的,向专家咨询是制订采购计划的一条捷径。

思考题

1. 电子商务项目计划包括哪些内容?
2. 工作分解结构(WBS)与工作包之间有什么关系?
3. 在图 5.2.7 的基础上,你如何计算同心食品厂网站建设项目各项活动的总时差?请把它们标注在图 5.2.8 上,分析关键路线上的各项活动总时差有何特点。
4. 如何利用 WBS 进行项目费用的估算?
5. 在制订质量计划的同时,应重点考虑哪些相关计划?
6. 编制人员配备计划应遵循哪些原则?
7. 项目沟通一般有哪些方式?制订沟通计划时应考虑哪些问题?
8. 风险识别的内容有哪些?
9. 编制项目采购计划应遵循哪些原则?应依据哪些内容?

6　电子商务项目可行性研究

6.1　可行性研究概述

可行性研究是一个综合的概念,它是一门运用多学科的知识,寻求使投资项目达到最好经济效益的综合研究方法。企业在准备任何投资项目之前,都要进行可行性研究。不管这种研究是正式的还是非正式的,是明确地安排有关人员去做,还是有关人员自发地去研究,这类工作实际上都在发生。对电子商务项目的客户来说,可行性研究是企业在投资决策前的一个必经过程,这是在一个企业内部发生的过程。这个过程的结果,是产生一份可行性研究报告,供企业董事会讨论决定是否采纳。电子商务的解决方案必须经过可行性论证才能被客户最终接受并付诸实施。承约商要提出使客户满意的电子商务解决方案,也需要遵循可行性研究的评判准则,对所提的方案进行可行性论证。所以,可行性研究的原理、方法和内容,对运作电子商务项目的人来说,都必须了解和掌握。

6.1.1　可行性研究的目的与工作程序

可行性研究的目的是为了减少投资失误。可行性研究的任务是以市场为前提,以技术为手段,以经济效益为最终目标,对拟建的投资项目在投资前全面、系统地论证该项目的必要性、可能性、有效性和合理性,对项目作出可行或不可行的评价;主要通过对项目必要性和技术经济条件进行综合分析,考查该投资项目经济上获益的可能性。可行性研究要回答的问题是:投资条件是否成熟,技术水平是否适宜,经济上投入产出是否合算,怎样可以规避风险、达到最佳效益。

可行性研究有规范的工作程序:

首先,对本行业电子商务的现状进行调查研究,分析评估本企业对电子商务的真实需求,避免盲目投资,造成企业资源的浪费。

其次,从调查和预测入手,对项目的技术路线进行研究和评估,确保项目的技术适合于企业的实际情况,能够解决企业的问题。

再次,研究技术集成方案,项目所选用的工艺技术、机器设备和电脑软件要先进适用、搭配合理、综合性能好、性价比高。

最后,在进行财务测算的基础上,分析在财务上的可行性和该项目的投资效益。

6.1.2　可行性研究的类型及基本要求

可行性研究一般分为 3 个类型:即机会研究、初步可行性研究和正式可行性研究。这 3

个类型的分析一般依次进行,从而构成了一个从粗到精、由表及里、逐步深化的过程。

1) 机会研究

机会研究主要是鉴别投资机会,其目的是对拟建的电子商务项目的机会作粗略的研究和估计,侧重于研究企业对电子商务的需求和导入电子商务的市场机遇,分析项目的可能性和必要性。

机会研究一般包括对项目的背景、发展趋势、基础条件、引进技术的可能性等方面的研究,重点在于研究项目的主要投资方向,有时也包括研究投资来源渠道及其可能性。机会研究大多借助于现有的经济技术资料进行,以定性为主。如果研究的结果表明没有投资的必要,则可行性研究就到此为止;如果有较大的投资机会,则转入下一步研究。由于机会可行性研究更多的属于一种简单的判断性研究,因而其对投资额的估算误差较大,一般误差在±30%之内,就算达到要求。

2) 初步可行性研究

当对拟定的电子商务项目进行了机会研究之后,认为有进行投资的必要性,这时就需要进行深入的调查研究,提出较完整的投资设想方案(包括技术方案),这就是初步可行性研究。初步可行性研究涉及面较广,包括企业所属行业的电子商务发展趋势预测,拟投资的电子商务项目的技术构成和规模,系统建成以后企业的竞争优势分析等。此阶段已不能停留在一般的定性分析,要对投资项目的各个方面进行定量测算。初步可行性分析的结果要有一定的精度,对投资额的估算误差一般应在±20%以内。

3) 正式可行性研究

对大型的复杂的电子商务项目,如果经过初步可行性研究以后,经过专家论证认为可行,还要花费更大的力量进行更精确的可行性研究,称正式可行性研究,编制最终可行性研究报告。正式可行性研究,要为投资项目提供技术、经济等方面的充足依据,提出具体的支出预算数字,提供实施计划的详细进度,并对投资的回收作出较精确的预测。正式可行性研究对投资额的估计误差应在±10%以内。

机会研究、初步可行性研究和正式可行性研究,仅仅是在分析的精确程度上要求不同,三者在研究的内容方面大体是一致的:都应该包括必要性研究、技术可行性研究和经济可行性研究,要做系统的财务经济效益评价。

6.2 可行性研究的内容与方法

6.2.1 必要性研究

电子商务的必要性研究,其实就是企业对电子商务的需求分析。主要是对企业的信息化现状、企业管理和经营中的问题、竞争环境和竞争态势、同行企业电子商务技术采用状况、上下游供应链上的企业电子商务技术采用状况、本企业的发展计划等进行分析,明确本企业是否具有在电子商务方面进行改造的需求;研究在未来的发展中,电子化系统是维持现状还是系统升级?是自己建设新系统还是寻找合作伙伴?关于需求分析,本书第 2 章专门进行了讨论,所以此处从略。

6.2.2 技术可行性研究

美国南加州大学马歇尔商学院格瑞夫工商企业研究中心教授 Kathleen Allen 博士和 Jon Weisner 先生合著了一本《电子商务技术手册》，提出了 10 条以技术促进发展的途径，包括：

(1) 安装局域网；

(2) 建立电子商务网站；

(3) 通过电子邮件；

(4) 用互联网品牌强化公司形象；

(5) 利用应用程序供应商(ASP)来拓展服务；

(6) 使用互联网搜索引擎；

(7) 建立一个数据库来管理；

(8) 用条形码系统跟踪管理库；

(9) 使用仪表板实时进行管理；

(10) 建立自己的电子邮局等。

本书在第 6 章电子商务解决方案部分中也将简介一些电子商务的重要技术。这些都可以作为形成电子商务项目的技术构件。

电子商务项目技术可行性研究的任务，是从总体上鉴别和选择技术系统。在进行技术选择和技术分析时一般考虑以下几个方面的内容：

1) 技术的先进性、适用性和经济合理性

企业的电子商务项目，不应该采用即将淘汰的技术，但也不是技术越先进越好。太先进了，费用会很高，而且有些方面的技术(如通信)，太先进了曲高和寡，起不到增进商务联系的作用。一般企业的电子商务技术，在保持先进性略有领先的情况下，以适用性为上，并且在经济上要合理，要有较好的性能价格比。最好提出几种备选的技术方案，最后按照财务分析的结果来决定取舍。

2) 设备和软件的选择建议与说明

有关电子商务项目的设备(硬件)和软件的选择，都要以上述的先进性、适用性和经济合理性为原则。在进行可行性分析时，需要收集有关 IT 企业的产品(或服务)说明书，参照其中技术产品(或服务)规格和价格，结合本企业的实际需求进行选择，说明如此选择的必要性和其他道理。

3) 技术对操作者的要求和本企业对技术的接受能力

很多企业引进电子化技术设备时的一个易犯的毛病就是功能冗余。有些系统的功能在企业里可能几年都不会用到，等到几年以后，这些功能早被更先进的技术所取代。造成功能冗余的主要原因之一就是企业操作人员不会利用这些功能。例如，有一个公司有 10 多台电脑，每台都配有网卡，但这个企业 4 年来一直没有建立局域网，原因就是没有专门的技术人员来操作，而大家也都习惯于单机作业，并用软盘来交换信息。

因此需要考虑本企业员工对先进技术的接受能力，选择本企业有操作可行性的技术方案，避免技术水平过高而造成功能冗余，浪费建设资金。

4）企业业务流程和信息流程变化的可行性

有些电子商务系统的引进,必然要带来企业业务流程和信息流程的改变(如 ERP),这可能遭到企业内部有些部门或人员的抵制,结果可能以失败而告终。因此设计电子商务项目的技术路线,要考虑到新系统的引进,会给企业带来哪些变化,哪些部门的权利会受到削弱,哪些岗位的人员负担会加重或带来不便,所带来的业务流程和信息流程的变化能否被大家所接受。考虑这些问题之后,最好要提出使大家接受的办法。目前公认的办法之一,就是论证并宣传流程改变的好处,增进大家对项目的理解和对新技术的理解,从而争取普遍的支持和配合。

5）对项目承约商的技术要求和承约商来源

在可行性研究的技术分析中,还要考虑新系统的建设工作由谁来执行,是请外部的专业机构(承约商),还是在企业内部组织攻关小组。任何一个好的方案,如果找不到合适的人或机构来执行它,结果都是没有意义的。应该研究完成这项任务需要什么条件,列出在技术能力上可以完成这项任务的候选人(或机构)的名单。

6）项目建成后管理和操作人员的结构和技术培训问题

企业的电子商务项目建成以后,由谁来进行日常维护?由谁来培训企业员工学会使用新的系统?这也需要在技术分析时予以明确。一般来说,项目的承约商负责对员工的培训,但系统的日常维护,往往涉及企业的一些机密信息,所需人员最好在企业内部解决。如果不存在机密问题,外包给承约商或其他专业机构或个人的做法也是可取的,这样可以精简企业队伍,节约企业的人员开支。

7）技术寿命

尽管 IT 技术的发展速度很快,但对一个具体企业的电子商务项目来说,在技术上追求的是经济适用性,因此,并不是说,新技术的出现,过去的技术就不能使用了。例如,在 PⅣ 个人计算机已经成为主流机型的今天,PⅡ 电脑在很多企业仍然发挥着重大作用而不能"下岗"。这说明在衡量企业电子商务项目中的技术寿命时,不能简单地以 IT 行业中的技术周期来套用,而要具体分析企业传统产品和服务对电子化工具的内在需求。企业电子商务项目中技术系统的寿命期,应由企业传统产品和服务的需求、同行业及上下游企业的电子商务平均水平发展速度、IT 行业技术更新情况及产品的性能来决定。一般来说,特新的技术,由于其性能未能得到时间的检验,传统行业的企业使用后,万一是技术上发生故障或暴露出漏洞,带来的损失将是很大的。

另一方面,非常成熟的技术固然可靠,但如果很快就要淘汰,也会给企业带来麻烦和经济损失。经验表明,企业内部管理系统的办公自动化技术的寿命期如果小于 3 年,传统企业将很难适应。而寿命期过长,将来可能落后于同行,也为企业经营带来不利。

企业电子商务项目的技术选择,应该选择性能稳定、成熟并在 3～5 年之内不会退出市场的技术。

8）其他

还有其他一些工作,如技术系统的性能价格比研究、技术的优化配置研究、技术系统的可靠性与安全性研究等,也可以在技术分析时予以考虑。但对这种深度的研究,需要更多的时间和技术力量,应根据项目的情况和企业要求来决定是否进行。

6.2.3　经济可行性研究

电子商务项目的经济可行性研究,是通过对项目成本与可能取得的效益进行比较分析,即通常所说的成本效益分析,来判断项目的可行性程度。财务分析是经济可行性研究的核心内容。财务分析包括财务预测和投资效益分析。

1) 财务预测

项目财务分析是在投资前期进行的,因此,分析的数据带有预测性。

财务预测就是为财务分析提供所需的预测数据。财务预测的主要数据有:投资估算、无项目(不上项目)时企业收入与费用预测、有项目(发展项目)时企业收入与费用预测、贷款与还贷安排及利息测算等。

投资额包括网络工程、设备、技术(含软件开发)、流动资金以及其他费用。投资额的测算包括对各年份的投资支出和资金来源作出估算。在技术方案确定以后,就可编制投资估算表及投资来源和支出预测表。关于表中的数据,一般较难用定型、准确的公式或肯定的方法来计算得出,但通常可按照其组成和各项费用支出的时间来估算和填写。

典型的电子商务项目的投资可能包括的内容如表 6-2-1 所示。本表也是计算电子商务投资总额的一种模型。投资总额包括硬件投资和软件投资两个部分。

表 6-2-1　典型电子商务项目的投资估算表

内容	单位	单价(元)	数量	复价(元)
硬件(含可选项)				
服务器				
计算机				
其他工作机				
光纤收发器				
双绞线				
水晶接头				
交换机				
理线器				
检测、维护用的工具和仪器				
机房(控制中心)建设及装修				
互联网接入费				
电源系统				
其他				
软件				
系统平台购置				
数据库平台购置				
专用数据库开发				
专用其他软件开发				
员工培训				
其他				

测算无项目时的收入,是指测算企业在不发展电子商务项目情况下的销售(或服务)收入以及它们的变动情况。它们的测算,主要考虑产品(或服务)的销售市场、销售价格和销售量等指标;在变化趋势方面,要考虑在市场竞争条件下,如果不采用先进的营销和服务手段,可能会失去市场份额,导致收入下滑的情况。

测算无项目时的费用,是指测算企业在不发展电子商务项目情况下的销售(或服务)税金、生产(或服务)成本以及它们的变动趋势。它们的测算,主要考虑产品(或服务)原材料的价格、需要的数量和变化趋势;特别要考虑在市场竞争条件下,如果不采用先进的营销和服务手段,可能会失去市场份额,导致平均成本上升的情况。

测算有项目时的收入,是指测算企业在发展电子商务项目以后的销售(或服务)收入以及它们的变动情况。它们的测算,主要考虑产品(或服务)的销售市场、销售价格和销售量等指标;在变化趋势方面,要考虑在市场竞争条件下,如果采用了电子商务的先进营销和服务手段,可能会赢得市场份额,从而导致收入增长的情况。

测算有项目时的费用,是指测算企业发展电子商务项目以后的销售(或服务)税金、生产(或服务)成本以及它们的变动趋势。它们的测算,主要考虑产品(或服务)原材料的价格、需要的数量和变化趋势;特别要考虑在市场竞争条件下,采用了电子商务的先进营销和服务手段以后,可能会赢得市场份额,导致平均成本下降但总费用会上升的情况。

利润的预测是把销售收入减去费用(含成本和税金)。项目整个寿命期中的总利润,则是把销售收入各年的累计数,减去各年费用的累计数,再减去投资成本。在利润预测中,一般先测算出分年利润,然后逐年填入利润预测表(表6-2-2)。

表6-2-2　企业利润预测表　　　　　　　　　　　　　　(元)

年份	收入	费用	利润
未来第1年			
未来第2年			
未来第3年			
未来第4年			
未来第5年			
合计			

如果项目建设需要贷款,则需要预测贷款利息。贷款的还本付息测算,应使用贷款还本付息预测表。在计算利息和应还本息数时,其主要方法如下:

(1)测算建设期每年应计利息数。计算可用下列公式:

$$建设期每年应计利息 = (年初贷款累计 + 本年贷款支用/2) \times 年利率$$

(2)测算投产期每年还本付息数及应计息数。把年利润中用于投资贷款的还本付息数加上年折旧即为投产期的每年还本付息数。

投产期每年应计利息可按下列公式计算:

$$投产期每年应计利息 = (年初贷款累计 - 本年还本付息/2) \times 年利率$$

(3)测算还清贷款年份应计利息数。计算公式如下:

$$还清贷款年份应计利息 = 年初贷款累计/2 \times 年利率$$

按照上述公式所计算出来的利息,应纳入相应年份的费用之中。

2) 投资效益分析评价

在财务预测的基础上,可以利用预测的有关投入和产出数据进行投资效益分析评价,这是财务分析的关键内容。

投资效益分析评价主要是通过一套指标体系来进行。投资分析的指标体系,包括静态指标体系和动态指标体系。利用静态指标体系进行分析的方法,是投资效益的传统分析方法;利用动态指标体系进行分析的方法,称为投资效益的动态分析方法。

6.2.4 投资效益分析方法

1) 评价投资效益的传统方法

有两种传统的评价投资效益的方法,即投资回收期法和投资报酬率法。

(1) 投资回收期法 它是最简单的、应用最广泛的一种衡量投资效益的方法。它分析由于实施了某个投资项目,企业每年平均净增收益的数额有多大,用此净增收益来补偿全部投资需要多少年时间,而后根据回收期的长短来评价项目的可行性及其效益的高低。回收年限越短,投资方案越好。

计算投资回收期的公式如下:

$$投资回收期 = \frac{投资总额}{年平均净增收益}$$

需要说明的是,公式中的年平均净增收益在计算时并未扣除折旧,因为这个公式谈的是用净增收益来补偿最初的投资。而折旧法则是按照固定资产的价值,每年提取一定百分比的折旧基金用以补偿固定资产的磨损部分,也是一种补偿投资方法。需要提醒的是,人们在使用上述公式时常犯一种错误,就是在计算净增收益时把折旧作为一项费用减去,这样就发生了重复计算,因而导致计算出的投资回收期比实际的长。

投资回收期法用来评价投资效益有以下一些不足之处:

① 它考虑了投入资金与净增收益的数额,但未能精确考虑收入与支出的时间,因此,往往导致不正确的判断与决策。

例如,某项目有两个投资方案,都投资 100 000 元。年平均净增收益均为 25 000 元,投资回收期均为 4 年。但两个方案在项目期各年净增收益的数目不一样(表 6-2-3)。

表 6-2-3 两种方案净增收益比较   元

	第一年	第二年	第三年	第四年
甲方案	40 000	30 000	20 000	10 000
乙方案	10 000	20 000	30 000	40 000

可以看出,甲方案大部分投资在前 2 年回收,而乙方案大部分投资在后 2 年回收,实行甲方案可以提前将资金用于其他方面的周转,更好地发挥资金的效益,显然优于乙方案,而这一点从投资回收期指标中反映不出来。

② 它考虑了回收期内的净增收益,而没有考虑回收期之后的净增收益,不是从整个项目期着眼的。

例如:两个投资方案的投资数额都是 10 万元,回收期同为 4 年。但甲方案可以提供 10

年的收入,而乙方案仅能提供 4 年的收入,如果定下的投资回收期的标准为 5 年,两个方案都可获通过,而就整个项目期来说,甲方案提供的收入多于乙方案。

投资回收期说明投资资金多长时间可以得到补偿,因之它能说明资金的流动或周转的快慢,而不能充分衡量盈利程度。投资的主要目标则是充分发挥资金效率,提高资金的盈利,并不仅为了把原来投入的资金收回来。因此,要着眼于整个项目期的利润,而不局限在回收期。

③ 用来评价投资效益,投资回收期这一方法还有另一缺点:确定一个最长的可以被接受的投资回收期的标准,往往在很大程度上具有主观的性质,没有什么客观的基础。

虽然投资回收期法具有很大的局限性,但也还有一些优点:

① 这个方法简单易行,它所要求的原始数据比较简单,只要求总投资额和每年净增收益即可计算。

② 在有些场合,投资回收期法甚为有用。如一个企业本身资金不足,贷款短少,亟须在短期内回收资金;又如一个项目涉及投资于风险很大的事业,或者技术进步很快,精神磨损很厉害的部门(电子设备其实属于这样的部门),要求在短期内回收资金,那么,投资回收期就很有针对性。

③ 如果一个投资项目有许多个方案,可以先用投资回收期法对各个方案作粗线条估计,进行初步的筛选,将回收期过长的项目(例如与项目寿命一样长的回收期)剔除,再用其他方法作进一步的分析。

总之,投资回收期法线条粗,有不足之处,但简单易行,能提供有用的信息。

(2) 投资报酬率法　投资报酬率法也被广泛地应用于评价各种投资方案。其计算公式如下:

$$投资报酬率 = \frac{年平均净增收益 - 年平均折旧额}{投资总额}$$

投资报酬率实际上是销售净利率(净利润/销售收入)和资本周转率(销售收入/总投资额)的乘积。销售净利率和资本周转率都不能全面反映一个投资项目的营运效率。销售净利率忽视了资本的运用效率,资本周转率则忽视了销售的获利性,而投资报酬率则两头兼顾,把项目的投资报酬率和所希望获得的报酬率相比较,就可决定投资方案的取舍。

可以将计算出来的投资报酬率同企业可以接受的最低限度的报酬率标准加以比较,以决定取舍;同一项目的不同投资方案也可以根据报酬率高低排队,从中选优。在其他条件相同的情况下,投资报酬率越高的方案越好,应当予以优先考虑。

投资报酬率作为衡量投资效益的一种方法,考虑因投资而增加的收益,不局限于回收期内,而是从整个项目期限着眼,这是它的优点。

但它也有一些局限性。首先,它不能直接与财务部门经常使用的一些指标挂钩,例如,借款利率、红利率等,因为这些指标是按照全部资金计算的,而不仅仅是按项目开始时投入的资金来计算的。其次,它不曾考虑资金投入的时间与得到收益的时间,没有反映货币的时间价值。

投资回收期与投资报酬率虽被广泛地运用于评价投资效益,但它们的共同缺点是没有考虑时间因素。用以衡量项目的可行性,作出投资决策,有时难免会作出不正确的决定。

2) 投资分析中时间因素的考虑

"一鸟在手,胜于二鸟在林"。正如这一古今流传的民间经验之谈所确认的那样,现在的价值优于将来同样的价值,较早的收益优于较晚的收益。因为投资项目分析的对象是在较长时间内起作用的固定资产,它要立足于整个项目期来对比一个项目的费用与效益,因此,必须重视对时间因素的考虑,必须重视货币的时间价值。也就是说,在进行投资分析时不仅要考虑与项目有关的收入与支出的金额是多少,而且要考虑收入与支出发生的时间。一个电子商务项目的作用期限常延续若干年,在此期间企业每年都有收支发生,在对比收支、计算经济效益时,如果忽视货币的时间价值,把不同时点发生的收入相加或支出相加,进行总和的简单对比,就不可能得出正确的结论。为了保证项目期各年的收支具有可比性,必须把它们折合为同一时点的收入或支出,例如换算成现值或将来值,在此基础上再进行有项目指标的计算。

下面将讨论复利与复利因素,贴现与贴现因素及年金因素三个问题。

(1) 复利及复利因素 复利指的是特定时间的一个金额,可以等值地转换成以后某个时点的较大金额,即将现值换算成将来值。如银行按规定在一定时间结息一次,结息后即将利息并入本金,所谓"利上加利",这种计息法称为复利法。

用复利法按照一定的利率,可以计算出一笔本金在若干年以后的本利和。项目分析中可以应用这一方法把现值折合为将来值。

例如,本金 1 000 元,按年利率 8% 计算复利,3 年期末的本利和可按下面的过程来计算:

第一年末本利和 $= 1\,000 \times (1+0.08) = 1\,080.0$
第二年末本利和 $= 1\,080 \times (1+0.08) = 1\,166.4$
第三年末本利和 $= 1\,166.4 \times (1+0.08) = 1\,259.7$

复利计算公式可用代数式表示为:

第一年末本利和 $= P(1+i)$
第二年末本利和 $= P(1+i)(1+i) = P(1+i)^2$
$\vdots$
第 n 年末本利和 $= P(1+i)^n$

于是,复利法的公式可以写成:

$$F = P(1+i)^n$$

式中：F 代表货币本金与利息之和,简称本利和或终值;

P 为 F 的现值或代表本金;

n 代表计算利息的期数;

i 代表利率。

复利因素表示本金 1 元按年利率 i 计算复利,n 年之后可以达到的本利和的数额,用公式表示为

$$(F/P, i, n) = (1+i)^n$$

利用这个公式,可算出许多个复利因素,编成复利因素表。利用复利因素表,可以很方便地计算本利和,为项目计划人员计算资金的将来值提供很大的方便。

例如,某企业计划投资 50 000 美元引进一套条形码管理系统,如果贷款利率为 10%,问 5 年后要偿还多少钱?

首先查复利因素表,$i = 10\%$,$n = 5$ 时,$(F/P, 0.1, 5) = 1.469$,得出:

$$F = 50\,000 \times 1.469 = 73\,450(美元)$$

（2）贴现与贴现因素　把某一金额的将来值折算为现值的过程称为贴现。

贴现过程与复利过程正好相反,复利过程是将某一金额按照一定的利率计算其几年之后的本利和,从而把现值折成将来值。而贴现过程则是将几年以后的本利和,按照一定的贴现率倒推出它的本金,从而把将来值折算为现值。

由于在项目的分析与评价中,必须将项目期多年预期的收益与费用折成为现值,而后再计算分析指标,为此,必须树立现值的概念,熟悉折算现值的方法。

计算现值的公式可以从复利公式演化而来,已知复利公式为

$$F = P(1+i)^n$$

等号两边除以 $(1+i)^n$ 即可得计算现值的公式为

$$P = F \cdot \frac{1}{(1+i)^n}$$

贴现因素表示年利率为 i,每年复利一次,经过几年后,其将来值为 1 元的现值。其公式为

$$(P/F, i, n) = \frac{1}{(1+i)^n}$$

将 i、n 以不同的数值代入上式,计算出 $(P/F, i, n)$ 的值,即可编成贴现因素表。借助于贴现因素表可以简化现值的计算过程,从而方便于项目的分析工作。

例如,某企业从银行中以 8% 的利率贷款 800 万元进行某大型电子商务系统的投资。根据测算,这项革新使企业 5 年后可得纯利 1 200 万元,问这项投资是否可行?

首先要计算出 1 200 万元的现值是多少,然后与 800 万元进行比较。

查贴现因素表得

$$(P/F, 0.08, 5) = 0.680\ 6$$

则

$$P = 1\ 200 \times 0.680\ 6 = 816.7(万元) > 800\ 万元$$

即这项投资在正常情况下是可行的。

（3）年金　所谓年金,就是在 n 年内每年收入或支出一笔相等的金额。

项目经过初期的投资建设,进入稳定发展之后,接连若干年的收益或费用是相等的。为了求得其若干年的收益或费用之和,当然可以分年查现值因素,分年计算其收益与费用折为现值之和应当是多少。但如果用年金现值公式和年金现值因素表,则可以大大简化计算工作。

设 P 代表 n 年的年金现值之和,年金为 A,利率为 i,则

$$P = \frac{A[(1+i)^n - 1]}{i(1+i)^n}$$

年金现值因素的公式为

$$P/A = \frac{(1+i)^n - 1}{i(1+i)^n}$$

根据年金现值因素公式即可算出不同利率、不同年数的情况下 1 元年金的现值,并可编成年金现值因素表。了解了投资项目的年金（收入或费用）利率及年数,很快可算出年金现值之和。

例如,某个小型企业网站预计在今后 5 年内每年需要支出 10 000 元进行简单维护,设年利率为 8%,试问将来这 5 年的维护费用合起来,相当于现在投资多少?

已知：$n = 5, i = 0.08, A = 10\ 000$ 元

查表得

$$(P/A, 0.08, 5) = 3.993$$

年金现值和为

$$P = 10\ 000 \times 3.993 = 39\ 930 \text{ 元}$$

即未来 5 年的维护费用合起来相当于现在投资 39 930 元。

3）投资效益动态分析方法

所谓投资效益的动态分析方法，就是指考虑到货币的时间价值的投资效益分析方法。

（1）净现值法　净现值是指净现金流入的现值之和。净现值法是将项目期内各年的现金流出（包括投资费用、经营成本和因发展新项目而使原系统失去的效益）和效益（现金流入）进行比较后，计算出各年的净收入（净流入），然后折算为它们的现值，再计算这些净收入现值之和，得出该项目的净现值，然后以净现值作为评价指标来衡量投资项目的经济效益。

通过净现值，可以直接比较整个项目期内全部的成本与效益。它考虑了时间因素，从而克服了投资回收期及投资报酬率这两种方法在评价投资项目分析方面的缺陷。

具体说来，计算净现值的步骤如下：

① 确定一个适当的贴现率。贴现率大小直接影响项目净现值的高低，从而也影响到投资方案的取舍，因此，贴现率如何选择，应当引起密切的注意。

什么样的贴现率算是恰当的呢？一般认为，它应当反映能为企业所接受的最低限度的投资报酬率，应当反映企业从不同来源得到资金时所定利率的加权平均数。

② 计算各年的净现金流入。方法是从各年的收入（现金流入）中减去费用和其他支出（统称现金流出）。

③ 计算项目期限内各年净现金流入折成现值之和。这里所说的净现金流入，相当于企业因发展项目所预期得到的净增效益。

计算公式为

$$P_B = \frac{B_1}{(1+i)} + \frac{B_2}{(1+i)^2} + \cdots + \frac{B_n}{(1+i)^n} + \frac{S}{(1+i)^n}$$

式中：P_B 为项目期内各年净收入折成现值之和（即净现值 NPV）；

$B_1, B_2, \cdots, B_n$ 为项目期内各年的净收入；

S 为项目期末固定资产的残值；

i 为贴现率；

n 为项目期限（年）。

如果某个项目的净现值大于零，则这个项目在财务上是可行的，可以考虑接受；如果某个投资项目的净现值小于零，这个投资项目在财务上是不可行的，应予拒绝。

（2）内部报酬率法　内部报酬率（Interior Reward Rate，IRR）又称作内部收益率。它是反映项目经济效益的一项基本指标。内部报酬率系指项目在建设期间和服务年限内，净现值为零时的贴现率。内部报酬率和净现值一样，考虑到了货币的时间价值，但两者有所不同。采用净现值法，先要选定贴现率 i；后而计算该投资项目的净现值是多少；而采用内部报酬率法，所要知道的是用多大的贴现率进行贴现，才能使净现值等于零。

一个投资项目的净现值和贴现率之间的关系可以用图 6.2.1 来表示。

图 6.2.1 中以横坐标表示贴现率，以纵坐标表示净现值，曲线 $A'B'$ 即净现值曲线。由

图 6.2.1 可见,贴现率越低,净现值越大;而贴现率越高,则净现值越小。曲线 $A'B'$ 与横坐标轴相交于 C 点。此点在 y 轴上的读数为零,在 x 轴上面的读数即所求的内部报酬率。所以,内部报酬率也可以说就是一个特殊的贴现率,按这个贴现率对投资项目的费用与效益进行贴现,整个项目的净现值为零。

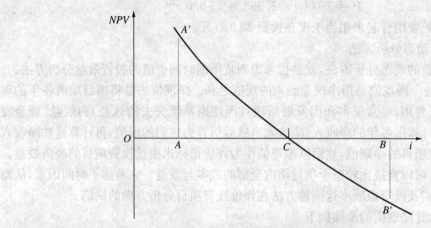

图 6.2.3 净现值和贴现率之间的关系

内部报酬率的评价标准:IRR 大于规定的贴现率(国外用资本的机会成本,即指可供投资选择的、列在最后一个项目的内部报酬率),则项目可予接受。换言之,只要内部报酬率大于规定的贴现率,项目在盈利性方面显然可行。求内部报酬率的基本方法是试算逼近法,其计算步骤如下:

① 选用一个较小的贴现率 i_1,计算净现值 NPV_1(i_1 小得使 NPV_1 为正数即可)。

② 选择一个较大的贴现率 i_2,计算净现值 NPV_2(i_2 小得使 NPV_2 为正数即可)。

③ 如果 NPV_1 或 NPV_2 的绝对值比较大,就重新选大一点的贴现率 i_1 或小一点的贴现率 i_2 再试算,使得 NPV_1 或 NPV_2 都接近于零。

④ 用以下计算公式求得内部报酬率 IRR 的近似值:

$$IRR = i_1 + \frac{NPV}{NPV_1 + |\ NPV_2\ |} \times (i_2 - i_1)$$

式中:i_1、i_2 为两个相距较近的贴现率;

　　NPV_1 为与 i_1 相对应的净现值,其值大于 0;

　　NPV_2 为与 i_2 相对应的净现值,其值小于 0。

还可以利用 Office 中的 Excel 软件,很方便地计算出 IRR 的比较精确的近似值,其方法为:

① 点击 Microsoft Excel 图标,调出 Excel 表格;

② 在表中输入一列由负变正的数据(净流入的数据序列);

③ 点击 f_x 函数,得出粘贴函数的对话框;

④ 选择"常用函数"类的"IRR"函数名;

⑤ 在 Values 框内填写数据序列的首尾标号。

内部报酬率法的优点在于它把项目的收益与投资总额联系起来,并表明了项目可能支付的最高利率。但它也有缺点,对于多个项目方案进行比较时,内部收益率表示的是相对数,而不是绝对对数,容易造成误解。如有的项目尽管 IRR 不高,但可能因其规模较大,而净现值也较大,因此更为可取。所以应用这一指标时,要与净现值指标结合使用。此外,所规定的贴现率的大小应视考虑项目的风险大小而定,风险大的项目,报酬率应大;反之,报酬率可以较小。

6.2.5 不确定性分析

通过上述的投资效益分析后,对拟上的电子商务项目在财务上是否可行,基本上可得出一个大概的结论。但是在实际工作中,由于客观世界的千变万化,上述分析的结论不一定完全符合实际。对于未来情况的发展变化,有的是能预测的,有的是根本无法预测的,尤其是经济活动,涉及人的自由行动,其结果更难预测。因此,要在许许多多的不确定因素中,作出与实际情况完全相符的评价,几乎是不可能的。

为了提高预测的科学性和评价的正确性,使预测的项目能经受各种风险,就得进行不确定性分析,要考虑各种可能发生的情况,如出现投资超支、工期延长、技术变化、效益下降、市场疲软、工资增长、服务能力达不到要求等各种因素,要分析这些因素变化后对投资效益有什么样的影响。

究竟怎样进行不确定性分析呢? 这里也要抓主要矛盾,特别要分析那些对经济效益有重大影响的因素,如成本、服务规模、投资支出、建设周期等。不少因素是彼此影响、相互关联的,在具体分析时,可假设在其他因素不变的情况下,对各主要因素逐个进行分析;但也可综合起来一起分析。常用的不确定性分析法有盈亏平衡分析和敏感性分析,现分别介绍如下。

1) 盈亏平衡分析

盈亏平衡分析又叫作保本分析。它是通过对成本、利润、服务规模之间因果关系的分析,来测算系统在应用后的盈亏平衡点。服务规模只要达到这一点的水平,就能使该项目既不盈也不亏。低于这一水平,就会发生亏损。这一分析方法对于考察一个项目究竟能承受多少风险而很有意义。

对于电子商务项目来说,盈亏平衡分析有以下假定条件:

(1) 服务规模可用收入描述;

(2) 总固定费用不变;

(3) 可变成本随服务规模变化而成比例地变化;

(4) 单位产品或服务价格、可变成本保持不变;

(5) 采取某一正常年度的数据。

盈亏平衡点计算公式为

$$BEP_1 = \frac{F}{P - V}$$

式中:BEP_1 为保本规模;

F 为固定费用;

P 为单位产品销售价格(服务收入);

V 为单位产品(服务)可变费用。

从上述公式可推导出用服务规模表示的保本点公式为

$$BEP_2 = \left(\frac{F}{P - V} \right) \times P = \frac{F}{1 - \frac{V}{P}}$$

式中：BEP_2 为保本销售额。

2）敏感性分析

电子商务项目的敏感性分析，就是对一个电子商务系统在建设期和建成后的诸因素中找出对项目收益影响较大的关键因素进行研究。

由于在分析项目的财务效益时，许多数据是通过预测和估计得来的，这些因素，如系统造价、系统功能对企业的影响程度、企业销售量、销售价格、成本等，都会对分析结果产生影响，它们的预测值准确与否，直接关系到项目内部报酬率和其他经济效益指标的正确性。

敏感性分析的做法，首先是假定其中某一种因素有一个适度的变化（如造价上升了10％，或工期延长了 1 个月），然后分析这种因素变化将导致系统的怎样一些改变，最后计算这些改变对经济效益指标值的影响。对几种可能的因素如此一一予以分析，最后通过比较可以看出项目的最大风险将来自于何处，从而找出系统最敏感的因素。

找到最敏感的因素之后，可以进一步测算这些最敏感的因素变化的可能性和影响的程度，并寻找减小风险的措施。

6.3　可行性研究报告的编制

电子商务项目的可行性研究报告是为企业上层的决策提供依据的。一旦该项目批准立项，它也是准备项目需求建议书的依据；当项目执行需要贷款时，它也是向银行贷款的依据之一；当需要向政府主管部门申请有关许可证时，它也是不可缺少的一份文件；当企业与承约商或其他合作者谈判并签署协议时，它也是一个重要的依据。

6.3.1　可行性研究报告的内容要求

电子商务项目可行性研究报告的编制，实际上就是对项目可行性研究的最后结果进行书面总结。其内容要求大体如下：

1）项目概述

包括建立电子商务项目的基本依据、背景介绍、项目的意义、项目情况的简要描述以及可行性研究的工作介绍。

2）立项的必要性

可以从不同的角度，阐明企业对电子商务的需求，介绍对发展电子商务项目必要性的研究结果。

3）技术方案

介绍技术分析的过程和结果。说明所建议的电子商务项目的技术选择与理由。方案需要详细和具体，具体到可以在此基础上进行投资测算。

4）建设和运行管理方案

说明项目由谁来建设，在建成后的运行中由谁来管理，采取怎样的组织管理方式和方案以及项目建设的预计工期。

5）投资概算

根据项目的技术方案和组织管理方案，结合市场物价行情，初步计算项目所需要的投资。

6) 财务分析

预测项目建设成功后的企业的运行费用、收入和其他财务数据的变化情况,表述项目财务分析的过程、取值依据和分析结果。

7) 风险分析

介绍项目不确定性分析的过程和结果。

8) 结论和建议

根据上述各方面的分析,明确项目是否可行并署名。

可行性研究报告与项目建议书的写法是不同的。项目建议书从某种意义上说,是一个商业计划书。阅读项目建议书的人是企业的上层领导而不是技术专家。因此项目建议书的编写,要通俗易懂,文句简练、顺畅,主题鲜明,分析到位,并尽量避免高度专业化的术语。在必须出现专业术语的情况下,要考虑领导是否熟悉它,如果不熟悉,应做必要的解释。

可行性研究报告虽然也要给企业上层领导阅读,但更主要的是为专家论证提供材料。因此可行性研究报告的编写,除了要求通俗易懂,文句简练、顺畅,主题鲜明,分析到位以外,还要提供详细的技术资料和市场研究的资料。

6.3.2 可行性研究报告编制案例

本节将通过大明玩具厂的案例来进一步说明可行性研究报告的编制方法。大明玩具厂是一个规模较大的特种玩具制造企业。该企业的批发网点遍布很多城市。由于玩具的使用需要一定的技巧,所以各地的销售网点接待询问的任务很重。现在希望建立一个电子商务网站来为各地的销售网点提供服务(主要是问题和解答服务),同时开展网上直销业务。网上直销工作获取的订单,由当地的批发网点负责处理。估计网上的"问题和解答服务"可能为公司节约 8 个人员,而网上销售业务可能每年为公司增加 5 万元的销售利润。

大明玩具厂的销售部编制了一份可行性研究报告,现摘要介绍如下,以供大家参考。

建立大明玩具厂电子商务网站的可行性研究报告

一、项目概述

(一)项目名称及建设单位

(1)项目名称 大明玩具厂电子商务网站。

(2)建设单位 大明玩具厂。

(3)项目性质 新建。

(二)主要建设目的与内容

大明玩具厂电子商务网站建设项目,具体包括三大任务:

(1)对各种型号大明玩具的功能、结构、使用方法、保养与维修等有关知识提供咨询服务,以提高销售服务人员的工作效率,减少服务人员。为了实现这个目的,需要在网上建立大量的"问题与解答"网页,供用户自己查阅,也方便销售服务人员向顾客提供咨询。

(2)建立网上订购系统,使一部分顾客可以在网上下订单。

(3)通过网络建立消费者意见反馈机制。

(三)项目总投资

预计项目投资总额为 30 万元人民币。

（四）资金筹措方案

项目资金由企业从销售费用中解决。

（五）项目建设和使用年限

项目建设期为 6 个月。

网站使用期 5 年。

（六）项目的效益分析

（1）改变大明玩具传统的销售方式。增加网络服务人员 2 人，但可以减少柜台服务人员 10 人，两者相抵可以节约劳动力 8 人，人工费每年大约节约 16 万元。

（2）改变人们的消费方式。通过互联网，人们可以进入网站浏览、采购产品，而且还能得到在线服务。网上购物的最大特征是消费者的主导性，购物意愿掌握在消费者手中，能以一种轻松自由的自我服务的方式来完成交易，消费者主权可以在网络购物中充分体现出来。

（3）改善企业与客户的关系。增加了网站这个信息反馈方式，消费者的个性化、特殊化需要可以完全通过网络展示在企业面前，促进企业产品的不断更新以及服务的及时改进。目前已有许多企业纷纷发展和普及电子商务，从而取悦顾客，突出产品的设计风格。

二、项目建设的必要性

当前，我们正在迎来一个全新的时代，在这个时代，每个传统产业都面临着从未有过的强大冲击，这就是网络经济的时代。电子商务正在迅速地改变着传统企业的经营模式，与传统的商务活动相比，电子商务具有以下几个特征：

（1）电子数据成为双方当事人主要的信息获知和沟通手段，使企业的事务处理费用成本大幅度降低。

（2）信息处理的速度和密度均大大增加，商务节奏明显加快，从而提高了企业的市场反应能力。

（3）企业营销的方式发生彻底变化，销售服务被送到用户的办公桌上，企业可以随时从计算机里获取供应链上商业伙伴提供的丰富的商业信息。企业间商务关联度大大提升，企业从相对独立的经济体演变成为商务链中的一环。

（4）电子商务破除诸如时间和距离等限制市场机会的壁垒。企业间原有的竞争性质被彻底改变，世界范围内的企业竞争变得更加公平。

目前一般企业的生产经营和销售方式有两个弊端：

（1）在企业对个人的贸易上，消费者往往不是其所购产品方面的专家，对产品的有关知识和消息很少，从而出现两种情况：一是消费者和经销商之间存在着信息不平衡现象，会让经销商对消费者采用价格歧视的策略，从而增加消费者对所购商品的疑虑，减少成交机会。一旦消费者以高价购得商品，往往会影响到消费者对生产厂家的信任程度。宏观上的表现是该厂家的产品需求量下降。二是消费者往往会在广告的诱导下选择购买自己并不真正了解的商品，商品的销售量往往和广告的攻势和广告的创意有关。大型企业由于资金雄厚，可以使用广告策略使中小企业处于不利的竞争地位。

（2）在企业与企业之间的贸易中，一般企业都存在相对稳定的供应商和客户，而且订货成批量状态。但往往企业和客户要了解产品的市场情况，以不断调整和贸易伙伴之间的关系，并且每个企业都希望在未来的经营中扩大自己的贸易伙伴队伍。因此，售前的服务和宣传对企业间贸易同样重要。当企业开发新的项目，或者调整产品结构与成本时，寻找新的贸易伙伴就变得相当重要。在中国已经入世的大环境下，在企业信息化飞速发展的今天，企业的生存与发展更加需要用新的技术手段,帮助其做出适应变化、把握潮流的正确决策。衡量企业的竞争力,更多地体现在电子商务的运用上。如果企业能够在今后的经营发展过程中正确地运用这些技术手段,提高市场反应能力和竞争能力,及时捕捉商机,可以认为,这些企业就会成为本行业未来发展的主流企业。

大明玩具厂作为一家玩具生产企业,长期以来,与全国中等规模玩具企业相比,其生产经营状况一般,采用传统的销售渠道进行产品销售,销售利润属于同行业中上等水平。由于电子商务的优点是集中地体现在它能够真实地实现商务活动中产、购、销一体化,极大地简化贸易流程,提高工作效率,节约生产成本,因此,随着信息经济时代的到来,大明玩具厂有必要开展电子商务,利用有效的电子商务技术来降低成本,并拓宽产品的销售渠道。再说,全国已经有十几家玩具企业在开展网络营销活动,如果我们不尽快地利用网站这个新的武器,恐怕在不久的将来,就很难保住我们当前的地位。

三、项目建设的技术方案

企业电子商务网站分为两种类型:一是企业自己组建网站,并自己维护和管理;二是由中介机构建立、同时为许多企业提供电子商务平台的通用电子商务网站。后一类网站一般采用某种固定的电子商务模式,而一个企业在实际运作中,往往不会单纯使用一种固定的商务模式。因此,许多企业需要针对自身的具体情况,按照自己的需求定制电子商务网站。

(一)电子商务模式

电子商务模式有 B to B、B to C 等,如图 6.3.1 所示。

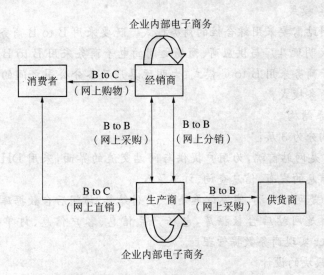

图 6.3.1 B to B、B to C 电子商务模式

从消费者的角度来看,足不出户就可通过 B to C 电子商务网站实现 3A(Anytime, Anywhere, Anything——随时、随地、随意)购物,既方便,又提高了效率。如网上书店、网上商城、网上超市、网上订票、旅游服务、健康咨询等。

从生产商的角度来看,一方面可以通过 B to C 网站直接与消费者打交道,进行网上直销,另一方面也可以通过 B to B 网站与分销商打交道,进行网上分销,还可以通过 B to B 网站与供货商打交道,进行网上采购;同时利用企业内部电子商务进行内部物流、资金流、信息流的管理。网上直销由于减少了经销商的中间费用,从而可以让消费者享受到价格优惠,因此吸引更多消费者而使生产商获得更多利润,而且,生产商可根据消费者的购物信息了解市场需求,反过来调节生产,形成以消费需求为引导的生产机制,避免盲目生产,更好地占领市场,这对生产商的长久发展具有极其重要的价值。由于分销商位于不同的地理位置,网上分销可以方便地为各地的消费者提供送货服务、售后服务和直接服务。网上采购则简化了传统采购方式的多级流转方式,克服传统采购方式的许多弊病。

总之,生产商通过电子商务网站,与消费者、经销商、供应商之间实现产品的采购与销售以及信息的交流与共享,将采购、生产、销售和内部管理有机地联系在一起,可以将生产环节、订货环节和销售环节集成起来进行最优选择,从而大大提高效率、减低成本。

从经销商的角度来看,一方面,可通过 B to C 网站与消费者打交道,进行网上直销;另一方面也可以通过 B to B 网站与生产商打交道,进行网上采购;同时利用企业内部电子商务进行内部物流、资金流、信息流的管理。因此,经销商也可以通过电子商务网站与消费者、供应商之间实现产品的销售与采购以及信息的交流与共享,将采购、销售和内部管理有机地联系在一起,从而减低成本、增加利润。

(二) 大明玩具厂电子商务网站建设的技术方案

大明玩具厂一直采用传统的销售渠道进行产品销售,在全国各大城市设有分公司,在各城市的各大商场设有专柜,还有一批固定客户。由于已经形成了一个销售网络和客户群,因此,大明玩具厂具有建立电子商务网站的充分和必要条件。我们根据产品销售规模和投资能力认为,可以选择在一个较强的 ISP 电子商务平台上建立我们的电子商务网站,可以实现我厂的网站目标,投资少,见效快。

1) 网站的商务模式

大明玩具厂网站需要采用综合性的商务模式。既要采用 B to B 商务模式,也要采用 B to C 商务模式。大明玩具厂与供应商、商场之间的电子商务采用 B to B 模式;大明玩具厂与会员之间的电子商务采用 B to C 模式;大明玩具厂及各分公司之间的电子商务,还要采用企业内部电子商务模式。

2) 网站的体系结构

网站体系结构分为 3 层:

(1) 表现层 是网站前端,为用户提供与网站交流的界面,采用 DHTML 和 AspScrip 技术实现商品和信息的发布、信息查询、订单录入。

(2) 商务层 是网站后端,实现订单处理、支付结算、访问后台数据库等商务过程。

(3) 数据层 是网站后台数据库,包括产品信息、客户信息、订单信息等,采用 Microsoft SQL Server 实现商务数据管理。

3) 主要功能模块的设计

网站的主要功能模块有 3 块:

(1) 发布商品和服务信息 最简单的方法是用静态 HTML 页面,并且由于其不需要 Web 服务器的介入而具有效率高的优点。但静态 HTML 页面只能供客户浏览网站用,一个电子商务网站应该方便客户查询和订购商品,这就需要采用动态 HTML 页面,由 Web 服务器处理客户的查询和订购请求。

(2) 订单处理和库存管理 处理订单是商务站点的核心。订单处理和库存管理过程如图 6.3.2 所示。

(3) 支付与结算 消费者可以网上支付。网上支付采用招商银行一卡通方式。企业仍通过传统的银行支付与结算方式。

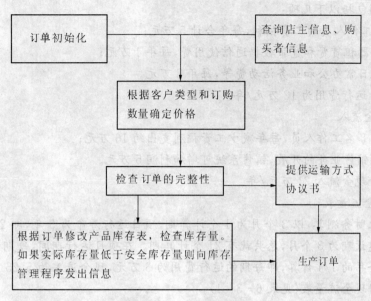

图 6.3.2　订单处理流程

（三）物流配送

网上订单的发货，原则上由当地的销售网点负责。送货可以利用第三方物流企业（如邮政系统），也可以由大明玩具销售网点自行送货。

四、项目建设和运行管理方案

（一）项目的建设

项目建设由本厂销售部负责管理，由专业电子商务服务公司承包实施。

（二）项目的运行管理

项目的日常运行管理由销售部成立网络营销小组（定员 2 人）具体负责，重大技术问题由黎明网络技术服务公司跟踪服务解决。

（三）项目建设的预计工期

项目建设期为 3 个月。

五、投资概算

根据承包商和本部门工作人员的测算，本项目所需投资 30 万元，用途如下：

（一）硬件部分投资概算

8 个异地销售网点，每个点一套终端设备，每套 1 万元，合计 8 万元；销售总部 2 台电脑及外围设备，合计 3 万元；小计 11 万元（形成固定资产）。

（二）软件部分投资概算

应用程序开发和网页设计 12 万元，应用软件购置 3 万元，软件小计 15 万元。

（三）其他一次性费用

销售总部宽带接入费 2 万，培训费用 2 万，小计 4 万元。

六、项目建设的财务分析

（一）投资总额

上节已经分析，本项目投资总额 30 万元，在 3 个月内完成支付。

（二）运行费用测算

运行费用包括以下几项：

（1）2 个工作人员的工资福利，每年合计 5 万元；

（2）服务器租赁费和宽带数据通信使用费，每年 4 万元；

（3）小组日常办公和业务活动费等，每年 3 万元。

以上合计运行费用为 12 万元/年。

（三）现金流入

（1）节约 8 名工作人员，每年减少工资福利支出约 16 万元；

（2）网上销售业务的开展，销售系统可增加利润 5 万元。

以上合计现金流入 21 万元/年。

（四）现金流量表

根据以上财务测算，以 3 个月为 1 个计算期，项目运行寿命为 5 年，即 20 个计算期计算。再考虑建设期为 3 个月，总共就有 21 个计算期。在项目运行期间，每期的运行费用和现金流入按全年的 1/4 计算，即每期的运行费用为 3 万元，现金流入为 5.25 万元。据此可以编制本项目现金流量表（见表 6-3-1）。

表 6-3-1　大明玩具厂网站建设项目现金流量表　　　　单位:元

期别	现金流出	现金流入	净流入	累计净流入
1	300 000	0	−300 000	−300 000
2	30 000	52 500	22 500	−277 500
3	30 000	52 500	22 500	−255 000
4	30 000	52 500	22 500	−232 500
5	30 000	52 500	22 500	−210 000
6	30 000	52 500	22 500	−187 500
7	30 000	52 500	22 500	−165 000
8	30 000	52 500	22 500	−142 500
9	30 000	52 500	22 500	−120 000
10	30 000	52 500	22 500	−97 500
11	30 000	52 500	22 500	−75 000
12	30 000	52 500	22 500	−52 500
13	30 000	52 500	22 500	−30 000
14	30 000	52 500	22 500	−7 500
15	30 000	52 500	22 500	15 000
16	30 000	52 500	22 500	37 500
17	30 000	52 500	22 500	60 000
18	30 000	52 500	22 500	82 500
19	30 000	52 500	22 500	105 000
20	30 000	52 500	22 500	127 500
21	30 000	52 500	22 500	150 000
合计	900 000	1 050 000	150 000	

$IRR=4\%$

$NPV=66\ 575.74\quad(i=2\%)$

表 6-3-1 中现金流出一栏，第 1 期为项目建设投资，第 2 期到第 21 期为运行费用。

现金流入就是网络营销所增加的额外利润与为原销售服务系统节约的人员费用之和。本项目所形成的固定资产(如电脑)5年以后几乎没有价值,所以表中未考虑项目残值。

现金流量表最后两行给出了本项目经济效益评价指标 IRR 和 NPV 的具体数值。注意到表中每期是 3 个月时间,4 期合 1 年。因此,项目的内部报酬率(IRR)如果按年论,应该是 16%;在每期贴现率 $i=2\%$ 的情况下(即年贴现率 8%),本项目的净现值(NPV)为 66 575.74 元。表中最后一栏的累计净流入,在第 15 期由负变正,说明本项目在第 4 年第 3 个季度可收回全部投资。这都表明本项目从财务上看,效益较好,是可行的。

七、项目建设的不确定性分析

影响项目效益的不确定性因素很多,但不管是什么因素,最终都通过项目建设费用(投资)、项目运行费用和现金流入这 3 个因素对项目经济效益指标产生影响。为了描述这 3 个因素变动对本项目经济效益指标的影响,我们分别设每一个因素独立变动 10%,重新在 Excel 软件中测算本项目的内部报酬率 IRR 和净现值 NPV,结果见表 6-3-2。

表 6-3-2 大明玩具厂网站项目敏感性分析表

因素	变动量	IRR	NPV
投资	超 10%	3%	37 163.97
投资	节约 10%	5%	98 987.5
费用	超 10%	3%	18 483.5
费用	节约 10%	6%	114 668.19
现金流入	增加 10%	7%	150 737.52
现金流入	减少 10%	1%	−33 616.9
原方案指标值		4%	66 575.74

从 6-3-2 中可以看出,本项目的效益对现金流入、运行费用和初始投资都比较敏感,在一定程度上表现出一般高新技术项目高收益和高风险并存的特征。在同样变化率的条件下,现金流入的变动对项目净现值和内部报酬率的影响最大;项目的年运行费用变动的影响其次。

这表明,要保证本项目在实施过程中的经济效益,首先要着重增加现金流入,根据本方案的设计,可通过精简原销售服务人员和增加网络营销的利润等手段来实现;其次,节约项目的运行费用,对提高经济效益的影响也非常之大。考虑本项目对运行费用的定义,包括了电信服务的收费和 ISP 服务费以及主机租赁费,这些费用随着技术进步的加快,将来肯定会降低的。从这个角度看,本项目实际经济效益可能要比我们测算的结果更好一些。

八、研究结论

本项目对提高我厂的客户服务和市场销售能力是很有帮助的,不仅可以提升我厂的企业形象、改善客户关系、扩大销售渠道、增强综合竞争能力,而且本身就是一个盈利项目。

从财务分析的具体数据来看:本财务内部报酬率为 16%,远远高于玩具行业近年来的基准收益率 8%;对本项目的投资需要 30 万元人民币,可在 3~4 年内全部收回。项目财务分析的净现值为 66 575.74 元人民币,远远地大于零,表明经济效益较高。

建设网站已经不属于高难度的事情,许多专业服务公司对执行此类项目已经驾轻就熟,我们可以采用技术外包的方式来加速项目建设,并减少技术风险。

因此,不论是从经济的角度,还是从技术的角度,本项目都是可行的,建议尽快上马。

思考题

1. 为什么要对电子商务项目进行可行性分析? 可行性分析要考虑哪些因素?

2. 企业的电子商务项目建议书有什么作用? 项目建议书包括哪些内容? 一般是谁去准备项目建议书?

3. 某企业将网站维护工作外包给 ISP 去做。ISP 提出两种合作办法: 第一种是一次性收费 4 万元, 保证免费跟踪服务 5 年; 第二种是每年收费 1 万元, 合同定 5 年, 合同期间不涨价。问企业应该采用哪种方案。

4. 上机作业: 某企业拟建设一个局域网, 估计需要一次性投资 22 万元, 可在 1 个月内建成。建成后每月可能节约开支 5 000 元, 网络的使用期限按照 4 年计算, 求本项目的内部报酬率 IRR。

7 电子商务项目常用技术

7.1 EDI 技术

7.1.1 EDI 的发展背景及含义

1) EDI 的发展背景

自 20 世纪 80 年代以来,在新技术革命浪潮的猛烈冲击下,一场高技术竞争席卷世界,使人类社会的一切领域飞速地改变着面貌。国际贸易也空前活跃,市场竞争愈演愈烈。在国际贸易中,由于买卖双方地处不同的国家和地区,因此在大多数情况下,不是简单地直接地面对面买卖,而必须以银行进行担保,以各种纸面单证为凭证,方能达到两品与货巾进行交换的目的。这时,纸面单证就代表了货物所有权的转移,因此从某种意上讲,纸面单证就是外汇。全球贸易额的上升带来了各种贸易单证、文件数量的激增,而随之带来的还有因为重复输入带来的单证错误率的升高,据美国一家大型分销中心统计,有 5% 的单证中存在着错误,同时重复录入浪费人力、浪费时间、降低效率。因此,纸面贸易文件成了阻碍贸易发展的一个比较突出的因素。

另外,市场竞争也出现了新的特征。价格因素在竞争中所占的比重逐渐减小,而服务性因素所占比重增大。销售商为了减少风险,要求小批量、多品种、供货快,以适应瞬息万变的市场行情。而在整个贸易链中,绝大多数的企业既是供货商又是销售商,因此提高商业文件传递速度和处理速度成了所有贸易链中成员的共同需求。同时,现代计算机的大量普及和应用,以及功能的不断提高,已使计算机应用从单机应用走向系统应用;通信条件和技术的完善,网络的普及又为 EDI 的应用提供了坚实的基础。

正是在这样的背景下,以计算机应用、通信网络和数据标准化为基础的 EDI 应运而生。EDI 一经出现便显示出强大的生命力,迅速地在世界各主要工业发达国家和地区得到广泛应用。

2) EDI 的含义

EDI 是英文 Electronic Data Interchange 的缩写,中文译为"电子数据交换",港、澳及海外华人将其称作"电子资料通联"。它是一种在公司之间传输订单、发票等商业文件的电子化手段。它通过计算机通信网络将贸易、运输、保险、银行和海关等行业信息,用一种国际公认的标准格式,实现各有关部门或公司与企业之间的数据交换与处理,并完成以贸易为中心的全部过程。它是 20 世纪 80 年代发展起来的一种新颖的电子化贸易工具,是计算机、通信和现代管理技术相结合的产物。国际标准化组织(ISO)将 EDI 描述成"将贸易(商业)或行政事务处理按照一个公认的标准形成结构化的事务处理或信息数据格式,从计算机到计算机的电子传输"。

3) EDI 的工作过程

在 EDI 中,一旦数据被输入买方的计算机系统,同样的数据就会以电子传输的方式传入卖方的计算机系统,没有也不需要重新从键盘输入或以其他方法重新输入。也就是说,数据是在买方的应用程序(如采购系统)与卖方的应用程序(如订单输入系统)之间进行电子化转移的,没有其他的人为干预或重复输入。数据不仅在贸易伙伴之间实行电子化流通,而且在每一个贸易伙伴内部的应用程序之间也可以进行电子化流通,同样不需要重新从键盘输入。例如,买方的订单进入卖方的订单输入系统后,同样的数据就会传递到卖方的生产、仓储、运输、财务等应用程序并由各程序自动相应产生生产安排表、库存记录更新、货运单、发票等。

EDI 的实现过程就是用户将相关数据从自己的计算机信息系统传送到有关交易方的计算机信息系统的过程,该过程因应用系统以及外部通信环境的差异而不同。在有 EDI 增值服务的条件下,这个过程分为以下几个步骤:

(1) 发送方将要发送的数据从信息系统数据库提出,转换成平面文件(亦称中间文件)。

(2) 将平面文件翻译为标准 EDI 报文,并组成 EDI 信件;接收方从 EDI 信箱收取信件。

(3) 将 EDI 信件拆开并翻译成为平面文件。

(4) 将平面文件转换并送到接收方信息系统中进行处理。

由于 EDI 服务方式不同,平面转换和 EDI 翻译可在不同位置(包括用户端、EDI 增值中心或他网络服务点)进行,但基本步骤是相同的。

7.1.2　EDI 的作用

1) 降低单证处理成本

顾名思义,EDI 的基本作用在于使用电子媒介代替纸质单证来交换数据。纸质单证的淘汰同时也暗示了某些组织机构的功能和作用将被作废。单证处理成本降低的原因可归结为与事务处理相关的成本的降低。采用传统方法的日常事务处理包含了大量的重复处理,如基本数据输入,这实际上是一个劳动密集型的工作。据统计,在处理商业事务中,大约有 25% 的成本与基本数据输入及其相关任务有关。EDI 的使用使基于纸质单证的密集型处理被自动的电子处理所替代,减少了传统的事务处理中所需的重复数据输入,消除了不必要的开支。

2) 排除了传统事务处理中极易发生的人为错误

文件处理任务的减少归结为出错的减少。出错可以发生在通信的任一阶段,如信息生成阶段、发送及接收阶段等,而大多数错误是人为引起的。EDI 消除了通信过程中人的介入,因而减少了出错的几率。具体表现在:

(1) 信息生成阶段　信息生成者可能需要输入所有接收方要求的必要的信息,而电脑可以提供必要的合理性校验以确保输入的是正确信息。

(2) 信息发送、接收阶段　目前的通信方式不能够百分之百地免除错误:传真有时会因为电话线路的繁忙而出现乱字符现象;邮件可能会被损坏甚至丢失。而通过电脑网络传输的数据保证了信息能够正确地传送给对方。如有必要,电脑网络还可以监控发送出去的信息,然后生成收据和确认信息并反馈给信息的发送者。

3）提高储存效率

EDI的使用能够减少对储存的需求,从而达到降低储存成本的目的。生产和物流的每一个环节并非都是相互协调的,储存依然是需要的,这是因为市场对产品的需求是不稳定的,人们也很难预先了解,而且,如果没有储存,交货和提货计划的微小波动可能会引起主要生产过程的中断。EDI可以帮助实现减少储存。

4）充分有效地利用人力资源,提高经营效益

如前所述,EDI代替人们进行诸如收集、发送和接收信息等繁琐的劳动密集型工作,从而使得公司能够在不增加劳动力成本的基础上增加信息处理活动,帮助公司实现日常事务处理的自动化,重新安排富余人员,获得生产力优势。

5）提高信息传输的速度和质量

商业数据的电子传输极大压缩了时间。整个订购接收周期的缩短,使得生产、交货系统得到了更高的生产力,并且获得了消费者的支持。同时,管理者能够在实际时间内控制某些事务处理过程。

6）便于开展更有效的客户服务

通过下面几种方式可以改进面向EDI的客户服务。

（1）减少时间延迟 改进客户服务的一个重要方面是时间延迟的缩短。由于EDI的使用提高了通信速度,时间延迟得以缩短,加快了关键路径中事务处理的速度,从而减少非关键路径中的其他事务处理的等待时间。EDI使信息流从物理流部分地分离成为可能,这样,传输链中排在前面的关系方对他们的生产活动可以做出较充分的准备。如码头预先了解要装卸货物的情况,就可以尽量减少装卸船的时间。

（2）提供的信息更精确 对组织而言,只有建立在真正时间基础上的信息才是可用的,并且信息的准确性能够使组织机构更有效地理解客户的意图,从而可以直接通过电话方法解答客户的提问。

（3）提供更新的服务 新服务的重要性在于它加强了对整个链的控制,从而增加了物流过程的附加值,因此,EDI提供新服务的能力是改进客户服务的一个重要方式。这个附加值在信息分发领域及生成新信息的中间数据领域产生。

7）便于更好地进行供应链管理

较好的供应链管理意味着商业过程及活动之间更好的协调。实现方法主要是调整通信方式,减少存在的不确定因素,因此只有了解并改进这些不利因素,才能减少对客户服务的影响。

EDI能够在贸易伙伴之间快速、高效地传送数据,这将会使得整个链中的每一方均能尽快地获得有关客户需求的信息。其次,链中的有关方能够更及时地知道哪里出了问题,相应的能够尽快对问题做出反应。

8）改进单证处理流程

通过减少通信时间以及自动匹配发货单,可以减少部分成本,如通信速度的提高能够更快地将发货单或发票送出,从而减少付费周期。

7.1.3 实施 EDI 涉及的硬件和软件

1）硬件部分

实施基于 Internet 的 EDI 一般硬件投入就是计算机网络建设，包括计算机、服务器、接入 Internet 的设备等等。如果企业对网络性能和安全性要求较高，可以租用专用网络，当然成本也较高。

2）软件部分

EDI 软件由 EDI 应用软件和 EDI 标准两大部分组成。

（1）EDI 应用软件　EDI 的应用软件包括联系模块、报文生成和处理模块、格式转换模块和通信模块。

① 联系模块：联系模块是 EDI 系统和本部门内的其他信息系统和数据库的接口，同时通过联系模块可与 EDI 用户相连接。部门内电子数据处理系统是企业自身业务的计算机化系统，它是 EDI 应用的当然前提。使用企业内的其他信息系统或数据库，一方面可向 EDI 系统提供数据元、报文和各类资料；另一方面可将 EDI 系统的有关结果通知信息系统。EDI 系统不是将贸易单证直接传递或简单打印，而是通过审核、生产组织、货运安排、海关手续办理等业务的 EDI 处理后，将有关结果传送给企业内的电子数据处理系统，或输出必要的文件进行物理归档。联系模块起着"内引外联"的作用。

② 报文生成及处理模块：将来自用户或其他信息系统的命令与信息，按 EDI 标准方式，产生订单、发票或其他 EDI 报文，递交给通信模块而发送给其他 EDI 用户，或将其他 EDI 系统经通信模块转来的 EDI 报文，按其不同类型的要求进行处理，以适应本单位内其他信息系统处理要求。据统计，不同公司或企业交换的商业文件，约有 70% 的内容需经二次处理。

③ 格式转换模块：将各自 EDI 报文，按照 EDI 结构化的要求进行处理，根据 EDIACT 语法规则进行压缩、重复和嵌套以及代码转换和语法控制后，提交给通信模块，并发送给其他 EDI 用户系统。对经过通信模块接收到的结构化的 EDI 报文进行非结构化的处理，以便本单位内部的信息管理系统做出进一步处理，使之成为日常工作文件。

④ 通信模块：这是 EDI 系统与 EDI 通信网的接口，其作用是执行呼叫、自动转发、地址转换、差错检测和报文传送等。接收到 EDI 用户的报文后，进行审核和确认。

一般说来，通信模块和格式转换模块对于所有的 EDI 系统应该是相同的，而联系模块、报文生成和处理模块，因不同国家、地区和行政单位而有所不同，但是随着 EDI 标准化技术的发展，这些功能也将逐渐规范化。

（2）EDI 有关标准　包括 EDI 网络通信标准、EDI 处理标准、EDI 联系标准和 EDI 语义语法标准等。

① EDI 网络通信标准：主要是解决 EDI 通信网络应该建立在何种通信网络协议之上，以保证各类 EDI 用户系统的互联。目前国际上主要采用 MHS(X.400) 作为 EDI 通信网络协议，以解决 EDI 支撑环境。

② EDI 处理标准：主要是研究那些不同地域不同行业的各种 EDI 报文相互共有的"公共元素报文"的处理标准。它与数据库、管理信息系统等接口有关。

③ EDI 联系标准：主要是解决 EDI 用户所属的其他信息管理系统或数据库与 EDI 系统之间的接口。

④ EDI 语义语法标准(又称 EDI 报文标准):主要是解决各种报文类型格式、数据元编码、字符集和语法规则以及报表生成用程序设计语言等,它是 EDI 技术的核心。

7.1.4　实施 EDI 的成本及效益评价

1) 实施 EDI 的成本

EDI 电子商务系统的实施主要涉及如下几种投资成本:

(1) 电脑硬件设备投资　许多公司都有现成的硬件设备,不需要添加太多的硬件设备,可以对现有设备进行改造,特别是要有速度较快的服务器设备,因为 EDI 软件的运行需要由软件来完成单证格式转换、翻译等任务。

(2) 通信硬件设备投资　最简单的就是通过电话拨号来完成数据传输任务,至少需要调制解调器等设备;当然有条件的大型企业可以应用服务器和网络设备等。

(3) 软件投资　软件的投资又包括了服务器设备的软件、通信软件、微机的 EDI 终端软件等。

(4) 通信费用　通信的方式有两种:调制解调器拨号方式和专线方式。前者通信费用较低,但其速度比较慢,所提供的功能也受到很多的影响。因此有条件的企业应该采用专线方式。

(5) EDI 服务费用　通常包括 EDI 服务中心的网络费用、邮箱注册费、数据翻译和处理费用、数据储存费等。

(6) 咨询费用　一种是对 EDI 实施过程中所涉及的问题聘请专家的费用,通常支付给专家对某一个具体问题从事研究咨询的费用;另一种是支付给 EDI 软件和硬件实施企业的咨询费用。在软件和硬件项目实施的时候已经包含了一定的咨询费用,但是在项目结束后,如果需要额外的咨询,则要单独支付咨询费。一般是按照时间来计算费用。

(7) 教育费用　主要指项目实施前、实施过程中或实施后,实施者或者是项目咨询顾问等对终端用户的培训费用。通常也是按时间或培训人数来计算费用。

除了上述费用之外,企业还要计算各种杂项开支,包括在实施准备和实施中所产生的各种费用,如书籍资料、讨论会等费用。

2) 采用 EDI 的经济效益分析

据有关专家分析,使用 EDI 业务,可提高商业文件传递速度 81%,降低文件成本 44%,减少由于错漏造成的商业损失 40%,提高竞争能力 34%。近些年的实践证明,凡是采用 EDI 的国家和地区,都获得了可观的经济和社会效益。

美国通用汽车公司采用 EDI 后,每生产一辆汽车的成本可减少 250 美元,以每年生产 500 万辆汽车计算,便可节省 12.5 亿美元。美国通用电器公司近 5 年的统计表明,应用 EDI 使其产品零售额上升 60%,库存由 30 天降到 6 天。每年仅连锁店的文件处理费用一项就节约 60 万美元,节省运输时间 80%。在美国图书出版业,EDI 技术的引入改变了以往通过中间发行商的惯常做法,出版商和零售商直接通过 EDI 网络联系,使订货时间节省 60%,并加强了出版商与书店的联系,致使书店经理们视该网络系统为"个人生活中所发生的最美好的事情"。EDI 技术也由此得到不断推广和应用。

日本东芝公司在使用 EDI 之前,每笔交易的文件处理费用是 1 500 日元,实施 EDI 后则降到 375 日元,仅为原来的 1/4。

欧洲专家曾精辟地指出：采用 EDI 进行贸易的真正有价值的是贸易方式变革的结果，从而产生巨大的社会效益。据估计，使用 EDI 的间接效益能达到其全部贸易价值的3%～5%。这些间接效益主要是通过使各 EDI 伙伴间的业务环节更加密切协调和一致，从而促进了资金流动、库存、成本和服务等方面情况的改善而获得的。

7.2 ERP 技术

7.2.1 ERP 理论的形成和含义

1）ERP 理论的形成

20 世纪 60 年代的制造业为了打破"发出订单，然后催办"的计划管理方式，设置了安全库存量，为需求与订货提前期提供缓冲。20 世纪 70 年代，企业的管理者们已经清楚地认识到，真正的需要是有效的订单交货日期，因而产生了对物料清单的管理与利用，形成了物料需求计划——MRP。20 世纪 80 年代，企业的管理者们又认识到制造业要有一个集成的计划，以解决阻碍生产的各种问题。要以生产与库存控制的集成方法来解决问题，而不是以库存来弥补或以增加缓冲时间的方法去补偿，于是 MRP-Ⅱ，即制造资源计划产生了。20 世纪 90 年代以来，随着科学技术的进步及其不断向生产与库存控制方面的渗透，解决合理库存与生产控制问题所需要的大量信息和企业资源管理的复杂化，要求信息处理的效率更高。传统的人工管理方式难以适应以上系统，这时只能依靠计算机系统来实现。而且信息的集成度要求扩大到企业的整个资源的利用和管理，因此产生了新一代的管理理论系统——企业资源计划（Enterprise Resource Planning，ERP）。ERP 形成过程中主要的三个阶段具体为：

（1）MRP（Material Require Planning）阶段　企业的信息管理系统对产品构成进行管理，借助计算机的运算能力及系统对客户订单、库存物料、产品构成的管理能力，实现依据客户订单，按照产品结构清单展开并计算物料需求计划。实现减少库存，优化库存的管理目标。

（2）闭环 MRP 阶段　在 MRP 的基础上，集成了粗能力计划、能力需求计划、生产和采购计划，形成反馈，构成封闭的循环。

（3）MRP-Ⅱ（Manufacture Resource Planning Ⅱ）阶段　在 MRP 管理系统的基础上，系统增加了对企业生产中心、加工工时、生产能力等方面的管理，以实现计算机进行生产排程的功能。同时也将财务的功能囊括进来，在企业中形成以计算机为核心的闭环管理系统。这种管理系统已能动态监察到产、供、销的全部生产过程。

进入 ERP 阶段后，以计算机为核心的企业级的管理系统更为成熟，系统增加了包括财务预测、生产能力、调整资源调度等方面的功能。配合企业实现 JIT 管理、全面质量管理和生产资源调度管理及辅助决策的功能，成为企业进行生产管理及决策的平台工具。

2）ERP 的含义

ERP 是一个对企业资源进行有效共享与利用的系统。通过信息系统对信息进行充分整理、有效传递，使企业的资源采购、存、产、销、人、财、物等各个方面能够得到合理地配置与利用，从而实现企业经营效率的提高。

ERP是建立在信息技术基础上,以系统化的管理思想为企业决策层及员工提供决策运行手段的管理平台。ERP系统集中信息技术与先进的管理思想于一身,成为现代企业的运行模式,反映时代对企业合理调配资源、最大化地创造社会财富的要求,成为企业在信息时代生存、发展的基石。

从本质上讲,ERP是一套信息系统,是一种工具。ERP在系统设计中可集成某些管理思想与内容,可帮助企业提升管理水平。但是,ERP本身不是管理,它不可以取代管理。ERP本身不能解决企业的管理问题,企业的管理问题只能由管理者自己去解决。ERP只是管理者解决企业管理问题的一种工具。

7.2.2 ERP的作用

简单地说,ERP的作用主要有以下几个方面:

(1) 提供集成的信息系统,实现业务数据和资料共享。

(2) 理顺和规范业务流程,消除业务处理过程中的重复劳动,实现业务处理的标准化和规范化,提供数据集成,业务处理的随意性被系统禁止,使得企业管理的基础工作得到加强,工作的质量进一步得到保证。

(3) 由于数据的处理由系统自动完成,准确性与及时性大大提高,分析手段更加规范和多样,不但减轻了工作强度,还将促进企业管理人员从繁琐的事务处理中解放出来,用更多的时间研究业务过程中存在的问题,研究并运用现代管理方法改进管理,促进现代管理方法在企业中的广泛应用。

(4) 加强内部控制,在工作控制方面能够做到分工明确、适时控制,对每一环节所存在的问题都可以随时反映出来,系统可以提供绩效评定所需要的数据。

(5) 通过系统的应用自动协调各部门的业务,使企业的资源得到统一规划和运用,降低库存,加快资金周转的速度,将各部门联成一个富有团队精神的整体,协调运作。

(6) 帮助决策。公司的决策层能够适时得到企业动态的经营数据和利用ERP系统的模拟功能来协助进行正确的决策。

7.2.3 实施ERP的硬件和软件

1) 硬件

由于实施ERP重点在于软件,所以硬件的设置必须达到软件运行的要求。实施ERP硬件的投入主要是在企业内部网的建设和服务器的选择上,由于ERP涉及企业日常运行的各个方面,因而企业内部网的建设需覆盖企业的各个部门。另外,服务器和工作站为了让ERP运行得更加流畅,应尽量选择名牌厂家生产的性能较高的产品,用以保证整个系统运行的流畅和稳定。

2) 软件

ERP软件现在选择较多,特点各异,除了国际一些知名的ERP软件,国内ERP软件现在使用也较为广泛。就目前而言,国内中小企业实施ERP基本上采用的是国内厂家的ERP软件,比较知名的品牌有用友、金蝶等。

虽然各种ERP软件的操作和界面各有不同,但其核心的功能模块却是一样的,主要有以下几类：

(1) 财务管理模块　在企业中，清晰分明的财务管理是极其重要的，所以，在 ERP 整个方案中它是不可或缺的一部分。ERP 中的财务模块与一般的财务软件不同，作为 ERP 系统中的一部分，它和系统的其他模块有相应的接口，能够相互集成。例如，它可将由生产活动、采购活动输入的信息自动计入财务模块生成总账、会计报表，取消了输入凭证的繁琐过程，几乎完全替代以往传统的手工操作。

(2) 生产控制管理模块　这一部分是 ERP 系统的核心所在，它将企业的整个生产过程有机地结合在一起，使得企业能够有效地降低库存，提高效率。同时各个原本分散的生产流程的自动连接，也使得生产流程能够前后连贯地进行，而不会出现生产脱节，耽误生产交货时间。生产控制管理是一个以计划为导向的先进的生产管理方法。首先，企业确定它的一个总生产计划，再经过系统层层细分后，下达到各部门去执行，即生产部门以此生产，采购部门按此采购等等。

(3) 人力资源管理模块　以往的 ERP 系统基本上都是以生产制造及销售过程（供应链）为中心的，因此，长期以来一直把与制造资源有关的资源作为企业的核心资源来进行管理。但近年来，企业内部的人力资源开始越来越受到企业的关注，被视为企业的资源之本。在这种情况下，人力资源管理作为一个独立的模块，被加入到了 ERP 的系统中来，与 ERP 中的财务、生产系统组成了一个高效的、具有高度集成性的企业资源系统。

7.2.4　实施 ERP 的成本和效益分析

1) 成本分析

就投资 ERP 来说，国外比较成熟的企业的投资分布规律在硬件、软件、咨询服务的比例是 1：2：3。也就是说，硬件是最少的投资，软件比较多一些，咨询服务上投资的比例是最大的。

目前，比较优秀的 ERP 软件，例如 SAP 等，他们在中国实施的项目中已经基本遵循了国外的这个规律。例如，一个国外的中小型企业的 ERP 项目，往往在硬件上的投资大约是 70～80 万元，软件投资大约是 150～250 万元，而咨询的投资主要取决于选用什么样的公司，如果是中等的咨询公司大约是 200～300 万元，如果是五大咨询公司往往需要 300～500 万元，当然很小的、本地的咨询公司，也许咨询费用只要 120～150 万元就可以了。

但是，在国内情况恰恰相反。很多中小企业觉得硬件和软件才是真正的投资，往往忽视咨询的作用。其实，这是本末倒置的做法，软件和咨询相结合才能真正地改进企业的管理方式，提高效率，形成企业新的业务模式，这个新的模式和更好的管理反而能够为企业带来长远的效益，能够实现投资的"增值"。

(1) 软件投资　软件选型是企业需要首先确定投资分布的一个方面。企业选择了什么软件往往决定了可以大致采用哪些硬件和哪些咨询公司，也大致确定了企业的总体投资费用。

如果实施 ERP 的企业只是一个中小型的企业，那么费用大致如下：若使用国外高端软件，一般需要在软件上投资 80～150 万元，大约可购买 25～100 个用户数。具体因不同的软件而不同，如 SAP 就比其他 ERP 软件要贵。如果是国外中端软件，或者是国内最高端的软件，一般需要在软件上投资 30～70 万元，大约是 15～50 个用户。

如果是比较低端的 ERP 系统,软件上的投资在几万元到 10 多万元也许就可以了,但是只能实现比较简单的功能和满足比较标准化的需求。一般企业即使目前满足要求了,如果发展大了或者业务调整了就很难满足要求了。

以上估算是假设企业处于中小规模得到的,如果企业是国有企业,而且需要用的是最高端的软件,那么投资几千万元在软件上都是完全有可能的。

(2) 硬件投资 在硬件投资领域,企业需要注意两点:

① 至少是双系统:一个硬件平台用于培训、测试等,另一套硬件平台用于正式管理。这样企业在进行测试、培训的时候不致影响正式商业使用,一旦正式商业系统出现问题,也可以有一套后备系统。

当然还有更保险的三系统,甚至双机并行等方法,需要根据企业的情况来确定。如果企业的业务是 1 分钟也不能停顿的,例如银行,那么就需要投资双机并行和远程备份系统。一般来说,为了保护企业的商业数据和业务正常的运作,至少需要投资双系统。

② 需要投资必要的"灾难性恢复"的工具:如果因一些不可预料的因素,正式商业系统出现崩溃的情况,从硬件上需要有一套后备的系统作为切换;从数据上需要有备份数据来保证能够尽量少的丢失数据;同时企业要有一个流程来检查哪些数据丢失了,哪些需要补充等,这些都是系统正常运行必备的条件。

(3) 其他费用 除了上面所说的软件、硬件、咨询实施三项费用以外,保证企业成功实施 ERP 还需要其他的费用。

① 企业人员的加班费用:企业在实施 ERP 的过程中将有一段时间是加班加点的,比如主数据整理阶段,上线后补单阶段,这些时候需要企业的最终用户在不影响正常的业务和企业正常运作的情况下,花费更多时间在 ERP 项目上。这样,需要准备一定的加班费用。

② 企业人员的奖金:在项目成功上线后,应该对起了重大作用、付出很多努力的项目组人员给予奖励。

在实施过程中,为了推进项目的进行,可能会有各个模块小组人员的评比,看谁能够比较好地完成项目布置的工作和任务。为了真正达到评比的效力,评比出来的一、二、三等奖应该给予奖励。同时,为了在必要的时候发挥业务部门的积极性,还需要设立一些"优秀业务流程改革奖"、"优秀提案奖"、"优秀课题奖",等等。

③ 培训和参观等费用:在实施过程中或者其后,为了将项目进一步推向成功,增进企业更多人的理解,需要在培训上加大投资。有些培训已经包含在咨询实施费用里,有些可能没有考虑在里面,有些可能还需要增加其他业务上的培训来提高 ERP 项目的成功率和人员的水平,有些可能还要安排到其他成功实施 ERP 的企业去参观和现场沟通、交流。同时,可能还需要准备一些购买资料的费用,等等。

另外,还必须考虑到以后系统升级以及企业业务流程改革带来的费用的变化。

2) 实施 ERP 带来的效益

企业通过实施 ERP 项目可以得到直接效益和间接效益。

(1) 直接效益

① 库存下降 30%～50%:这是人们说得最多的效益。因为它可使一般用户的库存投资减少 1.4～1.5 倍,库存周转率提高 50%。

② 延期交货减少 80%:当库存减少并稳定的时候,客户服务的水平提高了。使用 ERP 企业的准时交货率平均提高 55%,误期率平均降低 35%,这就使销售部门的信誉大大提高。

③ 采购提前期缩短 50%：采购人员有了及时准确的生产计划信息，就能集中精力进行价值分析、货源选择、研究谈判策略，了解生产问题，缩短采购时间和节省采购费用。

④ 停工待料减少 60%：由于零件需求的透明度提高，计划也作了改进，能够做到及时与准确，零件也能以更合理的速度准时到达，因此，生产线上的停工待料现象将会大大减少。

⑤ 制造成本降低 12%：由于库存费用下降、劳力的节约、采购费用节省等系列人、财、物的效应，必然会引起生产成本的降低。

⑥ 管理水平提高：管理人员减少 10%，生产能力提高 10%～15%。

（2）间接效益

① ERP 实现企业跨职能运营：通过一体化的业务流程来贯穿传统的业务职能，把功能专业化的优点同一体化业务流程的速度、效率和质量相结合。

② ERP 体现高效的管理：ERP 的实施整合了订单处理、材料管理、生产计划及执行和人力资源管理等，使业务流程在没有差错和内控良好的条件下有效运行。

③ ERP 充分连接客户和供应商：企业能够将供应、生产和交货等过程一体化，业务流程依靠客户订单驱动，从客户订单追溯到原料供应商的 ERP 系统，使企业价值链的所有部门都能在成本、质量和反应时间等方面得以改善。

④ ERP 使企业整体得以提升：用单一的数据库，避免了数据冗余和重复操作，同时提供企业完整、充分的记录和报告，从而为企业的各个层面的管理和决策服务，如加强了客户服务、企业管理系统框架更完善、员工满意度更高、产品质量更好、内外部沟通更加顺畅、获取和保持竞争优势、减少大量不必要的成本、加强了合作伙伴关系和降低经营风险等。

7.3　客户关系管理

7.3.1　客户关系管理的发展历程

从早期的办公桌（Help Desk）软件、接触管理（Contact Management）等应用系统到今天的客户关系管理（CRM）系统，其间经历了十多年的演变，形成以客户为中心的软件服务系统，像是在做一幅拼图，通过十多年的时间，才得出今天这种相对完整的客户关系管理（CRM）图像。下面将从 CRM 系统的历史演变过程分别介绍其发展过程中的几个代表性软件系统。

1）简单客户服务

这是 CRM 系统的最初雏形，以帮助办公桌和错误跟踪系统为典型应用。在 CRM 之前，很多美国的大型服务公司都开发了自己的客户资料及问题管理系统，一般被称为帮助办公桌系统。这种系统功能简单，不具有普遍的应用价值。而一般的软件公司则用跟踪系统来管理软件产品开发中的错误，这在后来成为产品开发公司面向客户的产品服务管理的一个重要组成部分。

2）复杂客户服务系统与呼叫中心

以客户服务管理（Customer Service Management）、现场管理（Field Services）和呼叫中心（Call Center）为典型应用。

3) 销售自动化系统

在市场竞争日趋激烈的今天,销售业绩和销售员的生产效率已成为企业核心竞争力的一部分。对于销售来说,销售流程的管理及控制、跟踪现有客户、发现潜在客户等每一项都变得非常重要,销售自动化(Sales Force Automation,SFA)作为 CRM 的前身,发挥了巨大的作用。

销售自动化系统可以帮助公司获取和保留客户,而新的管理方式可提高管理效率,缩短销售周期,提供更好的销售情况监测,为公司提供更好的财务保证。同时它可以有效地管理销售人员的销售活动,实现利润的最大化。

4) 前台办公室(Front Office)

前台办公室是指客户服务与销售自动化系统的集成,其产品特点是将单一的功能模块(如呼叫中心)结合起来,变为一个统一的利润增长点,也成为企业的利润中心。

5) 客户关系分析

在分析型客户关系管理逐步成型后,有关客户资料的分析及利用渐渐显示出强大的生命力。数据分析最初应用的只是简单的统计方法,但在管理决策中起到了重要的作用。商业的需要促进数据分析技术和工具快速发展起来,产生了数据仓库技术、数据挖掘技术、联机分析应用等手段。客户关系分析是 CRM 演变过程中重要的一步。

6) 客户关系管理系统

CRM 由客户服务、销售自动化、客户关系分析等组成,它的模块是 CRM 演变过程中各功能模块的集合,是一幅完整的拼图。CRM 形成了一种新的企业解决方案,使得企业可以有力地应对激烈竞争的环境。

综合上述观点,可以从理念、机制、技术三个层面来理解 CRM:CRM 是现代管理思想与信息技术相结合的产物,通过最佳商业实践与信息技术的融合,围绕"客户中心"设计和管理企业的战略、流程、组织和技术系统,并提供一个自动化的解决方案,其目的是提高顾客交付价值和忠诚度,进而实现企业收入的增长与效率的提高。

7.3.2 CRM 的功能

1) 客户管理

客户管理的主要功能有客户基本信息;与此客户相关的基本活动和活动历史;联系人的选择;订单的输入和跟踪;建议书和销售合同的生成。

2) 联系人管理

该功能主要包括联系人概况的记录、存储和检索;跟踪同客户的联系,如时间、类型、简单的描述、任务等,并可以把相关的文件作为附件;客户的内部机构的设置概况。

3) 时间管理

时间管理的主要功能有日历;设计约会、活动计划,有冲突时,系统会提示;进行事件安排,如待办事项、约会、会议、电话、电子邮件、传真;备忘录;进行团队事件安排;查看团队中其他人的安排,以免发生冲突;把事件的安排通知相关的人;任务表;预告/提示;记事本;电子邮件;传真。

4) 潜在客户管理

主要功能包括业务线索的记录、升级和分配;销售机会的升级和分配;潜在客户的跟踪。

5) 销售管理

主要功能包括组织和浏览销售信息,如客户、业务描述、联系人、时间、销售阶段、业务额、可能结束时间等;产生各销售业务的阶段报告,并给出业务所处阶段、所需的时间、成功的可能性、历史销售状况评价等信息;对销售业务给出战术、策略上的支持;对地域(省市、邮编、地区、行业、相关客户、联系人等)进行维护;把销售员归入某一地域并授权;地域的重新设置;根据利润、领域、优先级、时间、状态等标准,可定制关于将要进行的活动、业务、客户、联系人、约会等方面的报告;提供类似 BBS 的功能,可把销售秘诀贴在系统上,还可以进行某一方面销售技能的查询;销售费用管理;销售佣金管理。

6) 电话营销和电话销售

主要功能包括电话本;生成电话列表,并把它们与客户、联系人和业务建立关联;把电话号码分配到销售员;记录电话细节,并安排回电;电话营销内容草稿;电话录音,同时给出书写器,用户可作记录;电话统计和报告;自动拨号。

7) 营销管理

主要功能包括产品和价格配置器;在进行营销活动(如广告、邮件、研讨会、网站、展览会等)时,能获得预先定制的信息支持;把营销活动与业务、客户、联系人建立关联;显示任务完成进度;提供类似公告板的功能,可张贴、查找、更新营销资料,从而实现营销文件、分析报告等的共享;跟踪特定事件;安排新事件,如研讨会、会议等,并加入合同、客户和销售代表等信息;信函书写、批量邮件,并与合同、客户、联系人、业务等建立关联;邮件合并;生成标签和信封。

8) 客户服务

主要功能包括服务项目的快速录入;服务项目的安排、调度和重新分配;事件的升级;搜索和跟踪与某一业务相关的事件;生成事件报告;服务协议和合同;订单管理和跟踪;问题及其解决方法的数据库。

9) 呼叫中心

主要功能包括呼入呼出电话处理;互联网回呼;呼叫中心运行管理;电话转移;路由选择;报表统计分析;管理分析工具;通过传真、电话、电子邮件、打印机等自动进行资料发送;呼入呼出调度管理。

10) 合作伙伴关系管理

主要功能包括对公司数据库信息设置存取权限,合作伙伴通过标准的 Web 浏览器以密码登录的方式对客户信息、公司数据库、与渠道活动相关的文档进行存取和更新;合作伙伴可以方便地存取与销售渠道有关的销售机会信息;合作伙伴通过浏览器使用销售管理工具,如销售方法、销售流程等,并使用预定义的和自定义的报告;产品和价格配置器。

11) 知识管理

主要功能包括在站点上显示个性化信息;把一些文件作为附件贴到联系人、客户、事件概况等上;文档管理;对竞争对手的 Web 站点进行监测,如果发现变化会向用户报告;根据用户定义的关键词对 Web 站点的变化进行监视。

12) 商业智能

主要功能包括预定义查询和报告;用户定制查询和报告;可看到查询和报告的 SQL 代码;以报告或图表形式查看潜在客户和业务可能带来的收入;通过预定义的图表工具进行潜在客户和业务的传递途径分析;将数据转移到第三方的预测和计划工具;柱状图和饼图工

具;系统运行状态显示器;能力预警。

7.3.3　构建 CRM 项目的硬件和软件

1) 硬件

CRM 对于企业硬件的投入要求与 ERP、EDI 技术是相似的,主要集中于计算机硬件、辅助设施、企业内部网络的建设上,具体包括计算机终端、服务器、路由器等网络基础设施,计算机机房建设以及电源系统、空调系统等一些辅助系统的建设。

2) 软件

目前市面上的 CRM 的软件种类繁多,但其实质功能较为相似,只要根据以下功能模块来选择,便可以满足企业的要求:

(1) 销售管理子系统　CRM 系统中销售管理子系统(Sales Management)主要管理商业机构、客户账号以及销售渠道等方面。该模块把企业的所有销售环节有机地组合起来,使其产品化。这样在企业销售部门之间、异地销售部门之间以及销售部门与市场之间建立一条以客户为中心工作流程,它缩短了企业的销售周期,同时提高了销售的成功率。随着销售周期的缩短,销售人员将有更多的时间去与客户进行面对面的交流。

销售管理模块能确保企业的每一个销售代表(包括移动和固定销售代表)能及时地获得企业当前的最新信息,包括企业的最新动态、客户信息、账号信息、产品和价格信息以及同行业竞争对手的信息等。这样销售代表同客户面对面交流将更有效,成功率将更高。

(2) 市场营销管理子系统　市场营销管理子系统(Marketing Management)帮助市场专家对客户和市场信息进行全面的分析,从而对市场进行细分,产生高质量的市场策划活动,指导销售队伍更有效的工作。在市场营销子系统中可以对市场、客户、产品和地理区域信息进行复杂的分析。帮助市场专家开发、实施、管理和优化他们的策略。

市场营销子系统为销售、服务和呼叫中心提供关键性的信息,比如产品信息、报价信息、企业宣传资料等都将在市场营销管理模块提供。呼叫中心的智能化呼叫脚本的制作也在市场营销管理模块编制。市场营销管理子系统通过数据分析工具,帮助市场人员识别、选择和产生目标客户列表。市场营销管理系统能和其他的应用模块相集成,确保新的市场活动自动地发布到合适的销售、服务人员手里,使活动得到快速的执行。

(3) 服务管理子系统　服务管理子系统(Service Management)可以使客户服务代表能够有效地提高服务效率,增强服务能力,从而更加容易捕捉和跟踪服务中出现的问题,迅速准确地根据客户需求分析调研、销售扩展、销售提升各个步骤中的问题,增长每一个客户在企业中的生命周期。服务专家通过分析客户服务的需求,并向客户建议其他的产品和服务,来增强和完善每一个专门的客户解决方案。

服务管理子系统提供易于使用的工具和信息,包括服务需求管理、服务环境配置及多种问题解决方案。这些方案包括相关案例分析,问题的分析诊断,用于在巨大的科技文档库、产品标示、操作步骤、FAQ 数据库和已有的客户服务解决方案中进行查找的强有力的集成文本检索工具。

服务管理子系统可以从空闲的话务员中选择最称职的话务员来解决客户咨询。通过对服务许可管理的全面支持,采用自动的工作流程来应对每一个咨询。服务管理子系统可以确保客户的要求及时满意地得到解决。

服务管理子系统可以采用不同的方式来与客户进行交流（包括 Internet、电子邮件、FAX、IVR 交互式语音应答、电话）。通过与呼叫中心的持续性连接及与包括第三方服务提供商、商业伙伴和客户在内的 Internet 用户的间断性连接，服务管理子系统全面支持客户服务专家在业务上进行全方位的运作。

（4）现场服务管理子系统　现场服务管理子系统（Field Service Management）提供了一个移动解决方案，允许公司有效地管理其服务领域的方方面面。现场服务的组织主要通过维护计划、返回物料许可、区域资源调配、提供与确保客户问题在第一次访问过程中得到解决所需的资源（包括工具、部件和技能等相关的全面信息）来实现。

现场服务管理子系统提供服务请求管理、服务活动管理、账号管理、智能分配及发送、组件使用、主要清单和已有问题及解决方案的知识基础。数据驱动的工作流、路由和健全机制确保现场服务组织遵循许可的行业习惯。

现场服务管理子系统支持多种渠道，包括移动现场服务专家使用笔记本电脑连接呼叫中心的话务员，通过包括他们与第三方服务提供商、商业伙伴和客户在内的 Internet 用户的间断性连接，来提供机构的扩展。

智能呼叫路由、分配及帮助的发送分配给最有资格的服务代表。使他们可以通过笔记本电脑访问到全面的客户信息及问题和解决方案的相关知识，迅速有效地解决客户问题。一旦需要，现场服务子系统自动在整个组织内增强这个问题，确保可以根据服务级别许可应用合适的资源来解决这个问题。在话务员迅速解决了客户的服务咨询后，他们还可以扩展销售或提升销售其他附加的产品和服务，增加收入和潜在的盈利。

（5）呼叫中心管理　呼叫中心子系统（Call Center）通过将销售子系统与服务子系统的功能集成为一个单独的应用，使一般的业务代表能够向客户提供实时的销售和服务支持。通常业务代表处理客户、账户、产品、历史订单、当前机会、突出的应用、服务记录、服务级别许可业务代表能够动态地推荐产品和服务，或者他们可以遵循基于智能脚本的工作流来解决服务咨询，进而向客户提供其他产品和服务。

呼叫中心的业务代表通常频繁地接到发往内部的销售和服务电话以及外拨与市场活动和市场扩展相关的电话。业务代表在与客户的联系中提供简单的观点，以保障准确有效地响应每一位客户的需要。

在业务代表与客户的交谈中，智能化问卷可以起到引导作用，根据客户的概况、个性化特点和当前需求，业务代表向客户动态地推荐合适的产品及服务。智能化问卷可以帮助客户代表克服自身的缺陷，站在销售的角度，发表有竞争力的观点。使用智能化问卷，即使是新手也可以像最有经验的业务代表一样工作。

呼叫中心集成计算机电话集成技术（CTI），实现被叫号码识别功能（DNIS）、自动号码识别功能（ANI）和交互式语音应答系统（IVR），从而为客户提供更智能化的企业服务。

7.3.4　构建 CRM 的投资和效益

1）CRM 的投资

CRM 可以看成利用 IT 技术来组织管理企业的客户，以产生最佳的客户组合并获得长期的价值。实施 CRM 项目在许多领域都要花费成本，主要包括 IT 成本、人力成本、流程成本三个方面的成本费用。

（1）IT 成本　主要包括在 IT 基础设施、数据库开发和软件方面的投资。对于 IT 基础设施成本可以根据不同企业要实现的 CRM 的不同功能来确定，数据库的开发和软件方面的投资都视企业客户的数量以及企业营销活动的多少和复杂程度来确定。

（2）人力成本　人力成本包括人员招聘、人员重新部署和人员培训的费用。实施 CRM 需要由统计师和分析师对客户进行细分分析、客户终身价值评估、客户获取计划以及客户流失分析，还需要竞争管理和其他领域的 CRM 专家，此外还要对职员进行培训等。

（3）流程成本　实施了 CRM 后，原有的企业管理体系可能会产生冲突，为了使企业内部各个环节充分协同，企业必须进行业务流程的重组，消除低效的业务与部门，减少无效劳动及提高对市场与客户的反应速度。而进行流程的重组当然要花费时间和金钱。

2）CRM 的效益

（1）提升企业核心竞争力　企业核心竞争力往往具有三个特征：一是价值优越性，即企业在创造价值和降低成本方面比竞争对手更优秀。二是不可交易性，核心竞争力无法像其他生产要素一样通过市场交易进行买卖。三是难以替代性，核心能力受到替代品的威胁相对较小。客户价值与以往的大量营销、产品差异化营销以及目标市场营销具有完全不同的理念。

由于客户价值概念的提出，企业的核心竞争力第一次成为企业创造顾客、细分目标市场和造就新兴市场的原动力。企业的核心竞争力、最终客户产品与核心产品在市场中构成了三个相互依托的竞争纽带，不仅可以制造较大的市场赢利空间，同时也为其他市场进入者制造了难以逾越的市场壁垒。

（2）留住现有客户　CRM 可以利用信息技术，将生产、营销、物流和客户服务等加以整合，以更精确、更快速的方式响应客户需求，为客户提供量身定做的服务，提高原有客户的忠诚度。另外，许多企业纷纷建立自己的网站，通过电子邮件、客户留言板等多媒体用户界面，与客户建立起交互的沟通服务方式，大大提高了客户服务的效率。

（3）挖掘关键客户　从市场营销角度来看，挖掘关键客户，就是进行准确的目标市场定位。众所周知，一个企业 80% 的业绩来自于占该企业所有客户 20% 的关键客户，因此企业可根据 CRM 的分析机制来找出那些关键客户，然后通过各种营销手段，提升其对公司的第一印象，建立良好的协作伙伴关系，从而提升其购买率，增加公司盈利。

7.4　网站建设与管理技术

7.4.1　网站的重要性

创建网站的好处很多，它可以使企业获得 8 个方面的优势，而这些优势正是企业开展电子商务期望达到的目的。

1）节约咨询服务成本

通过网站，面向客户，提供详尽的产品信息或服务介绍，方便客户索取企业的信息，大大地节约企业业务接待、咨询和回应客户的负担和费用。这方面例子不胜枚举。

2）增强接待客户的能力

企业可以通过网站面向客户，提供产品产品或服务的预定或咨询接待。据资料介绍，Cisco 公司业务的 30% 以上都是来自网上的订单，每年高达 10 亿美元。

3）提高服务质量

企业通过网站向客户提供售后服务或动态服务状态查询，可以更高层次地满足客户的需求。如招商银行和中国银行通过网站提供客户在线查询账户余额的服务，对银行业务和形象的提升，起了积极的作用。

4）直销

企业可以通过网站面向客户直接进行销售，直至完成支付和运输安排。如美国 DELL 电脑公司进行网上电脑直销，销售份额已经占到该公司 PC 机销售总量的一半以上。

5）建立权威信息渠道

企业网站可以面向媒体和股东，作为企业公共关系的重要窗口，宣传企业的最新动态和经营状况。目前政府有些部门和很多大学、研究院所、大企业等，都把本单位的网站作为对外公布消息的正式渠道。媒体也将企业网站上发表的信息作为该企业消息的准确来源。

6）降低采购成本

企业可以通过网站面向供应商建立电子采购模式和环境，提高供应商的工作规范和供应配合密切程度，降低外围成本。

7）进行网上营销管理

企业可以通过网站面向代理商或其他营销渠道，建立批发营销网络，完成代理支持与管理，建立订单、发货、结算付款支持系统，降低管理和流通成本，增强企业把握市场的能力和灵活性。

8）便于企业间交流与合作

通过网站，面向其他合作企业，进行企业与企业间的销售、市场、开发、交流等方面的合作。

7.4.2　网站的设立方式

1）虚拟主机

采用虚拟主机技术可以将一台计算机主机分成若干台虚拟的主机，每一台虚拟主机都具有独立域名，具有独立或共享的 IP 地址，具有完整的 Internet 服务器功能。从表面看，每一台虚拟主机和一台独立的主机的表现完全一样。用户可以利用它来建立完全属于自己的 WWW 服务器、FTP 服务器和 E-mail 服务器。

虚拟主机一般由 ISP 提供，通过 ISP 的专线接入 Internet。虚拟主机的硬件维护、系统软件配置、网络监控等技术工作都由 ISP 负责，用户负责编制网页并通过远程登录方式进行数据更新。由于多台虚拟主机共享一台真实主机的资源，每个用户承担的硬件费用、网络维护费用、通信费用都较低，一般根据提供的网页空间（100M～2G）、邮件空间（50M～1G）、系统软件支持等方面的不同，每年费用从 500 元到 10 000 元左右。

这种方式只能简单发布信息，不能构建后台数据库和开发自己的系统。如果企业的资金有限、技术力量不足、功能要求不高、安全要求不高，则可以考虑选择虚拟主机的方式。

2）服务器托管

服务器托管即用户租用 ISP 的机架位置放置用户自己的服务器，通过 ISP 的专线接入 Internet。该服务器的硬件配置、系统软件、Web 网页等都由用户设置，ISP 负责服务器安全运行的机房环境和网络环境。用户通过远程登录方式进行服务器维护和数据更新。

这种方式虽然可以发布信息,构建后台数据库和开发自己的系统,但是直接将系统和数据库暴露在 Internet 上,缺乏安全性是显而易见的。另外,扩大站点的规模时也不方便。

3) 专线接入

专线接入是指用户通过数据专线(如 DDN 专线)将网站服务器接入 Internet。用户可以向当地的数据通信局或提供此项服务的 ISP 申请相应速率的数据专线。

采用专线接入方式,用户的服务器放置在自己的机房里,用户要具备相应的硬件和软件配置,要有较强的计算机和网络技术力量,负责服务器的管理、维护和数据更新工作。

这种方式不但可以发布信息,构建后台数据库和开发自己的系统,而且还可以根据业务和信息发布的需要,非常方便地扩大网站的规模。同时,可以设置防火墙保证网站的安全性。

这三种方式各有其优点和缺点,适用于不同的用户需求。建立企业网站首先要明确建站的目的。不同的目的可以选择不同规模和不同性质的建站方式。如果用户的资金充足、技术力量强、功能要求多、安全要求高,要求网站能够提供动态交互功能,开展网上交易,可以考虑选择专线入网。服务器托管是介于专线入网和虚拟主机之间的一种方式。

在实际应用中,可以采用循序渐进的方式,先采用虚拟主机的方式设立网站,实现电子商务的部分功能,在要求提高和条件改善时再采用服务器托管或专线入网的方式,以提升网站运作和服务水平,逐步实现电子商务的全部功能。

7.4.3 网站的建设过程

实际上,企业所建的 Intranet 连入 Internet 后,本身就是一个 Internet 站点。为了充分利用 Internet 站点的作用,有必要建立一个界面十分友好、内容非常丰富、信息查询非常方便的站点。一个在 Internet 上公开发布的站点就是企业在 Internet 上的一面旗帜,是企业形象的全部体现,半点马虎不得。一个成功的 Internet 网站的建设是一个非常复杂的过程,一般,通过专线接入方式建设网站的过程如下。

1) 建立网站的网络构架

企业要建设 Internet 网站,一般来说,需要建立相应的物理网络,也就是说,企业首先要建立 Intranet,为 Internet 网站提供基础的网络构架。这个过程的实现,简单地说,就是利用 Internet 技术来建立和改造企业的内部网。实际实现过程中,还要考虑 IP 地址的规划、网络设备、网络操作系统、服务器、工作站等的选择和配置。

2) 建立 WWW 网站

Web 技术是 Internet 技术的核心,建立和配置 WWW 服务器自然是 Internet 网站建设中最重要的事情。除了需要对 Web 技术有比较深入的了解外,还需要对管理和安全等进行各种操作。

3) 制作主页

企业的 WWW 网站一般都建设有后台数据库,制作主页时,要利用相应技术,实现 Web 页面和后台数据库的交互。

4) 发布主页

制作好的主页要在 Internet 上发布。首先要将 Intranet 与 Internet 进行物理连接,将所建立的 WWW 网站连入 Internet,使之成为一个标准的 Internet 网站。之后就可以正式发布主页了。

5）网站提供的其他服务

除了最基本的 WWW 服务外，Internet 网站还可能提供其他各种服务，这主要取决于用户的需要，例如：对一个大型企业来说，电子邮件服务就是必不可少的，而对于一个提供共享文件下载的站点来说，通常需要站点支持 FTP 服务。Internet 网站要提供电子邮件服务，需要建立电子邮件服务器；要提供 FTP 文件传输服务，就需要建立 FTP 服务器。

6）网站的安全防护

作为直接连接到 Internet 的站点，为了保护站点的数据安全，进行各种安全防护是非常必要的，这也是 Internet 网站建设的一个重要内容。防火墙、代理服务器等是实现 Internet 网站安全有效的手段。

7.4.4 网站的设计与管理

Web 站点是向客户或潜在客户提供信息（包括产品和服务）的一种方式。其文档所包含的内容是由被称为超文本（Hyper Text）的文本、图形图像、声音，甚至电影等组成。使这些超文本能够有机地关联并可使浏览器识别，是通过 HTML 语言（Hyper Text Markup Language，超文本标记语言）实现的。同时 CGI（Common Gateway Interface，公共网关接口）能使 Web 具有交互功能。

企业的站点建立后，就在国内、甚至在国际上有了一席之地，有了每周 7 天、每天 24 小时的"虚拟门市部"。网站是未来企业开展电子商务的基础设施和信息平台，是"知识经济"的制高点。企业的网址犹如企业的商标和品牌一样，是反映企业形象和文化的巨大的无形资产。

但是，让人们从浩如烟海的站点中，访问浏览你的站点甚至为你宣传，就不那么简单了，因为鼠标和键盘是永远掌握在上网者手中的。设计者要设计出达到预期效果的站点和网页，就要深刻理解用户的需求并对人们上网时的心理进行认真的分析研究。

1）目标和定位要明确

首先要明确设计站点的目的和用户需求，在目标明确的基础上，完成网站的构思创意，即总体设计方案。对网站的整体风格和特色作出定位，规划网站的组织结构，作出切实可行的设计计划。然后，挑选与锤炼企业的关键信息，利用一个逻辑结构有序地组织起来，开发一个页面设计原型，选择用户代表来进行测试，并逐步精炼这个原型，形成创意。

有些网站的效果不如预想的好，主要原因是对客户的需求理解有偏差，缺少用户的检验造成的。设计者常常将企业的市场营销和商业目标放在首位，而对客户和潜在的客户的真正需求了解不多。所以，企业或机构应清楚地了解本网站的受众群体的基本情况，如受教育程度、收入水平、需要信息的范围及深度等，从而能够有的放矢。

2）主题要鲜明

Web 站点应针对所服务对象（机构或个人）不同而具有不同的形式。有些站点只提供简单文本信息；有些则采用多媒体表现手法，提供华丽的图像、闪烁的灯光、复杂的页面布置，甚至可以下载声音和录像片段。最好的 Web 站点要把图形图像表现手法与有效的组织与通信结合起来。要做到主题鲜明突出，力求简洁，要点明确，以简单明确的语言和画面告诉大家本站点的主题，吸引对本站点有需求的人的视线，对无关的人员也能留下一定的印象。对于一些行业标志和公司的标志应充分加以利用。调动一切手段充分表现网站的个性和情趣，突出个性，办出网站的特色。

Web 站点主页应具备的基本成分包括：页头：准确无误地标识站点和企业标志；E-mail 地址：用来接收用户垂询；联系信息：如普通邮件地址或电话；版权信息。

3）版式编排布局要合理

网页设计作为一种视觉语言，当然要讲究编排和布局，虽然主页的设计不等同于平面设计，但它们有许多相近之处，应充分加以利用和借鉴。

要努力做到整体布局合理化、有序化、整体化。优秀之作，善于以巧妙、合理的视觉方式使一些语言无法表达的思想得以阐述，做到丰富多样而又简洁明了。

页面的编排设计要求把页面之间的有机联系反映出来，这里主要的问题是页面之间和页面内的秩序与内容的关系。将零乱混杂的内容依整体布局的需要进行分组归纳，进行具有内在联系的组织排列，反复推敲文字、图形与空间的关系，使浏览者有一种流畅的视觉体验。

为了达到最佳的视觉表现效果，应讲究整体布局的合理性。特别是关系十分紧密的有上下文关系的页面，一定要设计有向前和向后的按钮，便于浏览者仔细研读。

4）色彩的运用要自然

色调及黑、白、灰的三色空间关系不论在设计还是在绘画方面都起着重要的作用。在页面上一定得明确色调，而其他有色或无色的内容均属黑、白、灰的三色空间关系，从而构成它们的空间层次。

色彩是艺术表现的要素之一，它是光刺激眼睛再传导到大脑中枢而产生的一种感觉。在网页设计中，根据和谐、均衡和重点突出的原则，将不同的色彩进行组合、搭配来构成美丽的页面。

5）形式和内容要统一

形式服务于内容，内容又为目的服务，形式与内容的统一是设计网页的基本原则之一。

画面的组织原则中，将丰富的意义和多样的形式组织在一个统一的结构里，形式语言必须符合页面的内容，体现内容的丰富含义。

运用对比与调和、对称与平衡、节奏与韵律以及留白等手段，如通过空间、文字、图形之间的相互关系建立整体的均衡状态，产生和谐的美感。如对称原则在页面设计中，它的均衡有时会使页面显得呆板，但如果加入一些动感的文字、图案，或采用夸张的手法来表现内容往往会达到比较好的效果。

6）三维空间设置要合理

网站上的三维空间是一个假想空间，这种空间关系需借助动静变化、图像的比例关系等空间因素表现出来。

随着 Web 的普及和计算机技术的迅猛发展，人们对 Web 语言的要求也日益增长。人们已不满足于 HTML 语言编制的二维 Web 页面，三维世界的诱惑开始吸引更多的人，虚拟现实要在 Web 网上展示其迷人的风采，于是 VRML 语言出现了。VRML 是一种面向对象的语言，它类似 Web 超级链接所使用的 HTML 语言，也是一种基于文本的语言，并可以运行在多种平台之上，只不过能够更多地为虚拟现实环境服务。VRML 只是一种语言，对于三维环境的艺术设计仍需要理论和实践指导。

7）多媒体功能的利用

利用多媒体功能，是吸引浏览者保持注意力的重要手段。例如，产品的介绍可以用三维动画来表现。

这里需要注意的是,由于网络带宽的限制,在使用多媒体的形式表现网页的内容时应考虑客户端的传输速度,或者说将多媒体的内容控制在用户可接收的下载时间内是十分必要的。

8) 网站测试必不可少

为什么精心设计的网站是经得起推敲的,就是因为它经过认真细致的测试。测试实际上就是模拟用户访问网站的过程,得以发现问题改进设计。

由于一般网站设计都是一些专业人员设计的,他们对计算机和网络有较深的理解,但要考虑到访问网站的大部分人只是使用计算机和网络,应切实满足他们的需要。许多成功的经验表明,让对计算机不是很熟悉的人来参加网站的测试工作效果非常好,这些人会提出许多专业人员没有顾及的问题或一些好的建议。

9) 及时更新认真回复

企业 Web 站点建立后,要不断更新内容,利用这个新媒体宣传本企业的企业文化、企业理念、企业新产品。站点信息的不断更新和新产品的不断推出,会让浏览者感到企业的实力和发展,同时也会使企业更加有信心。

在企业的 Web 站点上,要认真回复用户的电子邮件和传统的联系方式(如信件、电话垂询和传真),做到有问必答。最好将用户进行分类,如售前一般了解、销售、售后服务等,由相关部门处理,使网站访问者感受到企业的真实存在,产生信任感。

10) 合理运用新技术

Internet 是 IT 界发展最快的领域,其中新的网页制作技术几乎每天都会出现,如果不是介绍网络技术的专业站点,一定要合理地运用网页制作的新技术,切忌将网站变为一个制作网页的技术展台,永远记住,用户方便快捷地得到所需要的信息是最重要的。

11) 积极推广站点

网站已经建好,下面的工作是欢迎大家访问浏览。那么如何让人们知道你的网址呢?

(1) 利用传统的媒体(如印刷广告、公关、文档及促销宣传等),欢迎所有人参观是一种十分有效的方法。

(2) 对待公司的网址像对待其商标一样,印制在商品的包装和宣传品上。

(3) 与其他网站交换链接或购买其他网站的图标广告。

(4) 向 Internet 上的导航台提交本站点的网址和关键词,应向访问率较高的导航台注册;

(5) 通过在网站上设立有奖竞赛的方式,让浏览者填写如年龄、行业、需求、光顾本站点的频度等信息,从而得到访问者的统计资料,这些可是一笔财富,以供调整网站设计和内容更新时参考。

总之,在每天不断增长的 Web 站点中,如何独树一帜、鹤立鸡群是对网站设计者综合能力的考验和挑战。

7.5 移动商务技术

7.5.1 移动商务的概念

移动商务是在网络技术和移动通信技术的支持下,利用手持移动终端(如手机、PDA、无线信息终端等)进行的商务活动,是移动通信技术、互联网、物联网技术及其他信息处理技术和商务技术的高度融合。随着移动互联网的发展,移动商务在与电子商务一脉相承的基础上已经大大超越电子商务的应用领域,进入了需要独立创新发展的阶段。

例如,2011年2月,凡客诚品正式对外宣布推出手机凡客网和手机客户端产品,大举进军移动电子商务市场,进一步拓展和延伸用户,全面实现跨平台服务战略。根据凡客的统计数据,2011年4月以来,凡客诚品移动客户端的订单业务增速很快,每日订单数量在6 000单左右,每日交易额超过50万元,占凡客诚品日交易额的3%,其中Symbian版本的客户交易量最大,Android系统用户的消费额度低于苹果的iOS。凡客诚品移动客户端的成功无疑是移动互联网成功的典范,从互联网的迅速崛起到移动互联网的迅速抢滩,这是凡客把握时代特征的重要表现。

7.5.2 移动商务的特点

相对于传统电子商务,移动商务突出的特点主要有以下三点:

1) 位置相关性

在电子商务环境下,用户可以在有固定网络接入的地方访问各类信息资源。但是,在Internet服务环境下,用户的位置并不重要,也很难确认用户的真实身份,甚至某个访问来自于一个用户还是多个用户也无法区别。这种情况在移动商务环境下发生了变化。这一方面是因为移动通信技术可以方便地对使用者进行定位;另一方面是由于移动通信用户所用的终端通常属于个人所有,用户的个人配置能被内置在移动设备中,而每个终端都有一个唯一的标识(Identification),因此用户的身份不但容易分辨,而且容易收集和处理。

容易定位和用户标识两个功能的组合使得位置相关性成为移动商务应用中一个可以被充分利用的独特特性。通过利用用户的位置相关性特点,移动商务应用在与用户的交互过程中能达到很高的个性化程度,从而满足移动商务用户对服务和应用的差异化、个性化的要求。在移动商务应用中,基于位置的服务(LBS)可以算得上是杀手锏应用(Killer Application)。它通过精确地定位使用者的地理位置,从而实现一些电子商务无法实现的应用,提供一些电子商务无法提供的服务内容。其中,LBS个人应用的例子有:紧急医疗事故服务、汽车驾驶导航服务、旅游向导服务等。在企业应用中,公司可以根据用户的位置进行各种商务活动,比如对一定区域内的用户发送广告,对在途货物进行跟踪等。

2) 紧急性(Time Emergency)

紧急的事件通常也是重要的,移动设备对于紧急事件的处理具有独特的优势。由于紧急事件常常具有突发性,其发生的时间和地点都具有极大的不确定性。事件发生处可能没有固定的通信设备,如野外发生的医疗急救事件、汽车在路边抛锚、森林火警等。由于移动设备通常随身携带，因此能为这些事件的处理带来极大的方便。此外，某些信息服务也具备紧急性，客户一般需要马上得到所需要的信息，如查询股价或者天气情况等。可以说，越是在紧急的情况下，移动商务越能体现它的优势。

3）随时随地地访问（Ubiquitous Access）

不同于固定电话和电子邮件，移动通信方式下通信者可以在任何时间及任何地点进行通信，即所谓随时随地地通信。这种通信方式相比以往的通信方式有强大的优势。首先，通信者不局限于固定的地点，只要是在通信网络覆盖的范围内都可以实现通信，用户也可以边通信边移动，这与固定电话只能在固定地点等待有着很大的不同。其次，移动通信也不局限于固定的时间，通信者可以在任何时候与任何人进行通信，只要通信对象处于移动网络覆盖的范围内。相比之下，像电子邮件和语音留言等通信方式主要支持的是异步通信，这种通信方式不能满足实时性的要求。正是由于移动商务采用的是可以随时随地通信的技术，所以比较适合于时效性要求较高的场合。

7.5.3 移动商务和电子商务的区别

1）基础设施支撑技术不同

传统电子商务依赖于互联网。电子商务兴起之前，互联网已经是一个高度标准化、通信技术成熟，运营设备基本统一接口的全球化网络。其应用主要考虑的是商务模式。移动商务则是基于移动互联网络、移动通信及无线网络，涉及的基础设施技术繁杂而且标准不统一。有无线应用协议、移动 IP 技术、蓝牙技术、通用分组无线业务、移动定位系统、移动通信系统等。随着 4G（第四代移动通信）技术的出现，集 3G 与 WLAN 于一体并能够传输高质量视频图像以及图像传输质量与高清晰度电视不相上下的技术产品给移动商务的发展插上了翅膀。智能机在协同移动计算方面的发展需求，也将物联网、云计算等纳入到移动商务的基础技术范畴。因此移动商务的应用将同时兼顾技术实现与商业模式的结合。

2）商务模式不同

商务模式指特定领域或特定产品和服务的运营模式。传统电子商务的商务模式相对简单。按照业务对象的不同一般分为 B to C、C to C、B to B 等。移动商务牵动的价值链条上，包括了通信系统提供商、通信运营商、平台技术提供商、应用开发实施商、应用服务商以及最终用户等多个环节。由于技术和移动互联网的非标准性，各参与者地位也有所不同。其商务模式也有按照传统 B to C、C to C、B to B 的分类，但实现技术以及应用已不同于传统电子商务。因此还有其他更有特色的类别。

3）终端及潜在客户群不同

终端数量决定产业规模。传统电子商务的终端大部分是 PC 计算机。而移动电子商务是便携式手持移动终端，现阶段以手机为主。随着 3G 大规模商用和 4G 以及物联网技术的推进，大多数手机除配置"眼睛"、"耳朵"、"麦克"外，还有 PC 所不具备的"智能定位"、"智能感知"、"身份识别"等功能。截至 2011 年 8 月的数据显示，中国的 PC 计算机数量为 2～3 亿台；但手机在中国的保有量已超过了 8 亿。据 CNNIC 统计，截至 2011 年 6 月，我国网民规模达到 4.85 亿，其中手机网民占比超过 65%，达到 3.18 亿，再加上其他移动终端，移动商务的潜在客户远远大于传统电子商务。而且传统电子商务服务对象过于集中高端客户和城市客户。而移动商务只要是有手机的用户就可以开发为客户，所以可包含更多的农村用户和城市中低端用户。

7.5.4 移动商务的应用

1) 银行业务

移动电子商务使用户能随时随地在网上安全地进行个人财务管理，进一步完善互联网银行体系。用户可以使用其移动终端核查其账户、支付账单、进行转账以及接收付款通知等。

2) 股票交易

移动电子商务具有即时性，因此非常适用于股票等交易应用。移动设备可用于接收实时财务新闻和信息，也可确认订单并安全地在线管理股票交易。

3) 订票

通过互联网预订机票，车票或入场券已经发展成为一项主要业务，其规模还在继续扩大。互联网有助于方便核查票证的有无，并进行购票和确认。移动电子商务使用户能在票价优惠或航班取消时立即得到通知，也可支付票费或在旅行途中临时更改航班或车次。借助移动设备，用户可以浏览电影剪辑、阅读评论，然后订购邻近电影院的电影票。

4) 购物

借助移动电子商务，用户能够进行网上购物。即兴购物会是一大增长点，如订购鲜花、礼物、食品或快餐等。传统购物也可通过移动电子商务得到改进。例如，用户可以使用"无线电子钱包"等具有安全支付功能的移动设备，在商店里或自动售货机上进行购物。随着智能手机的普及，移动电子商务通过移动通信设备进行手机购物，让顾客体会到购物更随意、更方便。如今比较流行的手机购物软件如"掌店商城"等，实现了手机下单，手机支付，同时也支持货到付款，不用担心没有 PC 就会错过的限时抢购等促销活动，尽享购物便利。

5) 娱乐

移动电子商务将带来一系列娱乐服务。用户不仅可以从他们的移动设备上收听音乐，还可以订购、下载或支付特定的曲目，并且可以在网上与朋友们玩交互式游戏，还可以游戏付费，并进行快速、安全的博彩和游戏。

6) 无线医疗

医疗产业的显著特点是每一秒钟对病人都非常关键，在这一行业十分适合于移动电子商务的开展。在紧急情况下，救护车可以作为进行治疗的场所，而借助无线技术，救护车可以在移动的情况下同医疗中心和病人家属建立快速、动态、实时的数据交换，这对每一秒钟都很宝贵的紧急情况来说至关重要。在无线医疗的商业模式中，病人、医生、保险公司都可以获益，也会愿意为这项服务付费。这种服务是在时间紧迫的情形下，向专业医疗人员提供关键的医疗信息。由于医疗市场的空间非常巨大，并且提供这种服务的公司为社会创造了价值，同时，这项服务又非常容易扩展到全国乃至世界，因此在这整个流程中，存在着巨大的商机。

7) 移动 MASP

一些行业需要经常派遣工程师或工人到现场作业。在这些行业中，移动 MASP 将会有巨大的应用空间。MASP 结合定位服务技术、短信息服务、WAP 技术以及 Call Center 技术，为用户提供及时的服务，提高用户的工作效率。

7.5.5 移动商务的发展趋势

1）企业应用将成为热点

面向 B 用户（企业用户）的服务和应用是可以快速赚钱的业务，但一般来说成长性不会特别大，不会呈几何级数增长；而面向 C 用户（个人用户）的服务和应用则正好相反，虽然不能很快赚到钱，但只要业务对路，则很有可能做成一个大生意，甚至是伟大的生意。同理，移动电子商务的快速发展，必须是基于企业应用的成熟。企业应用的稳定性强、消费力大，这些特点个人用户无法与之比拟。而移动电子商务的业务范畴中，有许多业务类型可以让企业用户在收入和提高工作效率上得到很大帮助。企业应用的快速发展，将会成为推动移动电子商务的最主要力量之一。

2）获取信息成主要应用

在移动电子商务中，虽然主要目的是交易，但是实际上在业务使用过程当中，信息的获取对于带动交易的发生或是间接引起交易是有非常大的作用的，比如，用户可以利用手机，通过信息、邮件、标签读取等方式，获取股票行情、天气、旅行路线、电影、航班、音乐、游戏等等各种内容业务的信息，而在这些信息的引导下，有助于诱导客户进行电子商务的业务交易活动。因此，获取信息将成为各大移动电子商务服务商初期考虑的重点。

3）移动终端发展潜力巨大

据 Group SJR 和 Liz Claiborne Inc 的调查报告显示：47％的智能机和56％的平板电脑用户计划利用他们的移动终端购买更多物品，接近一半的智能手机和平板电脑用户觉得使用移动购物是方便的，如果企业能提供一些简便易用的移动应用或者移动网站则更加有用。1/3 的智能手机用户利用手机进行购物，而只有 10％的功能机（feature phone）用户利用他们的手机进行购物。移动电子商务中的信息获取、交易等问题都和终端密切相关。终端的发展机会在于，不仅要带动移动电子商务上的新风尚，还对价值链上的各方合作是否顺利，对业务开展有着至关重要的影响。随着终端技术的发展，终端的功能越来越多，而且考虑人性化设计的方面也越来越全面，比如显示屏比过去有了很大的进步，而一些网上交易涉及商品图片信息显示的，可以实现更加接近传统 PC 互联网上的界面显示。又如智能终端的逐渐普及或成为主流终端，如此一来，手机更升级成为小型 PC，虽然两者不会完全一致，也不会被替代，但是手机可以实现的功能越来越多，对于一些移动电子商务业务的进行，也更加便利而又不失随身携带的特点。

4）移动优惠券和条形码的使用将会更普遍

尽管虚拟电子钱包受欢迎，但更多的智能手机和平板电脑用户希望通过手机查看更多的产品信息（55％～57％），或者使用移动优惠券（53％～54％），几乎有一半的智能手机和平板电脑用户说他们计划会扫描商品条形码以获得更多的产品信息，这也显示条形码的使用将在未来几年渐成主流。

7.6 云计算技术

7.6.1 云计算的概念

云计算就是通过互联网将数据中心的计算、存储和网络等 IT 基础设施及其上的开发平台、软件和应用等资源以服务的形式提供给用户。其核心思想是将大量用网络连接的计算资源统一管理和调度,构成一个计算资源池向用户按需服务。解放军理工大学的刘鹏教授对云计算做了长短两种定义。长定义是:"云计算是一种商业计算模型。它将计算任务分布在大量计算机构成的资源池上,使各种应用系统能够根据需要获取计算力、存储空间和信息服务。"短定义是:"云计算是通过网络按需提供可动态伸缩的廉价计算服务。"

云计算是 2010 年十大技术趋势之一,是 IT 产业的第三次革命! 在未来 15～20 年,云计算将是影响整个 IT 行业的关键技术,它已被"国家十二五规划"列为战略性新兴支柱产业,云计算是多种传统的计算机技术和网络技术发展融合的产物。云计算的一个核心理念就是通过不断提高"云"的处理能力,进而减少用户终端的处理负担,最终使用户终端简化成一个单纯的输入输出设备,并能按需享受"云"的强大计算处理能力。

7.6.2 云计算的基本原理和技术基础

云计算的基本原理是通过使计算分布在大量的分布式计算机上,而非本地计算机或远程服务器中,企业数据中心的运行将更与互联网相似,这使得企业能够将资源切换到需要的应用上,根据需求访问计算机和存储系统。

在未来,只需要一台笔记本或者一部手机,就可以通过网络服务来实现我们需要的一切,甚至包括超级计算这样的任务。云计算的应用包含这样的一种思想,把力量联合起来,给其中的每一个成员使用。

云计算是网格计算、分布式计算、并行计算、效用计算、网络存储、虚拟化、负载均衡等传统计算机技术和网络技术发展融合的产物。它旨在通过网络把多个成本相对较低的计算实体整合成一个具有强大计算能力的完美系统。云计算的技术基础是虚拟化技术。虚拟化是将底层物理设备与上层操作系统、软件分离的一种去耦合技术。它采用普通服务器集群,分布在各个不同地方,因此是一种松耦合环境下的处理,就是在松耦合环境下做海量处理的处理方式,变成一种环境,这是云计算的一个本质。虚拟化的目标是实现 IT 资源利用效率和灵活性的最大化。在云计算出来之前,服务器集群的利用率是非常低的,其原因就在于各个机器都采用单一的集群,各服务器的峰值是不一样的,因此会带来整个系统利用率非常不均衡,平均利用率非常低。采用虚拟化技术以后,就可以把这些资源整合在一台机器上,或者相邻的一些机器上,来提高它的利用效率和灵活性,这就是虚拟化的基础。

7.6.3 云计算的特点

云计算是并行计算、分布式计算和网格计算的发展,或者说是这些计算机科学概念的商业实现。用户可以像水电一样使用 IT 基础设施,它意味着计算能力也可以作为一种商品进行流通,就像煤气、水、电一样,取用方便,费用低廉。最大的不同在于,它是通过互联网进行传输的。云计算是虚拟化、公用计算、IaaS(基础设施即服务)、PaaS(平台即服务)、SaaS(软件即服务)等概念混合演进并跃升的结果。其特点如下:

(1) 规模巨大和透明,对用户而言是个取之不尽的资源池。

(2) 可计量,按需计费使用,如煤气、水、电和电信服务一样。

(3) 无处不在的计算,各种终端设备均可方便接入云,获得云服务。

(4) 持续、高效和专业的服务,简化和优化 IT。

(5) 降低投资和 IT 开销。

7.6.4 云计算的主要服务形式和典型应用

云计算的表现形式多种多样,比如:腾讯 QQ 空间提供的在线制作 Flash 图片,360 安全卫士云安全和云计划,亚马逊租用机器的服务,Google 的搜索服务,Google Doc,Google Apps,微软的 Azure 等。目前,云计算的主要服务形式有:SaaS(Software as a Service),PaaS(Platform as a Service),IaaS(Infrastructure as a Service)。

1) 软件即服务(SaaS)

SaaS 服务提供商将应用软件统一部署在自己的服务器上,用户根据需求通过互联网向厂商订购应用软件服务,服务提供商根据客户所订软件的数量、时间的长短等因素收费,并且通过浏览器向客户提供软件的模式。例如,SaaS 模式的云计算 ERP 可以让客户根据并发用户数量、所用功能多少、数据存储容量、使用时间长短等因素不同组合按需支付服务费用,不用支付软件许可费用,也不需要支付采购服务器等硬件设备费用,也不需要支付购买操作系统、数据库等平台软件费用,也不用承担软件项目定制、开发、实施费用,也不需要承担 IT 维护部门开支费用。目前,Salesforce.com 是提供这类服务最有名的公司,Google Doc,Google Apps 和 Zoho Office 也属于这类服务。

Google Doc 是最早推出的云计算应用,是软件即服务思想的典型应用。它可以处理和搜索文档、表格、幻灯片,并可以通过网络和他人分享并设置共享权限。Google 文件是基于网络的文字处理和电子表格程序,可提高协作效率,多用户可同时在线更改文件,并可以实时看到其他成员所做的编辑。用户只需一台接入互联网的计算机和可以使用 Google 文件的标准浏览器即可在线创建和管理、实时协作、权限管理、共享、搜索能力、修订历史记录功能,以及随时随地访问的特性,大大提高了文件操作的共享和协同能力。

2) 平台即服务(PaaS)

PaaS 把开发环境作为一种服务来提供。这是一种分布式平台服务,厂商提供开发环境、服务器平台、硬件资源等服务给客户,用户在其平台基础上定制开发自己的应用程序并通过其服务器和互联网传递给其他客户。例如 Google App Engine,Salesforce 的 force.com 平台,八百客的 800APP 是 PaaS 的代表产品。以 Google App Engine 为例,它是一个由 python 应用服务器群、BigTable 数据库及 GFS 组成的平台,为开发者提供一体化主机服务器及可自动升级的在线应用服务。用户编写应用程序并在 Google 的基础架构上运行就可以为互联网用户提供服务,Google 提供应用运行及维护所需要的平台资源。并且 Google App Engine 应用程序易于构建和维护,并可根据用户的访问量和数据存储需要的增长轻松扩展。

3）基础设施即服务(IaaS)

IaaS 即把厂商的由多台服务器组成的"云端"基础设施,作为计量服务提供给客户。它将内存、I/O 设备、存储和计算能力整合成一个虚拟的资源池为整个业界提供所需要的存储资源和虚拟化服务器等服务。这是一种托管型硬件方式,用户付费使用厂商的硬件设施。例如 Amazon Web 服务(AWS),IBM 的 BlueCloud 等均是将基础设施作为服务出租。

7.6.5 云计算的发展趋势

未来发展最快的两个领域将是虚拟化和云计算,主要发展前景有以下几个方面:

(1) 公共云、私有云之间的界限将不再像以前那样明显。越来越多的企业将采取这两种云技术相结合的方式,二者结合也将更紧密。就像 Internet 已成为任何组织和机构的内部和外部的日常交流手段一样,特定的相关信息资源也逐渐成为这两种云技术相互融合的产物。越来越多的厂商将交付新的基础架构、管理工具和安全工具,使用户以云视角去看待IT 的发展。

(2) SaaS 将得到更加广泛的应用。企业有效控制对用户的访问需要采取更好的解决方案,虽然如今这些产品能够为其企业发展提供不少帮助。SaaS 类的应用业务将从工具式的使用方式,转变为提供从免费操作系统等基础软件到在线企业软件的全面应用,为企业提供更多的综合性应用以及提供强大的支持能力,发挥更大的价值。

(3)更多的企业用户将采用新的虚拟化与云计算设备。企业用户需获得更多的技术支持,这依然需要负责管理企业资源的访问,妥善处理个人数据等。

7.7 物联网技术

7.7.1 物联网的概念

物联网(The Internet of things)是一种通过射频识别(RFID)、红外感应器、全球定位系统、激光扫描器等信息传感设备,按约定的协议,把任何物品与互联网连接起来,进行信息交换和通信,以实现智能化识别、定位、跟踪、监控和管理的一种网络。

物联网的概念是在 1999 年提出的。物联网就是"物物相连的互联网"。这有两层意思:第一,物联网的核心和基础仍然是互联网,是在互联网基础上延伸和扩展的网络;第二,其用户端延伸和扩展到了任何物品与物品之间,进行信息交换和通信。根据 ITU 的描述,在物联网时代,通过在各种各样的日常用品上嵌入一种短距离的移动收发器,人类在信息与通信世界里将获得一个新的沟通维度,从任何时间任何地点的人与人之间的沟通连接扩展到人与物和物与物之间的沟通连接。这里的"物"要满足以下条件才能够被纳入"物联网"的范围:① 相应信息的接收器;② 数据传输通路;③ 一定的存储功能;④ CPU;⑤ 操作系统;⑥ 专门的应用程序;⑦ 数据发送器;⑧ 遵循物联网的通信协议;⑨ 在世界网络中有可被识别的唯一编号。

7.7.2　物联网技术对电子商务的影响

1) 商品追溯成为可能

电子商务网站的商品由企业集中采购或生产,一般能够保证商品质量。但随着电子商务的规模变大,商品种类繁多,一些著名购物网站也屡屡出现商品质量纠纷问题。电子商务网站的诚信问题,成为了中国消费者网络购物行为普遍低于美国消费者的主要原因之一。利用物联网技术可建立商品追踪系统,为每一个商品贴上标签,使得每一个物联网上的"物"成为会说话的对象。

EPC 产品电子代码存储了生产者信息和产品自身的属性信息。此外,产品的附加信息也被随时存储到 EPC 中,例如物流商信息、物品在途状态信息等。这些数据对于在供给链中追踪商品历史具有关键的作用,通常被集中存储在云端,被授权用户所共享。消费者只需在网上查找商品的 EPC 信息,就可以获得其所有信息,例如,制造商、生产时间、原材料信息、配送公司信息等。一方面,可以保证商品的真实性,杜绝假货;另一方面,一旦商品出现质量问题,可以方便获取供应链中哪一环节出现问题,增加用户对消费的信心和积极性。

2) 提高库存管理水平

在电子商务模式下,企业需要提前配置商品库存,库存管理的任务就是要最大限度地提高系统的服务水平,降低库存总成本。未来电子商务公司竞争的核心将集中在库存管理能力和货架效率水平上。利用物联网技术对库存商品信息进行实时感知与传输,形成自动化库存,可以大大降低管理成本,增加营销效率。

3) 提高物流配送质量

物流配送一直是制约电子商务发展的瓶颈问题,集中体现在物流响应速度慢和货物在途信息不透明等方面,严重影响了买卖双方的体验。通过物联网、地理信息系统(GIS)和GPS 技术的结合,快速响应物流、实时监控货物状态及在途信息,实现了智能物流。当网上订单到达后台系统,立即生成相关商品库存位置的拣货清单。通过仓库传感技术自动获取商品库存位置,做到快速响应;采用传感器技术可以监控商品的状态,及时获取商品破损信息;GIS 技术和 GPS 技术能够将运输车辆的位置信息及时传递至电子商务系统,用户和商家均可实时查看商品运输状态,包括商品位置、在途状态等信息。

4) 推动移动支付的发展

从 PC 电脑网购到移动终端购物,用户开始了一种全新的购物体验。未来移动支付市场前景无可限量,物联网技术能够有效保证电子支付的安全性与便捷性。

电子商务企业为方便用户再次登录和简化操作流程,会将消费者账号信息自动存储于互联网后台,一旦遭到攻击,用户信息将被泄露。物联网环境下,将用户信息存储于云端,并采用动态密码的方式,保证支付的安全性。另外,在移动终端安装 RFID 非接触式无线射频读写器,用户不需要网银支付,只要将银行卡靠近读写器拍一下,即可完成支付,支付过程简单快捷。

7.7.3　物联网应用案例

物联网的应用其实不仅仅是一个概念而已,它已经在很多领域有运用,只是并没有形成大规模运用。下面介绍我国近几年的物联网运用案例。

1) 上海浦东国际机场防入侵系统

系统铺设了3万多个传感器节点,覆盖了地面、栅栏和低空探测,可以防止人员的翻越、偷渡、恐怖袭击等攻击性入侵。上海世博会也从无锡传感网中心购买了防入侵微纳传感网1 500万元产品。

2) ZigBee路灯控制系统

ZigBee无线路灯照明节能环保技术的应用是济南园博园中的一大亮点。园区所有的功能性照明都采用了ZigBee无线技术达成的无线路灯控制。

3) 智能交通系统(ITS)

这是以现代信息技术为核心,利用先进的通信、计算机、自动控制、传感器技术,实现对交通的实时控制与指挥管理。交通信息采集被认为是ITS的关键子系统,是发展ITS的基础,成为交通智能化的前提。无论是交通控制还是交通违章管理系统,都涉及交通动态信息的采集,交通动态信息采集也就成为交通智能化的首要任务。

4) 上海移动解决方案

上海移动打造了集数据采集、传输、处理和业务管理于一体的整套无线综合应用解决方案。

上海移动已将超过10万个芯片装载在出租车、公交车上,形式多样的物联网应用在各行各业大显神通,确保城市的有序运作。在上海世博会期间,"车务通"全面运用于上海公共交通系统,以最先进的技术保障世博园区周边大流量交通的顺畅;面向物流企业运输管理的"e物流",将为用户提供实时准确的货况信息、车辆跟踪定位、运输路径选择、物流网络设计与优化等服务,大大提升物流企业综合竞争能力。

5) 物联网在我国的高铁方面的应用

高铁物联网作为物联网产业中投资规模最大、市场前景最好的产业之一,正在改变人类的生产和生活方式。以往购票、检票的单调方式,将在这里升级为人性化、多样化的新体验。刷卡购票、手机购票、电话购票等新技术的集成使用,让旅客可以摆脱拥挤的车站购票;与地铁类似的检票方式,则可实现持有不同票据旅客的快速通行。据悉,城际铁路、城市轨道交通等建设近年来进入规模最大、发展速度最快的时期,围绕基础设施建设和物联集成系统开发,正在形成万亿元级的庞大市场。

7.7.4 物联网的发展趋势

未来10年物联网的发展趋势,主要体现在以下几点:

1) 物联网标准的统一

在目前物联网的概念下,全球已有多个国家和组织制定了对应的标准,主要有:目前国际上应用最广泛的标准之一—EPC标准;国际标准化组织制定的ISO标准;日本主推的UID标准;国际物品编码协会EPCglobal管理委员会推进的EPCglobal标准等。我国目前也正在结合欧、日、美的技术标准情况加紧制定物联网的相关标准。没有规矩,不成方圆。随着物联网发展的深入,可以预见,未来10年物联网的标准在国家和国家、行业和行业、企业和企业的激烈竞争后将逐步统一,形成几个供全球范围内国家和企业遵循的国际标准。也就是说,谁在制定标准方面走在了全球的前列,谁就掌握了未来物联网产业的话语权。

2）在物联网传感、传输、应用三个产业链上将会出现大的整合，形成寡头垄断

物联网的概念虽然是新的，但物联网并不是凭空落下的产业，目前在传输领域一些互联网企业、电信巨头都开始涉足物联网领域。鉴于物联网庞大的市场前景，相信会有更多的各个产业链上的大企业会强势整合整个产业链，未来10年物联网出现寡头垄断的可能性非常大。垄断的出现将会对我国的政治、经济、社会稳定造成重大的影响，在这一方面我们要有清醒的认识，在制度和法律层面尽早行动。

3）物联网的应用将由局部应用向整个社会层面普及

目前物联网应用领域，主要集中在对人的识别（如身份识别），对物的识别（如动物溯源、资产管理），对车的识别（如城市路桥不停车收费系统）等。随着物联网发展的深入，物联网将渗透到社会生产、生活的各个层面，真正形成一个"物物相连的世界"。对于这一重大的科技革命造成的人类行为方式，生产、生活方式的改变，我们要有足够的警惕，预判其可能对政治、经济、文化、社会稳定、军事等各个方面造成的影响。

7.8　其他技术

7.8.1　供应链管理（SCM）

所谓供应链管理（Supply Chain Management，SCM）是指对供应链中发生的物流、信息流、资金流以及贸易伙伴关系等要素，进行统一组织、规划、协调和控制的一种现代企业管理战略。它涉及各种企业及企业管理的方方面面，是一种跨行业的管理，是企业之间作为贸易伙伴，为追求共同经济利益的最大化而共同努力的结果。为理解其含义，首先要搞清楚什么是供应链。

所谓供应链（Supply Chain），是指产品在生产和流通中涉及的原材料供应商、生产商、批发商、零售商及以最终消费者组成的供需网络。它以一条简单"链"或相互交叉"链"的形式将制造商、零售商、客户和供应商连接在一起，形成一条不可分割的、能共享技术和资源的业务流程。

供应链是社会化大生产的产物，是重要的流通组织形式和市场营销方式，它以市场组织化程度高、规模化经营的优势，有机地联结生产和消费，对生产和流通有着直接的导向作用。

供应链可以分为内部供应链和外部供应链。内部供应链是指企业内部产品生产和流通过程中涉及的采购部门、生产部门、仓储部门、销售部门等组成的供需网络。外部供应链则是指企业外部的，与企业相关的产品生产和流通过程中涉及的原材料供应商、生产厂商、储运商、零售商以及最终消费者组成的供需网络。内部供应链和外部供应链共同组成了企业产品从原材料到成品到消费者的供应链。

在供应链管理中，供应链的第一环节是制造商，制造商从原料供应商那里得到生产资料后加工成产品。然后，其产品由供应链的第二环也是最关键的一环——独家物流配送中心负责某一固定范围的销售。在独家代理商后又分流到供应链的第三环——各区域的分销商，由其负责各大区域的销售工作。在各区域的分销商下游又分布着供应链的第四环——众多的零售商，由它们销售给最终用户。这是供应链的最简单的基本构架。

供应链管理的实现把供应商、生产厂家、分销商、零售商等在一条链路上的所有环节都

联系起来进行优化,使生产资料以最快的速度,通过生产、分销环节变成增值的产品,达到有消费需求的消费者手中。这不仅降低了成本,减少了社会库存,而且使社会资源得到优化配置,更重要的是通过信息网络、组织网络实现了生产及销售的有效连接和物流、信息流、资金流的合理流动。

7.8.2　条码技术

1) 基本概念

条码(Bar Code)是由粗细不同的条和空相间组合而成的,可以由扫描器光学识别装置读取并输入计算机的数据代码。

条码技术是在计算机的应用实践中产生和发展起来的一种自动识别技术。它是为实现对信息的自动扫描而设计的,是实现快速、准确而可靠地采集数据的有效手段。条码技术的应用解决了数据录入和数据采集的"瓶颈"问题,为供应链管理提供了有力的技术支持。

条码技术提供了一种对物流中的物品进行标识和描述的方法,借助自动识别技术、POS系统、EDI等现代技术手段,企业可以随时了解有关产品在供应链上的位置,并即时作出反应。当今在欧美等发达国家兴起的 ECR(Efficient Consumer Response,有效客户反应)、QR(Quick Response,快速反应)、自动连续补货(ACEP)等供应链管理策略,都离不开条码技术的应用。条码是实现 POS 系统、EDI、电子商务、供应链管理的技术基础,是物流管理现代化,提高企业管理水平和竞争能力的重要技术手段。

2) 物流条码和商品条码的区别

物流是生产和消费之间联系的纽带,为了实现以最少的投入获得最大的经济效益,就要使物流过程快速、合理、消耗低,将物流、商流、信息流综合地考虑,发挥物流系统的功能效用。

物流条码是指专门应用于物流领域的条码。物流条码可以使人们更好地实现这一目标。在商品从生产厂家到运输、交换,整个物流过程中都可以通过物流条码来实现数据共享,使信息的传递更加方便、快捷、准确,提高整个物流系统的经济效益。物流条码刚刚起步。

当今,通用商品条码已经普及,发达国家的制造商几乎将其100%的商品印上了商品条码。制造商在商品出厂时印刷的条码称为源编码(Source Marking),对于无源码的商品像鱼肉类的加工商品,则由商店编码,这种编码称为店内编码(In Store Marking)。现代化的商店通过这两种编码就可使商店内的所有商品都有编码,这是商店导入 POS 系统的必要条件。

物流条码与通用商品条码相比有许多不同之处,可以从以下几个方面加以比较。

(1) 标识目标不同　通用商品条码是最终消费单元的唯一标识,它常常是单个商品的条码。物流条码是货运单元的唯一标识,是多个商品或多种商品的集合。

(2) 应用领域不同　通用商品条码用于零售业现代化的管理,通过 POS 系统可以实现商品的自动识别、自动寻址、自动结账,使零售业管理高度自动化和信息化。物流条码则用于物流现代化的管理,贯穿于整个物流过程之中。产品从生产厂家生产出来,要经过包装、运输、仓储、分拣、配送等众多环节,才能达到零售商店,物流条码应用于众多的环节之中,实现了对物品的跟踪和数据的共享。

（3）采用码制不同　通用商品条码采用的是 EAN/UPC 码制，条码的长度固定，信息容量少；物流条码主要采用 UCC/EAN-128 条码（UCC：Uniform Code Council Inc.，"美国统一编码委员会"的缩写），条码的长度可变，信息容量多，且条码精度要求低，易于制作，容易推广。

（4）标准维护不同　通用商品条码已经实现了国际化和标准化，不需要经常增减更新，标准维护的要求比较低；物流条码是可变性条码，贸易伙伴根据贸易的具体需要而增减信息，而且随着国际贸易的发展，物流条码的内容需要不断地补充、丰富。因此，对物流条码的标准维护应该更加重视。

3）条码的应用

条码技术广泛应用于零售业、生产企业、金融保险、图书管理、仓库自动化管理以及一切可以应用自动识别技术对产品进行管理和统计的领域。可以说，条码技术的应用已成为信息处理技术中的一个热点。

（1）货物运输过程中条码的应用　在货物装卸和中转交接过程中，可以利用条码识读设备扫描货物包装上的一维条码，核对是否按票装卸车，将扫描货物条码的数据与货物中转数据中的信息进行比较，检查出入库登记和所装卸货物的正确性，并更新相应货物数据库中的货物运输状态信息。在装卸车时利用条码复核出入库待装卸的货物，可以简化人工作业时的繁琐和重复录入数据的过程，简化装卸交接凭证填写；利用条码，在货物票据交接正确并转运发送后，可更新货物信息系统中货物的运输状态信息，提高货物运输生产过程的效率，加快货物中转、交接速度；在货物保管时的入库、出库过程中，可以利用货物上的条码信息简化办理货物保管时的手续和过程。货物向货主交付时，可以利用条码识读设备扫描货票和取货人持有的取货凭证中的二维条码，如核对发货人与取货人的密约、取货人的身份，完成货物的交付，并更新到达交付货物数据库的信息，减少错领冒领的可能性，甚至可以取消取货凭证，通过取货密约，简化取货程序，加快货物交付速度，改善货物运输的服务形象。

（2）商场条码的应用　商场主要使用通用商品条码，用来完成商品的补货、到货、销售、盘点等处理，对原包装没有通用商品条码的商品需标贴自制的内部条码。

用手持终端将在架的所有商品的条码和数量读入，然后传送到计算机系统中，与计算机中的在架商品进行比较就可以进行盘点处理，并由计算机作出损益报告。

商场的商品销售是通过连接在收款机上的条码识读设备来实现的，将销售商品的条码通过扫描器读入收款机中，收款机系统将自动检索该商品的名称和售价，准确地计算出该笔交易额，并显示出应收钱、实收钱、找钱等信息，减少了收款员对交易金额的计算时间，提高了收款速度，减少了顾客排队的时间，极大地方便了顾客，提高了收款的准确性，给顾客以的信任感。

收款机作为销售工具，记录了关于商品销售的各种信息，收款员、售货员的销售业绩及顾客的数据，直接为后台提供准确无误的信息，并能打出日、月总报表，将这些报表提供给领导，为职工计发工资、奖金提供了客观依据；根据顾客购物信息，进行分析，为商品的促销提供客观依据；根据收款机记录的商品销售信息，统计各品种商品的日销售数额，为后台提供快速准确的记账依据，使商品流通控制更科学合理，这样，决策者可以合理分配和使用，实现企业人、财、物、购、销、存的一体化管理，提高了企业服务及管理的质量。

7.8.3　POS 系统

销售点处的电子转账系统（Electronic fund Transaction/Point of Sales,EFT/POS,简称 POS 系统）包含有两方面意思：一方面，可把 POS 系统理解为带软件的一套物理设备和通信系统；另一方面，可把 POS 系统理解为在商业网点利用 POS 设备进行的一种交易活动，包括商品交易和相关的金融支付服务。

商店的 POS 系统主要由下列部分组成：POS 终端、商店计算机网络、公共通信网、交换中心、各银行主机系统和其他银行卡授权系统。

安装于商店里的 POS 终端，既是银行 POS 系统的终端，又是商店计算机管理系统的一个终端。因此，POS 终端不仅要同银行系统联机，还必须同商店的主机系统联机。一套POS 终端，可由下列设备组合而成：处理器、票据打印机、键盘、银行卡读入器、顾客显示屏、电动钱箱、条码扫描器及其他有关的硬件和应用软件。几乎所有的 POS 终端产品，都允许用户以不同的方式组合和修改其系统。

根据交换中心在系统中的位置，可把共享的 POS 系统的网络结构分成前方交换型、后方交换型和复合型三种。对于前方交换型通信网，交换中心位于 POS 终端与银行主机系统之间，所有的 POS 交易都需经过交换中心转送到相关的银行主机系统去处理。对于后方交换型通信网，交换中心位于银行主机系统之后，银行主机系统从各 POS 终端发出来的交易信息中，选出自己客户的交易信息进行处理，而将其余交易信息送交换中心，再由交换中心转送到相关的银行主机系统去处理。POS 系统中的各个实体，通过交换中心的主机系统连接成一个共享的大型网络。

为使持卡人在销售点消费后，能够实现电子资金转账，银行要事先同特约商户（如商店、超级市场、旅馆、饭店、加油站、机场等消费处所）签约，并在特约商户安装 POS 终端机。顾客购物时，持银行卡（信用卡、借记卡或复合卡）在 POS 终端刷卡后，银行卡中的信息、PIN和交易数据等从该终端输入，通过公共通信网传送到交换中心或相关的银行主机系统去处理，经其核实授权后，就可成交了。POS 终端为顾客打印账单收据，同时，相关的银行主机系统更新顾客和商店的账目，并进行清算。于是，既完成了商品交易，也完成了电子转账工作。上述过程，仅在 5 秒内就可全部完成。电子转账工作可在商品成交后立即进行，也可经过一个协议期（如 1～2）后进行。

7.8.4　电子商务系统的其他组件

构建电子商务系统，除了需要上述介绍的常用技术之外，还需要很多其他组件。
① 计算机辅助管理系统（Computer Aid Management System,CAMS）。
② 计算机辅助设计系统（Computer Aid Design System,CADS）。
③ 计算机集成制造系统（Computer Integrated Manufacturing System,CIMS）。
④ 计算机辅助生产工艺（Computer Aid Production Process,CAPP）。
⑤ 财务信息系统（Accounting Information System,AIS）。
⑥ 物料需求计划（Material Requirement Planning,MRP）。
⑦ 制造资源计划（Manufacture Resources Planning,MRP Ⅱ）。

⑧ 商业信息系统（Business Information System, BIS）。

⑨ 电子订货系统（Electronic Ordering System, EOS）。

⑩ 增值网络（Value Added Network, VAN）。

这些电子商务系统组件本身也是系统或系统的集成。它们可以单独在电子商务项目中派上用场，也可以根据需要以一定的方式组合登场。

思考题

1. EDI有什么作用？为何会受到企业欢迎？
2. ERP是怎样发展起来的？采用ERP的效益如何？
3. CRM有什么作用？
4. 网站有哪几种设立方式？
5. 企业建立网站有什么好处？
6. 你能画出建立电子商务网站的工作流程图吗？
7. 条码技术与供应链管理有关系吗？
8. 物流条码与通用商品条码有什么不同？

8 零售业电子商务项目运作

8.1 传统零售业的特点和面临的挑战

传统零售业的主要作用是中介,它存在的主要价值是降低买卖双方的"发现"成本,即通过提供场所把众多厂家的产品与众多的消费者汇集到一起,降低他们彼此寻找对方的成本。由于这个原因,传统商家的竞争力资源主要是其所处地理位置的优劣与其营业面积的大小,或连锁店数量的多寡,而这些都要花费大量的资金。

互联网技术的出现和广泛应用,使传统零售业的存在价值受到挑战,这种挑战来自于两个方面:

(1) 互联网技术的发展,使一种新的零售业形态——无店面销售(即网上商场)应运而生。这种网上商场的优势是:

① 因不需要店面,场地资源的约束没有了,所以销售商品的种类可以很多。以亚马孙书店为例,它销售的书籍、玩具、音碟等超过 700 万种。

② 由于不需要看护、整理柜台和人工介绍商品,网上商场所需的营业员大大减少,人工费用大大减低,类似于自选市场,主要由顾客自我服务。

③ 由于可以通过电子手段自动结算与支付,这种网上商场比自选市场还进一步,连财务人员也可以大大减少。

④ 库存在大多数情况下几乎没有必要,因而资金积压、库存费用和库存损失也可以减少到很低的程度;

⑤ 顾客的来源可以不限于本地,凡是电信网络所及之处的顾客,都可以上网参观和选购,因此市场的发展空间可以无限扩大。

由于这些因素,网上商场的经营成本较低,能以比传统商家低得多的价格为消费者提供商品,从而给传统零售业带来严峻的冲击。

(2) 互联网为厂家与消费者提供了一种低成本的直接沟通手段,双方不仅能方便地"发现"对方,而且可以及时地进行交流。利用互联网,厂家可以更好地满足消费者的需求,比如提供个性化服务,为消费者"度身定做"。消费者也可以直接向厂家去搜索产品或索取服务。这样,传统的商家将被撇在一边,成了买方和卖方都不再需要的第三者。

上述两个方面挑战,以后者更为严峻。这两种挑战,都被称为网络经济的冲击。

著名的当代经济学家钟朋荣先生指出:网络经济的一个主要特征是直接经济,是减少甚至消灭第三者的经济。在网络经济进入成熟期以后,现存的大量第三者,或者萎缩,或者趋于消失。而传统的零售业就是中间商,是第三者。

传统的零售业活动由"四流"构成:信息流、商流(谈生意、签合同等)、货币流、物流。中间商利润的高低,主要来自于信息的流量和分布状况。例如在 20 世纪 80 年代初期,我国不少长途贩运者之所以能够赚大钱，就是因为信息闭塞，消费者缺乏商品资源和商品价格的信息流。结果，一件商品在福建卖 10 元，运到山西就可以卖 100 元；广东虎门的一件衬衣只需 7 元，在南京市场上可以卖 60 元。

但零售业上的这种暴利机会，随着网络技术的普遍应用，随着厂家与消费者之间信息沟通的日益迅捷，已经越来越少了。例如在 80 年代，一些电脑公司通过组装或者倒卖电脑，一台能够赚几千元，到现在，一台电脑只能赚百余元甚至几十元。如果说以前赚的是信息费，那么现在赚的只是搬运费了。现在的电脑公司，几乎都成了搬运公司。

上述电脑公司利润性质的这种演变，意味深长，令人深思。随着网络技术和信息产业的发展，在零售业活动的"四流"中，信息流、商流和货币流基本都可以在网上解决，不需要第三者插手其间；物流则分两种：一部分商品，如软件、音乐等可以数字化的产品可以在网上传输，这些商品的所有零售业活动都可以在网上完成；另一部分商品，如粮食、汽车、家具等，其物流只能在网下进行。这部分物流活动有的是由买方或卖方自己直接完成，有的是通过专门的搬运机构（即配送中心）来完成。

8.2 传统零售业企业的出路

面临网络经济的冲击，传统零售业企业是否就是死路一条呢？这取决于企业自己的选择。一般来说，在相当长的一个时期里，传统零售业企业不仅仍有生存空间，而且借助互联网，适时开展电子商务，还可以实现更大的发展。

8.2.1 锁定目标，开展电子商务

首先，虽然厂家与消费者在网上可以方便地"发现"对方，但我们很难设想消费者购买每一件商品都会到上千万网站中去寻求生产厂商，向厂商直接购买，何况还有很多厂家并未上网，有的厂商根本不想直接与消费者打交道。比如，消费者要购买几个苹果，在家门口的便利店购买就可能比上网购买方便得多；就是上网购买，到网上商场购买可能也比直接到某果园网站上去购买方便得多。正如钟朋荣先生在《商界》杂志上撰文分析的那样，现实社会的中间商不可能因网上商场的发展而完全消失，有些抗网性强的商品，如日用副食品，其新鲜程度、老化程度、质量差异等很难在网上看出来，其传统零售业的店面模式永远不会被网上商场所取代。

其次，对相当一部分人而言，逛商场购物是一种享受，一种休闲方式，逛商场已成了生活习惯的一部分，这种习惯可能不会发生改变，即使要改变，也需要很长很长的时间。正如在家看 VCD 不能完全取代到电影院看电影一样，网上购物虽然方便，但却会使人们失去很多逛商场特有的乐趣。

第三，互联网虽然能拉近厂家与消费者之间信息交流的距离，但它并不能缩短产品与消费者的物理距离。而实物商品的配送是需要时间与成本的。传统零售业的支付与取货一般是同时发生的，多数由消费者自行解决商品的配送，大件商品商场送货或商场委托第三方送货，其成本也不要消费者另外负担；对于网上销售，配送必须单独收费，在一个高效的社会化配送体系建立起来之前，网上销售不仅销售的产品受限制，而且能送达的地域也受限制。例如，你现在处于中国南京，你想在网上买美国某超市零售的家电工业产品，几乎是不可能办

到的,仅配送费用可能比中国同类商品的零售价还高。

第四,传统零售业企业一旦建立自己的网上商场,就可能把纯粹的网上商场所夺去的客户再夺回来。与纯粹网上商场相比,传统商家在货源渠道、配送渠道、已有零售业信誉等方面的优势是无可比拟的。而且,经验已经证明:传统商家上网吸引一个客户所需的成本要比一个纯粹网上企业的成本低得多。例如在美国,当传统零售巨人沃尔玛(Wal-Mart)决定开始自己的网上销售时,网上商店的龙头老大亚马逊(Amazon)立即就感受到了竞争的压力,不得不大兴土木,建立配送中心。

上述分析表明,在网络经济的冲击下,尽管传统零售业的存在价值受到影响,但传统零售业企业仍然可以利用自己多年的零售业积累(主要是形象、客户关系、物流服务等)在未来的竞争中取得优势,而要取得优势的最直接的手段就是因势利导、借力发力,就是也拿起网络这个武器,开展电子商务。

8.2.2 传统零售业企业运作电子商务项目的要点

传统零售业企业开展电子商务应注意以下6个要点:

1) 要从思想上高度重视

开展电子商务对传统零售业企业来说,不是可有可无的点缀,也不是一时的权宜之计,而是事关企业未来发展命运的大事。企业最高层应从战略的高度来看待电子商务,应配备专门的人员来研究、开发和管理电子商务应用项目。大型企业应有专门资金用于开展电子商务,如果建立网上销售活动,应允许暂时的亏损。目前我国传统零售业企业开展电子商务的成效不太显著,主要原因有:

① 社会环境不配套;

② 缺乏相关技术与管理人才;

③ 企业领导并没有真正从思想上重视电子商务,不愿投入。例如:不少传统零售业企业开设了网上商城,但没有自己的服务器,浏览起来速度极慢,数据库更新也不及时,顾客常常在网上选好了商品、付了款后却被告知货已售缺。诸如此类的问题均不是技术问题,而是管理问题,是领导者重视与否的问题。

2) 多方位发展电子商务应用项目

在我国现阶段,适合于传统零售业企业的电子商务项目有多种类型,包括:

(1) 建立网上商场,开展网上销售 例如,建立自己的网站,把自己商店里的产品信息发布到网上,再告诉本地消费者,请他们访问商店的网站。

(2) 通过互联网直接联系国际厂商 目前进口商品价格较高的一个重要原因就是中间商利润较高,而传统的商家通过互联网,完全可以直接联系国外厂商,还可以采购招标的方式来降低采购成本。

(3) 实施供应链管理 零售业企业也可以通过建立外部网来处理与供货商的关系,减少商品积压,同时降低人工成本。

(4) 宣传与售后服务 零售业企业可以利用互联网跟踪国外消费趋势,宣传企业形象,并通过自己的网站向客户提供售后服务。

(5) 网络营销 传统零售业企业可以结合自己经营的特点,利用企业网站和互联网,开发各种网络营销项目,如知识竞赛、新产品评介、网络拍卖积压商品等。

（6）建立局域网　零售业企业可以通过建立局域网,使商场内部员工共享资源,节约成本,提高工作效率。

（7）建立销售与进货管理系统　很多超市已经建立了POS机收款系统及与之紧密相连的财务管理系统,大大提高了工作效率,减少差错发生。类似的销售管理系统对任何商店来说都有实用价值,没有建立的应该考虑建立,已经建立的,还可以在此基础上进一步开发,扩展到库存跟踪、销售预测和进货决策支持系统。

（8）商品编码　零售业企业对经营的商品进行编码,以跟踪物流,防止假冒,可以有效地树立和保护自己的品牌。

（9）在线看商场　在宽带社区可以尝试这种做法。据说美国的一个家具商场,在网站销售中重创现实店堂的购物环境,它利用名为LookandBuy的技术使消费者从商场网站上能够清晰地看到商场展示的产品:摄像机被摆放在虚拟店堂的各处,连续播放家具的内部构造,消费者可以在自己电脑屏幕上点击摄像机,让它传回展示厅中的一切动静。这样做的结果是,有部分消费者直接在线订购,更多的则亲自来到店堂中,细看他们在电脑屏幕前所见到的家具。公司销售额由此递增了20％,9个月达到1.2亿美元,而店主吉姆·麦金威尔(JimMclngale)所付出的代价是,出资100万美元购置了48台摄像机。他的理念是:一切只为网上消费者看得更清楚。

3）网上网下的业务协调

传统零售业企业以网下商店为依托,建立网上商店,这样从理论上说,网下商店能够为网上商店起信誉担保、配送中心、售后维修、形象宣传、发展客户等作用,网上商店又可以为网下商店起宣传形象、售后咨询、处理积压等作用。但网上的业务与网下的业务有时候也会产生一些矛盾冲突,比如价格冲突。传统企业上网销售商品价格如何定? 这是一个尚无定论的问题。如果网上价格定得高,必不利于网上销售的发展,如果网上定价低,又可能影响网下的销售。对此问题要作具体分析,要看网上的商店与网下商店各自所处的竞争环境。一般而言,网上商店价格应较低,但如果别的网上商店价格普遍比自己的网下零售要高的话,那么,自己的网上商店也不妨价格高一些。

4）建立商品配送体系

目前,大多数传统商家都提供免费的大件商品送货服务,但在没有形成规模之前,为低值产品配送是注定要亏本的。所以,传统零售业企业,特别是中小型企业,如果开展网上销售,应该充分利用社会配送服务体系,如邮局、快递公司等。也可以采取如"B—B—C"的方式,在一些消费者相对集中的社区建立代理点,把商品集中送到代理点,再由消费者到代理点取货,或由代理点送到消费者处。

5）网上销售要选择合适的产品

前面已经讨论过,并非所有的商品都适合在网上销售。传统零售业企业,特别是百货公司、综合超市等开展网上销售业务,并不需要把网下商场的全部商品搬到网上。一般而言,网上适合销售的产品包括:

（1）需要大量信息来帮助完成采购过程的产品。

（2）个性化程度要求比较高的产品。

（3）采购过程比较麻烦的商品等。

6）提供多种支付方式

迎接网络经济所带来的挑战,传统零售业企业要充分利用网络技术,为顾客提供多种便捷的支付手段。如在网上销售,除信用卡和电子钱包可以支付以外,企业还应为消费者提供其他的常规支付选择,如邮寄、电汇、货到付款等(目前我国绝大多数网上消费者希望货到付款);如在网下商场购物,除采用现金支付以外,还应该提供信用卡和各种银行卡支付方式。否则,别人有了这些便捷的手段,而你却没有,那你就可能因交易过程最后时刻的不便,而使顾客流失。

8.3 零售业电子商务项目运作案例

8.3.1 苏果超市的电子商务项目

1) 苏果超市的背景与特色

苏果超市有限公司(简称苏果超市)成立于 1996 年 7 月,经过 10 年的奋斗历程,已成为江苏省超市零售业最大的商贸流通企业,占据超市业态 50% 以上的南京市市场份额,成为集批发、配送、物流、加工、零售于一体的大型连锁企业。至 2006 年,苏果超市的门店总数已达 1 612 家,实现销售收入达到 222.8 亿元,网点覆盖苏、皖、鲁、豫、鄂、冀等省份,安排就业人员近 5 万人。苏果超市继续保持中国连锁业前十强位置,名列超市行业第四名,跻身中国500 强企业第 176 强。此外,苏果的品牌价值评估达 21.38 亿,荣获"2006 中国 500 最具价值品牌"称号。同时,苏果超市又被商务部确定为全国重点扶持的 15 个大型流通企业集团。

2007 年,苏果销售规模约 260 亿元,网点数突破 1 850 家。为了支撑外埠门店和下一轮扩张,强大的物流配送体系——苏果马群配送中心于 2005 年 1 月正式投入运营,该中心占地 250 亩,单体仓库建筑面积 4.5 万 m^2,堪称华东地区第一。新物流中心单品 2 万多种,年配送量达 4 300 多万箱,服务半径约 300 km,完全能够适应苏果的长远发展战略和更大规模的发展。

(1) 苏果超市的发展路线 在连锁业方面,苏果超市始终坚持走具有自身特点、符合当地实际、贴近百姓生活的发展之路,取得了超常规、跳跃式的发展;在外部扩张方面,苏果超市坚持以"创造社会价值最大化"为宗旨,以苏果新型的购物广场和社区店为主力业态,每到一处都为当地人民提供一个全新的、舒适的、美观的购物场所,并精选 20 000 种以上的优质商品,为当地人民提供最好的商品和最优的服务。

(2) 苏果超市的经营理念和品牌定位 苏果超市始终坚持以"中国苏果,百姓生活"为经营理念和基本定位,以"为民、便民、利民"为经营宗旨,以"苏果无假货,件件请放心"为质量承诺,以"为顾客省钱"为价格方针,始终把顾客满意作为自己不懈的追求,深受广大消费者和社会的好评。在前进的过程中,从没有因成功的喜悦和骄人的业绩而沾沾自喜或停止前进的步伐,仍一贯坚持以"居安思危、居危思变、不断创新、走自己的路,创苏果特色"为奋斗的目标和动力,不断地追求卓越,寻求新的突破。

(3) 苏果超市的经营战略 在激烈的市场竞争中,苏果超市形成了一套具有自我特色的实战经验。一是实施渗透扩张的区域市场战略,稳步推进;二是实施多业态组合的细分市场战略,充分吸引客源;三是实施品类优化的采购战略,不断调整商品结构;四是实施自有品牌开发战略,扩大品牌效应;五是实施低成本运营企业管理战略,保持企业良性循环。

(4) 苏果超市的信息化建设 苏果超市以经营业态多样化、连锁网络城乡化、物流配送现代化、企业管理科学化和服务内容系列化为核心,坚持不断优化和持久创新。现在已成功开发出具有苏果特色的购物广场、社区店、标准超市、便利店等多种业态资源共享、优势互补。作为我国零售连锁业的大型企业,"苏果超市"在连锁经营信息化、供应链信息化、仓储管理信息化和食品安全信息化方面做出了有益探索。

2) 苏果超市的电子商务解决方案

(1)"苏果超市"发展电子商务的基本思路 从最基本的层面上看,连锁业态的规模、技术、管理三大要素构成了竞争力的基础结构。苏果超市的竞争力可以概括为现代化的采配技术、手册化的管理技术和网络化的全方位信息技术。

网络化的电子商务技术是连锁企业的神经系统。没有高技术的投入,庞大的店铺网络将无法运行。苏果超市在电子商务技术的投入方面注意了3个环节:

① 注重实用性:强化各门店、配送中心、客户与总部之间的信息管理,做到适时查询门店进、销、存状态;为门店提供各种信息资料,形成信息反应迅速、数据整合科学、分析材料翔实的高效、准确、实用、共享的信息传递系统。

② 投入的时机恰当:苏果超市发展速度很快,但全面采用计算机管理却是较迟的。不少超市在创办初期,就按理论的规范要求,投入巨资引入计算机系统管理,致使成本上升,背上沉重的投资包袱,成为迟迟难以扭亏为盈的因素之一。苏果超市在完成门店初期扩张,并取得了比较好的经济效益后才加大了信息技术的投入。这样做,既适时、超前地适应了发展的要求,又降低了发展初期投入的高成本风险,减少了设备闲置的损失。不图虚名,牢牢把握低成本运行的各种因素,是苏果始终保持良好效益的重要原因。

③ 高新技术投入的持续性:在高新技术不断进步的今天,苏果认为连锁业态必须跟上时代的节拍。只有不断更新技术,才能保持持续的竞争力。对公司的信息平台改造与软件的升级,要着眼于不断提升信息系统的运行能力。积极利用网络技术,提高公司的信息技术水平,不断提高 POS 系统的利用效果,以提高苏果的竞争能力。

(2)连锁经营信息化整体解决方案 苏果超市是一个多门店、大规模、跨地区的连锁企业。对这样的企业来说,缺乏一套有效的管理系统就意味着无法实现具有统一规范的、大量数据信息的查询决策分析,也就是说,在经营管理的决策过程中只能盲目判断,而且也无法实现规范化的管理和有效的控制。很多连锁企业在门店规模不断扩展的经营中没有带来规模效益,反而是在发展到一定阶段时出现严重的经营困境,导致企业发展的相对止步,管理成为制约发展的瓶颈。苏果超市的决策层深刻认识到,必须按照现代流通业的发展和管理要求实现对连锁企业各个职能部门和经营各环节的有效控制和规范,利用科学、先进的计算机信息管理系统,打造现代连锁经营的管理平台,确保整个连锁企业有序发展,有效规避经营风险。

相对于单店经营,连锁经营的特点在于有一个连锁总部。连锁总部并不直接产生业绩,它只是为连锁分店而存在。连锁总部是经营管理决策和为各分店提供后勤服务的单位,它本着"统一"的原则,围绕着销售这一中心环节,制订商品策略、价格策略、采购制度、配送制度、作业标准、工作流程等一系列规范。在这些统一的规范中最重要的是统一采购、统一配送和统一核算。

连锁经营将采购配送与零售经营分开,同时又实行统一的核算与管理,相互促进,相互制约,这正是连锁经营能够做到物美价廉、具有较强竞争优势的关键。而要实现这点,离不开信息技术的支持。

随着连锁经营规模的扩大,苏果超市从前台收银、后台管理、总店控制到物流管理,都对管理信息系统提出了很高的要求。

① AC990 的连锁管理方案:从 1998 年 9 月开始,苏果超市直营店和加盟店全面使用 AC990 连锁超市管理系统。AC990 连锁超市管理系统由 AC990 超市管理软件和 AC990 连锁配送管理软件组成。整个软件系统采用三层 C/S 架构,并无缝连接基于 Web 的零售业系统。客户端操作系统支持 Windows 和 DOS,服务器端支持 Windows NT、Unix、Linux、Novell。整个软件共有零售收银系统、信用卡结算系统、会员卡销售系统、条码识别系统、进货决策系统、综合分析系统、存货管理系统、进销存系统、盘点管理系统、连锁配送管理系统、总经理查询决策系统、厂商结算系统、会计核算与财务分析系统、报表管理系统、统计综合管理系统、人事管理系统、合同管理系统、员工考勤系统等 18 个可相对独立的子系统。

但是,基于苏果管理层对苏果发展速度的要求,实施项目组与软件开发组详细论证了苏果自身计划发展中可能会出现的种种问题。为了最大限度地让苏果在连锁超市业激烈的竞争中获得资源配置的优势,实施项目组与苏果管理层一起重新构架了苏果的管理体系。

a. 效率与控制的均衡:作为大型连锁企业,效率与控制的矛盾非常突出。AC990 超市管理系统成功地在两者之间求得均衡,从而为苏果带来了巨大的变化。

b. 门店前台收银:前台收银采用第三代 PCBASE 收银机,轻松实现销售实时处理、退货实时处理、折扣折让销售实时处理、实时统计各柜组各部门每种商品的销售额和折扣折让额、销货退货总额和销货净额、查询所有商品交易明细、自动打印销货与收银收款结果、自动打印销货发票等功能。系统支持店内码和条码等多种输入方式、支持金额和扣率两种折扣折让方式、支持同一交易单品和整笔折扣折让依据、支持收银台交叉收款、自定义支付方式、支持同一交易多种支付方式。

c. 门店的后台管理:苏果超市在经营中产生了大量的信息数据,手工模式下的处理能力和速度远远跟不上管理要求。采用 AC990 连锁超市管理系统后,苏果实现了对商品进销调存的有效监控,使以往盘点工作久盘不清,只好关门打烊的现象一去不复返。

d. 系统中的商品销售模块:能够实时采集商品销售数据,可根据柜组、收银员、明细商品等不同对象统计销售数据,并以报表的形式输出,为管理层提供准确的销售信息,实时反映商品销售信息。

e. 配送管理中心:AC990 连锁超市管理系统在苏果的成功应用,很大程度上是为苏果总部建立了信息化的配送管理中心,通过对进销调存各环节的物流、票据流、信息流、资金流的计算机全程管理,达到四流合一,同步并行,为苏果商品每天大量吞吐建造了自动化程度较高的调度指挥中心。同时,通过业务管理软件与会计核算财务管理软件以及总经理查询决策系统的无缝连接,实现前后台一体化管理,方便公司决策层及时收集有用的经营管理信息。

f. 决策支持:AC990 连锁超市管理系统对各类商品数据和价格信息进行统一归口管理,通过网络下发给各个门店,使各个门店真正做到统一价格、统一形象,从而提高了公司的信誉和整体形象。系统以实时方式集合其他子系统的全部信息,从供应商联系采购和合同执行情况,到本期的盘存结果、溢耗详情、从商品验收定价、入库上架到每天的销售高峰时间和销售排行榜,从库存结构到毛利结构,从销售分类到部门考核,从日报、旬报、月报到预测、分析、控制,均为管理层提供了强大的决策依据,从而加强了企业对经营风险的控制能力。

g. 风险控制:财务统一联网与业务一体化,已经使苏果成为一个整体、一本大账,直接强化了财务风险的控制。在 AC990 信息处理平台上,不仅前台数据自动向后台报送,而且业务软件处理的相关数据可以直接转换为会计数据,而会计凭证、会计报告的处理速度大大加快,使会计的工作效率与会计工作对管理支持的有效性都发生了很大变化。

　　② ERP 系统方案:早在 2003 年,在公开招标、慎重选型前提下,苏果超市的 ERP 系统采用了由江苏百年软件科技有限公司提供的"管理百年 TM 零售业 ERP"系统。这套系统主要包括:超市门店管理系统、配送中心管理系统、总部管理系统等。该系统采用较为先进的 C/S 结构,运用 COM＋技术,实现了三层结构模式,其中间应用层的数据访问、处理能力和灵活的伸缩性等独到特点为大型应用提供性能和扩展性的保证。该系统根据现代连锁零售业的特点,将与商品流转相关的信息流、资金流、物流和零售业管理的购销链、分析资料、原始业务数据档案,借助计算机技术,形成企业所需要的各种数据指标,从而强化企业科学管理,对企业各种行为加以监督和控制,达到商品流通周转最快、资金占用量最小、销售利润率最大的目的,同时辅助企业管理者实施科学管理、有效监督、实时指导和快速决策。

　　苏果超市信息管理系统使用了百年科技管理百年 TM 零售业 ERP V3.2 版本,总部使用 IBM P650 小型机,配送中心使用 IBM P630 小型机,操作系统采用 AIX,数据库采用 DB2 构架了连锁总部、采购结算、物流配送中心、连锁门店等。

　　(3) 供应链信息化解决方案

　　① 一般供应链管理中常见的问题:在连锁经营中,一般因供应链失调而导致 4 种典型问题出现:

　　a. 生产成本增加:供应链失调使得各节点企业把主要的精力都放在如何尽力满足订单上,不合理的产能和无谓的物流运输都会导致单位产品的生产成本增加。

　　b. 库存成本增加:在一个缺乏协调的供应链中,各个节点企业为了应付下游企业的需求变动,必须保有比"牛鞭效应"存在时还要高的库存水平,从而进一步增加了仓储空间和运输压力,使得整条供应链显得越发笨重。

　　c. 缺货:在面对快速变化的市场需求时,缺乏协调的供应链中的节点企业往往难以安排其生产计划,导致整条供应链的补给供货期延长和市场终端缺货,引起零售商和消费者的抱怨。

　　d. 供应链中各节点企业关系恶化:供应链失调会导致供应链各节点企业之间相互埋怨、互不信任,稍有风吹草动就会产生过激反应,从而使潜在的协调努力变得更加困难。

　　② 苏果公司供应链管理存在的问题:苏果作为经销商,和制造型企业是有所区别的,苏果的组织结构及工作流程都有其特殊性。但如果把供应商、门店、采购中心、物流中心看做是整条供应链的各节点,苏果内部物流看做供应链的话,不难发现也存在 4 种问题:

　　a. 总部各部门及门店为了提高门店到货率投入了更多的人力、物力和精力,可总感觉达不到预期效果。物流供给,特别是随外埠店开发距南京越来越远而显得力不从心。

　　b. 物流中心和门店的库存成本在增加,库存存货周转率较行业标准还有很大的差距。此外由于信息不能及时到达(也就是货先于信息 3 天到,电脑不能显示准确的即时库存),这给门店准确备货带来困难。

　　c. 门店到货率已经是苏果每一位门店负责人每天最先过问的项目之一,而总部的采购中心和物流中心为了提高门店到货率已经在超负荷运转。

　　d. 各节点感觉自己已经尽力,问题出在上下游其他节点上,这给统一协调带来了难度。

问题的焦点在于一次到货率（这里把到货的及时性归于一次到货率一并研究）。

③ 供应链信息化解决方案：从供应链的角度来看，具有强势地位且处于中游的节点是采购中心。其他各节点的信息可由各自子系统和采购中心的中央系统双向传递，这样整条供应链的信息传递就由直线形变为星形。其工作流程如下：

a. 由各门店在统一规定的时间范围内分批次（市内按业态，市外按区域）向采购中心的中央处理系统发出电子订单。各门店由专人开通特殊权限对电子订单进行确认和发送。采购中心中央系统在收到全部门店的电子订单后自动生成当日各单品的总需求量，接着中央系统自动查询物流中心即时库存量，在保证初始设定的各单品最低库存数量前提下，中央系统就能自动生成当日的苏果中央订单。

b. 中央系统在生成中央订单后经采购中心专人确认后传递给各供应商。

c. 各供应商在收到苏果中央订单后会在规定时间内把其供货数量及供货时间反馈给采购中心的中央系统。

d. 中央系统在收到供应商供货信息后，把供货和门店需求信息一起传给物流中心。

e. 物流中心把门店、供应商、自身库存的商品数量信息输入物流安排程序，结合物流中心的配送能力、货物吞吐能力、门店的配送方式（主要是外埠店有多种配货方式）、配送时间等各方面因素，由电脑生成各门店配送方案（不一定是门店最佳但是是整体最佳配送方案）。

f. 物流中心在生成配送方案后将方案传给采购中心的中央系统。

g. 中央系统把每个门店的配货方式、数量、时间等信息传给门店，把每个供应商的供货方式、数量、时间传给每个供应商。

h. 供应商根据中央系统安排的方案直接代配到门店。

i. 供应商根据中央系统安排的方案在规定时间内送货到物流中心。

j. 物流中心根据中央系统安排的方案将库配商品送货至各门店。

（4）仓储管理信息化解决方案 2004 年，占地 38 000 m² 的苏果配送中心开始使用，该配送中心部署了美国讯宝科技公司（Symbol Technologies, Inc.）的 Wi-Fi 无线局域网络以提升仓库管理系统运作效率，满足来自苏、皖、鲁、豫、鄂、冀等省份超过 1 000 家的苏果连锁超市门店的实时需要。此次部署的无线网络设备包括 3 台 WS2000 无线网络交换机、37 台 PPT8846 手持式数据采集终端以及 18 台 MC9060 移动数据终端。

数据收集是苏果连锁超市配送中心面临的首要问题。传统的人工密集型仓库对手工操作依赖性强，而且操作以及整理货物的空间有限，库存仓位管理过于简单，依靠纸张记录库存管理，难以完成现代化零售企业管理的需要。然而，作为全国大型连锁超市机构之一的苏果连锁超市配送中心日常需要完成收货、包装、再包装、盘点、移库、拣货、发货等一系列任务。讯宝科技手持数据采集终端 PPT8846 以及移动数据终端 MC9060 能够很好地解决这一问题；而 WS2000 无线局域网络交换机配以无线接入点 AP，则可在无线网络环境下实现物流数据的实时移动和后台管理，极大地方便了苏果连锁超市配送中心以及从苏果总部到各分支机构的管理。讯宝 Wi-Fi 无线局域网络建成后，苏果连锁超市配送中心 2005 年存储商品总量达到 150 万箱，配送商品总额达到 52 亿元；日零散拣选货量达 1.4 万箱，日配送门店数量则将超过 600 家。

（5）食品安全信息化解决方案 2002 年，国家重点科技攻关计划"以苏果超市为平台实施食品安全关键技术综合应用示范工程"，经科技部批准立项，由"十五"重点扶持的企业苏果超市承担。这是国内首创的以大型连锁企业为平台实施国家科技攻关计划。

2004年,苏果公司承担了"食品安全关键技术综合应用示范工程",初步建设苏果食品安全信息查询系统。该工程实际总投资达到1亿元,其中科技部资助500万元,省市科技部门配套资金2000多万元,苏果自行筹集配套资金6600万元。

2005年12月16日,苏果食品安全信息查询系统成果展示在南京举行。拿一瓶牛奶在一台查询机前"刷"一下条码,其名称、品牌、规格型号、产地、抽检内容及日期等关键信息都出现在屏幕上。除此之外,脂肪、蛋白质、大肠杆菌等的含量以及检测机构、检测日期、指标等级等重要信息也被清楚地记录下来。消费者到苏果超市购物,只需把所购食品的条码到查询系统仪器前刷一下,就能知道所买食品是否安全。而百姓居家生活常买的米、油、菜、肉、蛋、果、奶等产品,在销售终端出现的主要问题,都可以反溯而上,保证了消费者的饮食安全,提高了超市的办事效率。至2005年12月底,苏果货架上的所有食品都被纳入这个系统,每个消费者都可以去检验所购食品的"安全系数"。

苏果食品安全信息化项目以南京市及周边地区作为重点示范区域,针对大米、蔬菜、猪肉、禽蛋、奶制品、果品、水产品和食用油八大类示范农产品安全生产销售过程中存在的主要问题和技术需求,从销售终端出发,采取"反弹琵琶"的方法,对上游各个节点进行环环相扣的约束,抓住生产基地、加工企业、超市终端销售等食品安全质量控制点,创建"从餐桌到田头"、"从田头到餐桌"的双向全程质量安全控制链与安全监控管理体系。省、市及相关部门共集成实施了68项配套项目,示范应用20多项技术,建立相关生产基地10多个。

在近几年间,苏果超市初步构建了从田头到超市食品安全的生产和检测技术体系,同时开发了相关的超市销售平台成套技术装备。这使该超市自身的核心竞争力和食品安全管理水平有了进一步提高,初步建立了食品安全控制模式,并取得了良好的经济效益与社会效益。经济界人士分析,食品安全消费已成为超市间竞争的新武器,苏果承担的食品安全课题,使苏果在食品竞争领域构筑起了高高的"技术壁垒",使苏果超市在连锁业的竞争中如虎添翼。

8.3.2 沃尔玛的电子商务项目

1) 沃尔玛公司简介

沃尔玛公司由美国零售业的传奇人物山姆·沃尔顿先生于1962年在阿肯色州成立。经过40多年的发展,沃尔玛公司已经成为美国最大的私人雇主和世界上最大的连锁零售企业。目前,沃尔玛在全球开设了6600多家商场,员工总数180多万人,分布在全球14个国家。每周光临沃尔玛的顾客有1.75亿人次,使沃尔玛成为全球500强榜首企业。

1991年,沃尔玛年销售额突破400亿美元,成为全球大型零售企业之一。据1994年5月美国《财富》杂志公布的全美服务行业分类排行榜,沃尔玛1993年销售额高达673.4亿美元,比上一年增长118亿多,超过了1992年排名第一位的Sesas,雄踞全美零售业榜首。1995年沃尔玛销售额持续增长,并创造了零售业的一项世界纪录,实现年销售额936亿美元,在《财富》杂志美国最大企业排行榜上名列第四。事实上,沃尔玛的年销售额相当于全美所有百货公司的总和,而且至今仍保持着强劲的发展势头。截至2010年,沃尔玛已拥有2133家沃尔玛商店,469家山姆会员商店和248家沃尔玛购物广场,遍布美国、墨西哥、加拿大、波多黎各、巴西、阿根廷、南非、中国、印尼等。它在短短几十年中有如此迅猛的发展,不得不说是零售业的一个奇迹。

2) 沃尔玛的信息化理念和战略

将信息化提到战略高度正是沃尔玛迈向成功的重要原因之一。沃尔玛创始人山姆·沃尔顿早年服役于美国陆军情报部队,所以他特别重视信息的沟通和信息系统的建设。在公司开始进入规模化市场扩张及发展阶段后,沃尔玛公司率先在行业内使用各种先进技术的电子商务信息系统化管理模式。沃尔玛的信息化管理贯穿于整个价值链,以先进的信息化技术为手段,以信息流为中心,带动物流和资金流的运动,通过整合全球供应链资源和全球用户资源,实现零库存、零营运资本和(与用户间)零距离的目标。

信息化管理不应仅仅是一个系统,而应提高到战略的高度,不是将其投入到大量低价值的维护与运作事宜中。正如沃尔顿所坚持的:"信息技术始于战略,而不是系统。"一方面,沃尔玛通过供应链信息化系统实现了全球统一采购及供货商自己管理上架商品,使得产品进价比竞争对手降低10%之多;另一方面,沃尔玛还通过卫星监控全国各地的销售网络,对商品进行及时的进货管理和库存分配。当凯玛特(美国第三大折扣零售连锁公司)也意识到信息化的重要性并效仿前者开始起步时,沃尔玛早已在全球4 000个零售店配备了包括卫星监测系统、客户信息管理系统、配送中心管理系统、财务管理系统、人事管理系统等多种技术手段在内的信息化系统。

3) 沃尔玛的信息系统

(1) 自动补货系统(Automatic Replenishment,AR) 自动补货系统是连续补货系统(Continuous Replenishment,CR)的延伸,即供应商预测未来商品需求,负起零售商补货的责任,在供应链中,各成员互享信息,维持长久稳定的战略合作伙伴关系。

自动补货系统能使供应商对其所供应的所有类别的货物及在其销售点的库存情况了如指掌,从而自动跟踪补充各个销售点的货源,使供应商提高了供货的灵活性和预见性,即由供应商管理零售库存,并承担零售店里的全部产品的定位责任,使零售商大大降低零售成本。

一种商品一旦被大量采购,就会促使该商品的制造商大量生产此种商品,也会使该商品在供应链中快速流动起来。随着供应链管理的进一步完善,补货到零售店的责任,如今已从零售商转到了批发商或制造商的身上。对于制造商和供应商来说,掌握了零售店的销售量和库存,可以更好地安排生产计划、采购计划和供货计划,这是一个互助的商业生态系统。

从库存管理角度看,在库存系统中,订货点与最低库存之差主要取决于从订货到交货的时间、产品周转时间、产品价格、供销变化及其他变量。订货点与最低库存之差保持一定的距离,是为了防止产品脱销等不确定性情况的出现。为了快速反应客户"降低库存"的要求,供应商通过与零售商缔结伙伴关系,主动向零售商频繁交货,并缩短从订货到交货之间的时间间隔。这样就可以降低整个货物补充过程(从工厂到门店)的存货,尽理切合客户的要求,同时减轻存货和生产波动。

自动补货系统的成功关键在于,在信息系统开放的环境中,供应商和零售商之间通过库存报告、销售预测报告和订购单报文等有关商业信息的最新数据实时交换,使得供应商从过去的单纯执行零售商订购任务转而主动为零售商分担补充库存的责任,以最高效率补充销售点或仓库的货物库存。

为了确保数据能够通过EDI在供应链中畅通无阻地流动,所有参与方(供应链上的所有节点企业)都必须使用同一个通用的编码系统来识别产品、服务及位置,这是确保自动补货系统实施的唯一解决方案,而之前的条形码技术正是这套解决方案的中心基础。

要使连续补货有效率,货物的数量还需要大到有运输规模经济效益才行,而沃尔玛的销售规模足以支撑连续补货系统的使用。

沃尔玛成功地应用自动补货系统后,有效地减少了门店的库存量,提高了门店的服务质量,不仅降低了物流成本,还增加了存货的流通速度,大大地提高了沃尔玛供应链的经济效益和作业效率,为稳定沃尔玛的顾客忠诚度作出了杰出的贡献。

(2) 销售时点数据系统(Point of Sale,POS) 沃尔玛的 POS 系统包含前台 POS 系统和后台管理信息系统(Management Information System,MIS)系统两大部分。在门店完善前台 POS 系统建立的同时,后台的 MIS 也同时建立,在商品销售过程中的任一时刻,商品的经营决策者都可以通过 MIS 了解和掌握 POS 系统的经营情况,实现了门店库存商品的动态管理,使商品的存储量保持在一个合理的水平,减少了不必要的库存。

POS 系统,是指通过自动读取设备(如收银机)在销售商品时,直接读取商品的销售信息(品名、单价、销售数量、销售时间、销售店铺、购买顾客等),并通过通信网络和计算机传送到有关部门(如公司总部、生产部门、采购部门、供应部门等),进行分析加工以提高经营效率的系统。

POS 的作业流程相对标准化,零售商在售出商品时,所售商品的条形码经过条形码阅读机的阅读,自动输入电脑和收款机,后台电脑就从数据库中得知物品的品名、价格等数据,并立即显现在收款机上,再经过网络传送到总公司,供那里的管理人员分配销售货物类别和数量,最后将订单数据传送到物流配送中心,由物流配送中心对零售点进行及时准确的补货。

POS 系统的运行有以下 5 个步骤:

① 店铺上销售的商品都贴有条形码;

② 收银机打印出顾客购买的详细清单;

③ 清单上的信息通过在线连接传送到总公司;

④ 总公司分析后发现畅销品和滞销品,并以此进行货物调整、品种配置、商品陈列等作业;

⑤ 将信息传送给供应商、生产商、物流商等供应链上的相关企业。

应用 POS 系统可收到六大明显效果:

① 收银台业务省力化,商品检验时间缩短,误差少,核算购买金额时间短,票据少;

② 数据收集能力大大提高,在信息发生时点收集数据,准确可靠,速度极快;

③ 店铺作业合理化,提高收银管理水平,检查输入数据作业简单;

④ 店铺运营高效化,容易即时把握库存水平,容易测定销售目标的实现度,可快速做出销售报告,容易发现不良商品;

⑤ 提高资金周转率,提前避免出现缺货现象,可以将库存控制在一个合理水平,提高商品周转率;

⑥ 商品计划高效化,可准确分析促销效果,可直接把握顾客的购买动向,基于销售动态制定采购计划和高效的店铺空间管理。

(3) 电子自动订货系统(Electronic Ordering System,EOS) 是指企业间利用通信网络(如互联网)和终端设备,以在线联结方式,进行订货作业和订货信息交换的系统。

EOS 按应用范围可分为以下几种:

① 企业内部 EOS(如连锁经营中各个连锁门店与总部之间建立的 EOS 系统);

② 零售商与批发商之间的 EOS 系统；

③ 零售商、批发商与生产商之间的 EOS 系统。

EOS 在物流配送中有如下三大作用：

① 相对于传统的订货方式（如上门、邮寄、电话、传真订货等）而言，EOS 缩短了订货商品的交货期，减少了商品订单的出错率，节省了订货的日常费用；

② EOS 有利于减少企业的库存压力，提高库存资金周转速度，有效地防止销售缺货现象（避免了销售良机错失）；

③ 对于供货厂商和批发商来说，EOS 可帮助分析零售商的商品订货信息，便于准确判断畅销品和滞销品，有利于企业高速生产计划、物料计划、采购计划、商品库存计划和销售配送计划，使产供销一体化。

各批发门店、零售门店将所需的订货数据输入计算机，并通过计算机的通信网络，将有关数据和资料传送到总公司、业务部、供应商或制造商，一旦订货得到确认后，物流中心（仓储中心）根据总部的通知，便将商品配送给各个订货的门店。

应用 EOS 必须具备以下三方面前提条件：

① 商品条形码是 EOS 系统的实施基础；

② 订货商品目录账册（Order Book）是 EOS 系统成功实施的重要保证；

③ 计算机及订货信息输入和输出终端设备的添置和 EOS 系统的精心设计是企业实施 EOS 的必备条件。

在零售场地，尤其是市口较好的商铺，由于寸土寸金，已没有多少空间可用于存放货物了，在要求供应商及时补足商品数量且不能有缺货的前提下，更必须使用 EOS 系统。EOS 内涵了许多先进的管理手段，因此在国际上的使用非常广泛，越来越受到商界的青睐。

EOS 的最大优势不仅在于操作简便，更在于能快速准确地帮助零售、批发和制造业掌握订购和批发的趋势以及紧俏商品等相关信息，使订货业务的管理走向规范化、电子化、标准化，并使企业的日常订货作业更迅速、更准确，成本更低。

（4）电子数据交换技术（Electronic Data Interchange，EDI）　是企业与企业、企业与管理机构之间，利用电子通信来传递数据信息，产生托运单、订单和发票，通过供应商、配送者和客户的信息系统，得知最新的订单、存货和配送状况，使数据传输的准确性与速度大幅提高，减少了纸张在商业交易过程中所扮演的角色，进而实现"无纸化贸易"。

EDI 具有自动化、省力化、及时化和正确化的特点。《财富》杂志评出的全球 500 强企业绝大多数都已应用 EDI 与其主要顾客和供应商交换商业信息，应用 EDI 的总体效率为：

① 商业文件传送速度提高 81%；

② 文件成本降低 44%；

③ 由差错造成的商业损失减少 40%；

④ 文件处理成本降低 38%；

⑤ 竞争能力提高 34%。

⑥ EDI 的间接效益可达到全部贸易额的 3%～5%，这些效益主要来源于将原来分散的业务加以整合的整体规模经济效益。

1990 年，沃尔玛就已与其 5 000 多家供应商中的 1 800 多家实现了电子数据交换，通过计算机联网进行数据传递和订货等交易活动，不需要人工的直接介入。EDI 处理的单证有四大类：

① 运输单证：包括海运提单、托运单、多式联运单、陆运单、空运单、装箱清单、集装箱单、到货通知单等；

② 商业单证：包括订单、发票、装箱单、重量单、尺码单和装船通知单等；

③ 海关单证：包括进出口货物报关单、海关转运报关单、船舶进出港货物报关单、海关发票等；

④ 商检单证：包括出入境通关单、各种检验检疫证书等。

企业通过 EDI 运作，不仅加快了通关、报检速度，而且减少了电话、传真等方面的费用，避免因人工抄写文件而造成的差错，可及时利用运输资源降低运费和减少运输时间。通过 EDI，制作业减少了待料时间和生产成本，零售业、配送业提高了订单和发票的传输速度，减少库存量与空架率，加快了资金周转，有利于建立产供销一体化的供应链。

沃尔玛利用更先进的快速反应和联机系统代替采购指令，真正实现了自动订货，系统利用条形码扫描和卫星通信系统，与供应商每日交换产品销售、运输和订货信息，包括商品规格、款式、颜色等，从发出订单、生产到将货物送到门店，最快的时候甚至不超过 10 天。

由于订单处理周期的缩短，沃尔玛在产品卖给最终客户之后的结算非常迅速，这种物流信息的联动，提高了沃尔玛供应链的工作质量与工作效率，同时为沃尔玛的客户创造了巨大的价值。

(5) 有效客户反馈系统(Efficent Customet Response, ECR)　是零售市场导向的供应链策略，商品供应商/制造商、物流配送商、销售商、门店之间紧密配合，由客户引导补货，使高品质的商品和正确的信息经过无纸化的 EDI 系统，把生产商的生产线和零售商的结账平台连接起来。

ECR 的信息流，在所有供应链的节点上都是双向的，使信息和货物的交换更快捷、更有效、更可靠，不只增加了个别企业的效率，更增加了整条供应链的效率，在降低物流成本的同时，使客户有更多的选择高质量、新鲜货物的机会，大大提高了客户的满意度和忠诚度。

ECR 具有四大策略：

① 使零售店铺的空间最大化；

② 使新产品的导入效果最大化；

③ 使补货系统的时间和成本最佳化；

④ 使交易和促销系统的效率最大化。

ECR 具有四大要素：

① 快速的产品引进，最有效地开发新产品，制定产品的生产计划，以降低成本；

② 快速的门店分类，通过二次包装等手段，提高货物的分销效率和库存使用率；

③ 快速的促销，提高仓储和运输效率，使促销系统效率最大化；

④ 快速的补货，以需求为导向通过 EDI 系统进行自动连续补货，降低订货成本。

(6) 快速反应系统(Quick Response, QR)　1986 年，沃尔玛建立了 QR，主要功能是进行订货业务和付款通知业务，通过 EDI 系统发出订货明细单和受理付款通知，提高订货速度和准确性，节约相关成本。具体的运用过程是：沃尔玛设计出 POS 数据的输送格式，通过 EDI 系统向供货商传送 POS 数据，供货商基于这些数据，及时了解商品销售状况，把握商品的需求动向，并及时调整生产计划和物料采购计划等。

供货商利用 EDI 系统在发货之前，向沃尔玛传送预先发货清单(Advance Shipping Notice, ASN)，这样，可省去货物数据输入作业，使商品检验作业效率化。

沃尔玛在收货时,用扫描读取机直接读取商品包装箱上的物流条形码,把扫描读取的信息与预先储存在计算机内的进货清单进行核对,判断到货与发货清单是否一致,并做到单单相符,单货相符,简化了检验作业,在此基础上,利用电子支付系统(Electronic Fund Transfer,EFT)向供货厂商支付货款。

沃尔玛通过 QR 取得的五大显著成效如下:

① 需求预测的误差大幅度减少;

② 商品周转率大幅度提高;

③ 销售额大幅度提高;

④ 顾客满意度大幅度提升;

⑤ 供应链上各企业经营成本大幅度降低。

思考题

1. 传统零售业所受到的挑战来自于哪几个方面? 其中哪个方面的挑战更为严峻? 为什么?

2. 有人说:未来的商店大部分要关门,营业员改行从业物流,即参与配送。你是否同意这一观点? 说出你同意或不同意的理由。

3. 传统零售业企业为什么需要开展电子商务?

4. 为什么我国有些零售业企业开展电子商务的效果不太显著?

5. 哪些电子商务项目适合于传统零售业企业?

9 制造业电子商务项目运作

9.1 制造业企业开展电子商务的意义

制造业是国民经济最重要的支柱产业。在工业化国家,约有25%的人口从事制造业,约70%～80%的物质财富来自制造业。制造业是我国国民经济的核心和工业化的原动力。我国制造业工业总产值约占全国GDP的42.5%。

伴随中国加入WTO和经济全球化,中国正在成为世界制造业的中心,中国的制造业企业面临更加激烈的国际国内市场竞争,如何迅速提高企业的核心竞争力,已经成为政府和企业共同关心的重要问题。而开展电子商务,是提高竞争力的最有效的手段之一,这一点也得到了大家的认同。

电子商务如何能提高制造业企业的竞争力? 这个问题可以从以下几个方面来理解。

1) 提高企业的营运效率,降低成本

随着企业间竞争的日趋激烈以及全球经济一体化,市场向制造业企业提出了更高的要求,要求企业能及时提供高品质、低价格、具有个性化的产品。而制造业企业过去在商业运作过程中比较重视控制生产成本,对采购成本(主要是非生产性采购、服务采购)、销售成本的控制无论是从意识上、管理上以及执行的手段上都比较薄弱。如何减少采购和销售过程中的环节,直接控制供应商的价格、品质、交货期以及批发商和经营商的进货、出货、仓储情况,是制造业企业在新时期所面临的第一个问题,这种情况尤其是在集团公司的运营中更为明显。

据资料统计,在采购服务体系中的资金节省,最直接体现的是非生产性产品及服务的购买成本的大幅度下降,如纸张、交通费、电话费以及看管服务开支等,这些日常性开支通常占总成本的40%。

通过实施电子商务,可以使制造业企业实现对产品、原材料、非生产性产品、服务等的电子化、网络化的采购,总公司与下属子公司及各职能部门有组织、有计划地统一管理,减少流通环节,降低成本,提高效率,使企业在管理上通过电子商务的实施,能够达到更高的水平。通过大量的自我服务(包括网上销售订单的管理、供应商自助采购、内部员工的自助服务),最终达到降低企业总运营成本的目标。

2) 提高企业对市场的反应速度

随着全社会技术进步的节奏和信息化进程加快,企业产品的"同质化"情况越来越普遍,比如电冰箱,你有"变容型",其他厂商就有"保鲜型"、"节能型"、"迷你型"、"智能型"等,因此企业之间的竞争,除了上面所说的"成本"因素之外,还有一个因素就是"时间"。传统的制造业企业在对市场的反应速度上明显过慢,在市场需求骤增时,往往会出现原材料、设计、生产能力、质量、运输后勤等服务跟不上的问题。究其原因,主要是企业没有将供应商和客户纳入到企业自身的供应链中,不能及时知道下游客户(主要是经销商和批发商)的库存情况、市场情况,没有让上游的供应商及时了解企业原材料的库存情况和需求变化情况,在供应商、企业、客户三者之间没有形成一个有效的环路,由此造成了企业对市场的反应迟缓,导致商机的错失。而采用电子商务,有了网络的协助,企业从原材料的采购、产品设计,到订单处理和产品的发送,均可以用小时为单位来追踪。同时,利用互联网技术不仅可以全面监控下游客户每日的进、销、存情况,及时进行补货,而且可以让上游的供应商及时知道企业原料的库存情况,及时补充,将存货量保持在最低水平。

3) 可以有效提高企业对客户的服务水平

调查表明,西方 93%的公司首席执行官认为:客户管理是企业成功和更具有竞争力的最重要的因素。因此有人把"客户资源"作为 21 世纪最宝贵的资源。但传统的制造业企业的客户管理,从市场宣传、销售管理到售后服务,整条线仅仅停留在商业广告、面对面宣传和现场服务等方面,企业的客户服务水平难以提高。

随着电子商务的导入和不断发展,新的基于企业对企业(B to B)模式的电子商务活动,给企业带来新的竞争优势。企业为吸引、保留现有客户,能提供更快捷、成本更低的商务模式,保持与发展和客户达成的密切关系,如将 Web 应用、电话呼叫中心、自我服务、网上交易(含网上商店、个性化促销、网上支付)、商业智能分析等纳入企业对客户的服务范畴,为企业提供了新的业务增值,可以提升客户的满意度与忠诚度。

4) 可以扩大企业产品的市场覆盖面

传统制造业企业的市场覆盖面是有局限的,很难实现跨地区、全天候的运营和售前、售后服务,因此市场的范围受到一定的限制。而采用电子商务,企业可以突破上述局限。例如,B to B 网站可以使企业的服务每天 24 小时、每年 365 天不间断地连续进行,从而为企业带来附加的经济效益和新的竞争优势,不仅有利于信息发布,增加企业知名度,保留现有客户,而且随着企业电子商务的深入展开,还可以提供更多的功能和业务,必然吸引客户加入企业建立的电子集市,带来新的客户。从本质上讲,通过实施电子商务解决方案,无论新、老客户都会从企业建立的电子商务服务活动中得到利益,产生新的业务增值,降低成本。企业与客户间将形成买方、卖方及服务提供商的电子商务社区。

9.2 制造业电子商务项目发展战略[①]

9.2.1 构成制造业电子商务价值链的基本要素

政府主管部门、制造业企业、咨询服务企业、系统软件供应商、制造业应用软件供应商、电脑与外设供应商、网络产品供应商、渠道与代理商和软件与系统集成商,是构成制造业电子商务价值链的基本要素(图 9.2.1)。制造业电子商务价值链的每个基本要素之间都是相互联系、相互作用、相互影响的,其中每个要素在价值链中的职能与分工如下。

---

① 本节根据武汉市制造业信息化工程技术研究中心主任黄培博士的论文《中国制造业信息化的战略思考》一文改编,原文参见 e-work. com. cn 网站。

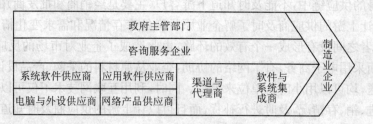

图 9.2.1 制造业电子商务的价值链

1) 政府主管部门

国家和地方主管部门是制造业电子商务项目的管理者和推动者,其职责是:

(1) 负责对国家和地方的电子商务工作进行宏观引导与管理。

(2) 负责制订政策,实施电子商务基础项目和示范项目计划,以点带面,重点扶持,树立样板,推动电子商务应用工程的发展。

(3) 负责推广先进的信息技术。

(4) 负责建立和维护公正的市场秩序和竞争机制,保证各个基本要素实现多赢。

2) 制造业企业

制造业企业是电子商务的最终客户,是主体,其他要素都是为这个客户服务的。

每个制造业企业,都需要根据自己的行业、规模、发展阶段、管理体制来选择个性化的电子商务解决方案。要实施好电子商务项目,企业必须注意以下问题:

(1) 企业领导必须对电子商务建立基本的认识,必须认识到,电子商务是一个工具,是一种手段,需要为我所用,为企业的发展服务。

(2) 制造业企业的电子商务(特别是企业内部流程重组),往往伤筋动骨,企业领导必须把它当做一个企业发展的战略任务来抓,必须真抓实干。

(3) 全面的电子商务是一个复杂的系统工程。企业必须把它作为一个长期的分阶段实施的大项目来进行科学的管理。在项目实施前,必须对这个大项目的实施所要解决的问题、每个阶段的目标、项目的人员组织、成本、考核标准进行计划。在实施过程中,必须进行监控,必须对每一个阶段的实施成果进行评估和分析。电子商务项目的成功实施,必须满足项目成功的三个基本条件,即实施周期、实施成本和实施效果。

(4) 一个试图提高效率、降低成本的革新,一开始可能会降低效率、提高成本。企业这个大系统需要一段时间的适应,才能把革新的成果融入企业,电子商务项目也不例外。因此,对实施电子商务过程中的困难和问题,企业应有客观、理智的认识,企业领导要敢于冒有准备的风险。

(5) 电子商务项目的关键,是企业能够在咨询服务商或者软件公司的帮助下,弄清自己的需求。电子商务软件实际上是企业管理思想和理念的一种载体,如果软件本身所包含的管理思想和理念与制造业企业相冲突,电子商务项目是不可能成功的。因此,企业需要有既懂管理,又能够清晰地描述自身企业的管理模式与电子商务需求,并能够与咨询公司或软件企业进行交流和配合的管理人才队伍。

(6) 软件既然是一种工具,就需要有能够熟练使用这种工具的人。因此,企业需要培训一批能够熟练应用软件的人才队伍。

(7) 随着技术的发展,软件的应用平台日趋复杂。因此,企业需要有熟练掌握计算机硬件、网络和数据库的维护人才,确保系统正常运行。在国外,越来越多的企业将这类工作外包给专业的软件服务和集成商。

(8) 电子商务建设需要消耗相当大的资金,因此,企业要充分考虑资金的获取渠道与方式,做好预算与成本控制,避免电子商务项目因为资金问题而中途夭折。

3) 咨询服务企业

咨询服务企业是制造业电子商务的枢纽,其职责是:

(1) 帮助企业进行电子商务需求的诊断和分析,制订制造业企业电子商务的总体规划。

(2) 帮助企业进行电子商务软件、硬件和系统集成方案的选型、实施与监理。

(3) 帮助企业进行多层次电子商务人才的培训。

(4) 不断跟踪和研究制造业电子商务领域的技术、市场、产品和服务的发展变化趋势,深入企业进行调查研究,为制造业企业推荐最合适的电子商务解决方案。

4) 制造业应用软件

制造业应用软件供应商是制造业电子商务的工具制造商,其职责是:

(1) 提供能够满足制造业企业功能需求,能够在企业的计算机和网络平台安全、可靠运行,并能实现与其他应用软件集成的软件产品。

(2) 软件产品应具备先进性、实用性、可靠性、兼容性、开放性、易学易用性等特性。

(3) 为制造业提供软件产品的安装、培训与服务。其中服务包含软件实施、软件升级、客户化开发、解决应用中的问题等。

5) 电脑与外设供应商、网络产品供应商和系统软件供应商

电脑与外设供应商、网络产品供应商和系统软件供应商组成了制造业电子商务的基础的与具体应用无关的平台。该平台必须保障整个电子商务系统运行的可靠性、安全性和兼容性。

6) 渠道与代理商

渠道与代理商负责帮助产品供应商进行产品的销售、服务与技术支持。大多数硬件与网络供应商和系统软件供应商以分销和渠道销售为主;而制造业应用软件公司则主要采用直销,自主从事产品的销售、服务和技术支持工作。

7) 软件与系统集成商

软件与系统集成商是制造业电子商务的桥梁,其职责是:

(1) 帮助企业进行电子商务软件的客户化开发、培训和系统升级。

(2) 帮助企业实现不同应用系统的信息集成。

(3) 帮助企业维护整个信息系统,并解决信息备份、信息安全问题。

9.2.2 影响制造业电子商务项目成败的关键因素

制造业电子商务价值链中的各个环节都是影响电子商务项目成败的因素,而其中政府主管部门、咨询服务体系、制造业软件企业和信息安全问题是最重要的因素。

1) 政府主管部门

政府主管部门对于整个价值链的影响是巨大的,政府主管部门制订的政策如何、导向如何,对制造业电子商务项目的成功至关重要。

在"九五"期间,科技部提出的 CAD 应用工程,就顺应了当时的企业信息化状况,带动了一大批企业甩掉图板,使用 CAD 软件,使企业真正尝到了甜头,激发了企业实现信息技

术深化应用的热情。反之,有些地方和行业的主管部门,在推进信息化的过程中,采取了计划经济时代的一些地方保护、行业垄断等做法,规定企业只能用某某产品、某某软件,这就不利于信息技术的推广应用。

2) 咨询服务体系

在制造业电子商务项目实施的过程中,有没有咨询服务企业的参与,参与的程度与方式如何,也是决定电子商务能否成功的关键因素。

许多制造业企业在实施电子商务项目时,考虑得比较多的是建网络、买软件和硬件,在购买前看演示时令人眼花缭乱的好功能,到了企业就是用不起来,数据格式不兼容、接口连不上等问题随着而来。有的企业甚至成了"软件展示厅",买了一大堆软件,但还是一个混合物,没有真正实现"化合",没有真正集成起来。究其原因,就是没有引进咨询服务企业,进行认真、仔细的需求分析,缺乏有实际指导意义的总体规划和实施及集成方案。

另一方面,咨询服务业在中国还处于起步阶段,还比较缺乏专业性的制造业电子商务咨询企业。高校的专家、教授和研究生是从事咨询服务的主要力量。他们的优势是对国内外先进技术和发展趋势进行跟踪研究,但是往往缺乏在企业工作和实施项目的实际经验。

不少制造业软件企业除了为制造业企业提供应用软件之外,实际上也扮演了咨询服务的角色。企业常常要求制造业软件公司为企业制订电子商务方案,甚至进行软件与系统集成等。但是,由于制造业软件企业是以卖自己的软件为目的,所以免不了王婆卖瓜,少数软件甚至用一些模糊、错误的概念来误导制造业企业。因此,制造业电子商务呼唤专业、独立、中立的咨询服务企业,来真正站在企业的角度,制订合理的制造业电子商务解决方案。

3) 制造业软件企业

制造业应用软件的选型、实施、客户化开发与信息集成,也是制造业电子商务项目成功与否的关键环节。

目前,我国的制造业企业没有执行统一的标准。许多企业采用行业标准,甚至是企业标准,连标准化程度最高的产品设计过程,也存在许多不同的要求,例如明细表的书写方式等,在后续的工艺编制环节,因企业的产品、行业的特点不同,需求差别更大,有的以装配工艺为主,有的以机械加工工艺为主,有的以焊接工艺为主等。企业生成各种清单、报表的方式以及编码方式也是五花八门,各不相同。

企业的管理模式则差别更大,一些传统的大型制造业企业以纵向一体化为主,在整个企业集团建立了严格的分工,建立了内部的供应链,如一汽;而在一些民营经济发达的地区,如浙江、江苏、广东等地,则建立了横向一体化,形成了外部的供应链。不同的企业生产组织方式、产品特点、营销模式、采购方式不同,形成了不同的管理模式,因此,不可能用一种类型的管理软件来适应所有的企业。对于流程型企业,如石油、化工、钢铁企业,所使用的管理软件与离散型制造业又有根本的区别。

制造业的内部管理环节众多,差别巨大,因此,应用软件的选型、客户化开发和信息集成十分关键。每个应用软件都有不同的市场定位,适合于不同类型、不同规模、不同生产和管理模式的企业。目前,市场上各类应用软件层出不穷,往往会使企业看得眼花缭乱,难以辨别。因此,咨询服务企业的责任重大,它必须帮助企业甄别、选择应用软件,帮助企业确定特殊的开发和客户化需求以及信息集成的需求。

制造业企业信息系统的技术子系统与管理子系统的信息集成,是制造业电子商务的重中之重的问题和瓶颈问题,需要制造业企业、咨询服务企业和应用软件供应商共同研讨,确定合理、优化的信息集成解决方案。

许多应用软件提供了二次开发工具，但是大多数提供的是语言开发工具，需要专业人员进行开发。比较有特色的是开目 CAPP 和开目 BOM 软件，提供了可视化的配置工具，企业可以自行根据报表汇总的方式、表格格式和生成过程进行配置，配置方法简单实用。

为了实现客户化和解决信息孤岛问题，许多大企业专门建立了开发队伍，开发了一些自行使用的工具和模块。但是，随着应用系统日趋复杂，系统的维护越来越困难。一种新的趋势是将这种系统二次开发和维护的任务进行外包。这就产生了对专业的软件服务和系统集成商的市场需求。目前，在美国已经有大量的面向不同行业的专业软件服务和系统集成商，而在中国，由于还存在对服务价值的认同等问题，软件服务和系统集成商的发展还处于初级阶段，其角色目前主要由制造业应用软件供应商来扮演。

4）信息安全问题

信息安全问题在整个制造业电子商务解决方案中的地位日趋重要。随着企业应用信息技术的深入，产生了大量的电子文档，对这些电子文档如何存储、备份，如何保证安全，是近年来制造业企业碰到的问题。企业在指定电子商务解决方案时，也要进行充分考虑。

更为重要的是，许多企业建立了 Intranet，怎样才能保证 Intranet 用户能够访问 Internet，又能避免信息被盗？怎样防止网络病毒和黑客袭击？这都是企业在建立电子商务解决方案时，必须充分重视的问题。这些问题一般已经由制造业软件企业和软件与系统集成商提出了解决方案。制造业企业在方案选型时，需要充分考虑和比较各种信息安全方案，选择经济、有效的解决方案。

9.2.3 制造业企业实施电子商务的战略理念

1）实施电子商务必须与企业的发展战略紧密结合

电子商务对于制造业企业而言，是一种手段，一种工具，而不是目的。因此，制造业企业不能为了电子商务而电子商务，而是必须与企业的发展战略与经营目标结合起来，选择合适的解决方案，使得信息技术真正成为帮助企业在激烈的国际化竞争中立于不败之地的有力武器，既不能好高骛远，又不能止步不前。

2）实施电子商务必须与企业管理制度改革联系起来

我国的国有大中型制造业是在计划经济环境下发展起来的，很多管理制度在今天的市场经济环境下看来很不合理。在进行了体制改革之后，国有制造业企业依然面临着与市场接轨困难、市场反应速度慢等严重问题。而中国新兴的乡镇和私营企业以及广大的中小型制造业企业，是在有中国特色的社会主义市场经济的大潮下，顺应市场需求发展起来的，这些企业具有敏锐的市场眼光，已经通过特色经营和成本优势确立了自身在市场的地位。但是，这些企业在发展到一定阶段以后，也遭遇了技术、管理等问题，企业也迫切需要通过电子商务来提升自己的核心竞争力。

在很多情况下，制造业企业实施电子商务项目的前提是管理制度的改革。只有摸清企业的现状和改革的目标，才能制订出改革的方针和行动纲领。对许多企业，更重要的是要分析产品的市场需求状况，确定企业的发展战略，确定产品定位，理顺营销渠道，找到独特的竞争优势和核心竞争力。

电子商务可以看成是企业推进管理制度改革的一种手段，是先进管理思想的载体。例如,通过实施 CRM 系统,可以要求销售人员每天填写访问客户的情况、购买意向信息和客户的详细档案、客户服务的情况等,这样就可以保证企业的客户信息不会因为人员的更替而遭受损失,提高客户满意度和忠诚度。又例如,通过 PDM 系统,可以更好地贯彻企业在 ISO9001 质量体系中规定的规范的工作流程。

电子商务是企业在激烈的国际竞争中生存、发展的必要条件,但并不是充分条件。客户购买产品是追求其使用价值,他们并不会因为你搞电子商务了,就购买你的产品,而是要看你的产品品质、功能和价格。因此企业改革管理的目标,应是降低成本、提高产品的功能和使用价值,而不是为了应用电子商务。

3)软件选型必须注重实用,避免贪大求全

不少企业在软件选型过程中,片面追求先进性。实际上,一些按照美国的国际化巨型企业作为样板开发的软件是不可能直接适应中国企业需求的。例如,某国外大型 PDM 软件的原型是为了解决世界上最大的一家汽车公司与其外部供应商进行物流供应的问题,而我国最大的汽车公司的产值恐怕也只有那家企业的百分之几,这种软件针对的管理方式与中国企业的管理方式相差甚远,实施成功的概率很小。

企业必须警惕一些概念性的炒作。有些新的名词,实际上没有新的含义,只是一些软件企业将其系列软件打包销售的一种手段。

还一些软件产品的功能存在着交叉,例如,一些国外大公司开发的 PDM 软件,或者 PLM 软件,与 ERP 系统在管理思想上有根本的不同,一个是以产品为核心,另一个是以企业为核心。这两种软件从功能上相互交叉,存在互相排斥的关系,因此,能否集成,如何集成是需要深思的。

信息产业竞争激烈,信息技术发展十分迅速,生命周期很短。有的技术 1 年前还是先进的,1 年后就落后了。因此,企业在实施电子商务项目的过程中,还是应该从分析自身的需求出发,面向实用,解决主要问题,不能片面地追求技术的先进性。国产的 CAD/CAPP/CAM/PDM 系统和 ERP 等系统,在国家的大力推动下,已经有了长足的发展,很多都可以经济有效地满足制造业企业的需求,不少产品的性能价格比高于国外同类产品。

4)应处理好整体规划与分步实施的关系

电子商务项目的整体规划实际上就是对一个大型项目所要使用的资源、达到的目标、任务分解的步骤、里程碑、成本计划等进行计划;而分步实施就是按照这个总体的计划进行执行,而且在执行过程中不断根据信息技术的发展变化和企业自身需求的变化而逐渐调整的过程。由于电子商务项目的内容庞杂,实施周期较长,因此,在实施过程中出现变化是十分常见的。

整体规划是十分必要的,没有整体的分析和计划,就可能造成许多局部最优解,而得不到整体最优解;分步实施也是必要的,它使企业可以适应自身和外围环境的变化,在实施过程中可以选择技术更先进的产品,同时避免一次性的较大投资。

5)要正确看待服务的价值

目前,大多数制造业企业领导的观念还停留在买产品可以理解,而买服务难以理解的阶段。实际上,整个制造业电子商务项目的成功,可以说是三分产品,七分服务。光买产品不买服务,就像不进行诊断就乱吃药一样,是十分危险的。制造业企业的个性很强,要解决的问题也是各不相同,因此必须通过咨询服务来诊断清楚问题,通过软件和系统集成服务来解决软件的实用化问题。

9.2.4　制造业软件企业的战略理念

1）应处理好研究、开发与销售的关系

中国的制造业软件产业经过多年的努力，已经取得了巨大的发展，为客户提供了经济实用的软件产品，形成了一批有竞争力的企业，特别是在 CAPP 和财务软件方面，形成了以国产软件为主的格局。

但是，要应对国际上规模比国产软件企业大得多的竞争对手的激烈竞争，中国的制造业软件企业还必须处理好研究、开发与销售的关系。一些没有处理好这三者关系的企业，在市场上业绩会形成比较大的波动，一个不错的新产品开发出来，销售额会上来，但下一个版本或者产品跟不上，又会造成比较大的滑坡。

研究工作包括跟踪最新的计算机和管理技术以及研究市场需求的状况和发展趋势。关键是要深入制造业企业，研究制造业企业本身要解决的问题，获取准确的、有代表性的需求，找出共性，然后结合所掌握的技术和管理方法，为企业提供既实用，又具有一定先进性的产品。软件企业应注意研究一代，开发一代，销售一代，形成发展的后劲。软件企业应注意产品的独创性，切忌盲目跟随、模仿国外产品，必须形成自己鲜明的工程特色，真正开发出符合其目标客户需求的软件。

在软件开发方面，必须大力引进软件工程管理技术，对软件开发的全过程进行有效的控制和管理，特别是软件需求管理和配置管理。

在销售方面，随着制造业企业电子商务由信息技术的单元应用转向集成应用，客户已经从购买软件产品转变为购买解决方案。因此制造业软件企业应该更多地增加应用工程师和项目实施队伍，来满足客户的需求。

2）应处理好产品与项目，个性化与标准化的关系

中国的制造业企业形态复杂、历史背景各不相同，而企业的所有制形式、管理者的特色等因素，都有可能导致制造业企业对电子商务整体解决方案需求的个性化、差异性和多样性，这就需要解决方案的"量身订制"。因此，软件企业需要提供的是全面的解决方案和服务，而不仅仅是产品。

对于制造业软件企业而言，如果以项目的形式，为每个企业都进行开发，一方面开发成本很高，需要投入的人力资源很大，另一方面也难以保证软件的质量。因此，制造业软件企业必须考虑软件的开放性和柔性，同时尽量把开发工作控制在有限的水平；要与客户（制造业企业）进行沟通，让客户充分将企业实际与先进的管理模式结合起来，不能纯粹让软件来适应可能已经落后的管理模式；要尽量推行国际标准和国家标准，采用先进的管理模式，应用标准化的软件产品，降低项目的成本。

3）规范市场和竞争秩序，实现多赢

制造业软件市场属于一个专业的市场，这个市场的参与者的竞争策略应该是以特色经营和优质服务为主。然而，目前中国的制造业软件市场还处于比较混乱的竞争局面，同样是提供一个制造业企业的解决方案，报价差距非常大。由于软件是零边际成本，有的小企业为了短期的生存和发展，掀起了一轮又一轮的价格战，而他们的低价位往往是以降低服务质量为代价的，常常连企业的需求都没有搞清楚，就匆忙报价。这种恶性的价格竞争至少产生以下恶果：

① 扰乱了市场秩序,使得中国制造业软件企业的总体盈利能力大大降低。而且往往是价格战的始作俑者损失最为惨重,甚至退出市场。

② 影响了整个中国制造业软件的形象,使不少客户认为国产软件是质次价低。

③ 造成许多制造业企业只注重考虑价格,而不是考虑软件能否解决企业自身的问题。最终导致许多制造业电子商务项目以失败而告终。

另一个问题就是行业保护和地方保护。某些地方采取购买本地的软件就给予资金扶持,购买外地软件就不给扶持的不平等政策;有些军工行业至今还采用行政方式统一采购,指定品牌等方式。这些,都是与建设社会主义市场经济的方针相背道而驰的,最终的结果也只会破坏市场秩序,影响应用效果。

整个制造业电子商务项目运作,是一个供应链、价值链的运作,链条上的每个环节都应该是增值的过程。只有价值链的每个环节都能够赢,整个价值链才能够持续发展。因此,中国的制造业软件企业应该处理好同行之间的竞争与合作关系,共同维系整个中国制造业软件产业的健康发展,形成多赢的良好局面。

综上所述,随着我国入世和全球化经济的发展,中国的制造业企业将面临更加激烈的市场竞争,推进制造业电子商务已经成为制造业企业生存和发展的必由之路。制造业电子商务是一个复杂的系统工程,价值链的各个要素实际上构成了一个经济生态系统,每个要素都应该承担自己应该承担的职责,共同保护"生态环境"。最为关键的是,必须建立公平的市场竞争机制,促进制造业电子商务的长远发展。

9.3　制造业企业实施电子商务的步骤

制造业企业的共同特征是制造产品,其业务流程包括接受订单、制订计划、原材料采购、组织生产、产品检验、配送与销售。与此流程并行穿插的或相关的还有技术开发、产品开发、产品促销、库存管理、财务管理、人事管理、客户管理等环节和任务。制造业的电子商务项目,可以很大、很全面;也可以很小,仅对某一个局部环节进行改造。但无论从小项目做起,还是直接运作全面的电子商务大项目,都应该遵循以下几个步骤,即全面规划企业、构造基础电子商务平台、后台应用系统开发建设、前台设计建设、未来业务拓展等。

9.3.1　全面规划企业

从上节的电子商务战略问题的讨论中,我们已经明确地意识到总体规划的重要性。制造业企业实施电子商务必须按照"全面规划,分步实施,效益驱动,逐步推广"十六字方针。

全面规划包括制订整个电子商务项目所需达到的目标、购置的硬件系统规划(或新添置的硬件系统规划)、软件的规划(含软件的选型、实施步骤、实施周期、实施范围、人员配备)、整体费用的规划以及整个项目的投入产出分析、风险评估等工作。通过全面规划的过程,可以使企业的高层领导充分认识到电子商务应用的特点,最大限度地规避风险。

9.3.2　构造基础电子商务平台

无论是已经实施还是尚未实施应用系统的企业,都需要构造基础电子商务平台,即企业信息门户。基础电子商务平台主要由以下几部分构成：

① 基于 Internet 的数据库；

② 应用服务器；

③ Web 服务器；

④ Internet 应用开发工具包；

⑤ 客户名录管理；

⑥ 目录管理。

企业通过建立上述基础电子商务平台，可以集成信息、采购、内容管理、合同、库存、客户关系、支持服务等各种业务与应用。电子商务平台可以帮助企业完成以下业务：

① 建立动态 Web 站点（企业门户）；

② 建立新闻中心（可以分为内部信息发布和外部信息发布）：进行动态信息发布，企业信息宣传，使企业的电子商务系统成为未来商务活动的信息中心；

③ 广告服务：通过广告活动为企业的电子商务系统增加效益；

④ 搜索引擎：基于整个企业电子商务系统的内容查询，全文检索方式以及对多媒体数据的查询；

⑤ 目录管理：为使自我服务方案有效地投入使用，确保内部员工或外部授权客户随时能拥有产品和服务的信息而建立的目录系统。

9.3.3 建立后台应用系统

很多企业虽然展开了电子商务的业务，但由于没有后台系统的库存信息、运输信息、生产信息、采购信息，所以从前台电子商务平台上获得的销售订单、市场信息不能及时传递到后台系统中；同样，如果前台系统不能及时读取后台系统中关于产品的价格、客户等信息，就会造成前后台信息的脱节，最终导致客户满意度下降。因此在电子商务的解决方案中，后台系统是非常关键的。

根据一些制造业企业实施应用系统的经验，在构造基础电子商务平台的同时，应按以下步骤建立和实施应用系统。

1）供应链系统

基本系统有库存管理、采购、售前和售中的销售系统、运输后勤系统、销售分析系统。制造业企业开展电子商务的首要环节是加强企业内管理，建立企业的供应链系统。这里所说的供应链系统已跨越了企业的围墙，它建立的是一种跨企业的协作，以此来追求和分享市场机会。因此，供应链管理覆盖了从供应商的供应商到客户的客户的全部过程，包括外协和外购、分销、库存管理、运输、仓储和客户服务等。

3）财务系统

建立总账、应收、应付、现金、资产管理系统、财务分析系统。财务系统对于一个企业是必不可少的，但是需要根据新的业务要求作出调整。

3）制造系统

建立工程数据管理、物料清单、生产计划、物料需求计划、能力需求、车间作业、质量管理、成本管理。

4）客户关系管理系统

建立市场管理、销售、服务、呼叫中心等系统。

5）决策支持系统

在前期基本应用系统建立完成之后，应对前期积累的数据进行多维的数据分析与挖掘，建立企业各层次的决策分析系统。

同时，在建立后台应用系统的过程中，企业要注意保持系统的一致性。虽然从理论上来讲，将各家应用软件集成在一起是可能的，但这种集成会花费企业额外的资金，而且有时会花费大量的时间。因此我们建议在选择后台系统的时候，尽量选择一个全面基于 Internet 的、技术领先、功能完善、能支持企业持续发展的应用系统。在这个系统中，不仅有供应链、财务、制造系统，还应有客户关系、商业智能/决策分析系统、工作流程管理。同时要考虑与前一阶段电子商务平台、后一阶段电子商务应用的集成问题。

对于以组装销售为主的企业，在实施电子商务解决方案时，一期可以仅实施供应链系统、财务系统；二期实施客户关系管理、决策分析系统；三期构造前台电子交易平台（网络客户、网络供应商等）。

9.3.4　实施前台电子商务

企业建立了基础电子商务平台和后台应用系统后，就可进入电子商务网上交易系统的实施，建立 B to B 应用，如 Web 客户管理、Web 供应商管理、基于 Internet 的采购管理、会员名录管理、网上交易等。

1）客户网上自我服务

客户可以在 Internet 上通过浏览器进行自我服务，这样可以减少时间，减少错误，提高服务质量。通过给每个访问者一个客户化的界面，让其随时了解订单信息。例如：查询可用资源、合同执行情况、监督装运、网上自学产品性能或使用方法。

2）供应商网上自我服务

同客户管理一样，供应商也可以通过 Internet 浏览器查询和自己有关的业务，如网上接收采购订单；网上查询需求；网上了解自己产品的补货情况，查看购货协议、监督存货、检验收据、提高运作效率，减少运作成本。

3）建立基于 Internet 的采购管理

建立基于 Internet 的采购管理，以支持企业对生产性产品、非生产性产品、服务、管理的购买。它支持寻求物品或服务的自我服务入口，可以提供辨别、评估并获取节省采购资金时机的必备因素。应用基于 Internet 的采购可使组织的运行比当前最优的业务实践还要好，实现大量的资金节约并有效缩短供需服务循环周期。

4）电子商店

为 B to B、B to C 模式提供应用程序，建立基于 Web 的电子商店，厂商或客户可以访问并购买其中的商品。

5）电子账单与支付

为 B to B、B to C 模式提供应用程序，建立基于 Web 的电子账单查询、填写及电子支付的手段，可应用于广泛的网上交易的支付请求。

6）电子支付网关

为网上交易提供安全的支付网关接口，保障交易的安全性和完整性。

9.3.5 拓展未来的网上业务

在能够进行电子交易后,企业还要考虑今后需要进一步拓展的网上业务内容。

1) 网上招标

依托企业电子商务系统进行网上招标,是针对企业实施网上采购、网上销售的一种电子商务运作方式。该方式将利用企业电子商务系统基础平台,包括安全平台、会员管理、支付平台、新闻中心、电子商务智能等功能,拓展企业的业务空间。

2) 招标需求的自动处理

对网上实施电子招标过程进行自动化处理,主要包括电子招标需求的生成,电子标书的自动发布,电子标箱的安全管理,电子标书的维护、收取过程,基于安全用户角色的审批过程,开标过程,招标合同的自动维护及询价处理等过程。

3) 网上谈判系统

为加入企业电子商务系统的所有会员提供网上议价、谈判等商务往来的虚拟场所。

9.4 案例:海尔的电子商务项目

9.4.1 海尔电子商务概述

海尔集团是一个以生产家电为主,集科研、生产、贸易及金融各领域为一体的国际化企业。该集团创立于 1984 年,崛起于改革大潮之中,是在引进德国利勃海尔电冰箱生产技术成立的青岛电冰箱总厂基础上发展起来的。在海尔集团首席执行官张瑞敏"名牌战略"思想的引领下,海尔经过几十年的艰苦奋斗和卓越创新,从一个濒临倒闭的集体小厂发展壮大成为在国内外享有较高美誉的跨国企业。2011 年实现全球营业额 1 509 亿元,实现利税 122 亿元;品牌价值达到 300 亿元;目前已拥有包括白色家电、黑色家电、米色家电在内的 69 大门类 10 800 多个规格品种的产品群;在海外建立了 38 000 多个营销网点,产品已销往世界上 160 多个国家和地区,2004 年实现出口创汇 10 亿美元。

几十年间,海尔的无形资产从无到有,2011 年海尔品牌价值评估为 907 亿元,跃居中国第一品牌。海尔产品依靠高质量和个性化设计赢得了越来越多的消费者。2003 年,海尔获准主持制定四项国家标准,标志着海尔已经将企业间竞争由技术水平竞争、专利竞争转向标准上的竞争。在国内市场,海尔冰箱、冷柜、空调、洗衣机四大主导产品均拥有 30% 左右的市场份额。在海外市场,据全球权威消费市场调查与分析机构 EUROMONITOR 最新调查结果显示,海尔集团目前在全球白色电器制造商中排名第五,海尔冰箱在全球冰箱品牌市场占有率排序中跃居第一。海尔集团坚持走出国门创名牌,目前,已建立起一个具有国际竞争力的全球设计网络、制造网络、营销与服务网络。现有设计中心 18 个,工业园 10 个(其中国外 2 个,分别位于美国和巴基斯坦;国内 8 个,其中 5 个在青岛,合肥、大连、武汉各有一个,海外工厂 13 个);营销网点 58 800 个,服务网点 11 976 个。海尔产品已进入欧洲 15 家大连锁店的 12 家、美国 10 家大连锁店的 9 家。在美国、欧洲初步实现了设计、制造、营销三位一体的本土化布局。其中国外最大的工业园在美国南卡州,2000 年 3 月,美国本土生产的海尔冰箱已经进入美国消费者的家庭。2002年,海尔海外13个工厂全线运营。

9.4.2 海尔的电子商务理念

海尔向电子商务领域进军,是以虚实结合的策略为指导,在推进电子网络的同时,不断夯实商务基础。张瑞敏认为,"对于电子商务,最重要的不是在于投资网络,而是在于建立自己的物流体系、商流体系、资金流体系。这样可以形成数倍的增长,原来的基础在进入电子商务时可以迅速得到扩大。"

海尔从两方面为进入电子商务领域做好准备了。一方面是准备好电子商务在外界需要的必备条件:配送网络和支付网络。目前,海尔在大城市设有营销网点一万多个,并深入到全国6万多个村庄,建立起庞大的销售网络;支付网络是和中国建设银行合作的,在全国各地均可用建行的网络支付、结算,款项可以立即转入海尔的账户。

另一方面是调整企业内部的组织结构,使其能够适应外部电子商务的要求。电子商务与其他商务最大的不同就是个性化需求,所以上述工作都做好之后,最关键的一点就是要满足用户个性化的需求。海尔集团于2000年3月10日投资成立海尔电子商务有限公司,成为中国国内家电企业第一个成立电子商务公司的企业。2000年4月18日,海尔电子商务平台开始试运行。到2000年9月底,B to C、B to B交易总额超过12亿元。海尔全国B to B商务合作交易会上仅空调产品2001年订货就达到157亿元。2002年海尔网站的每日访问人数已达到4万人次;各种业务、咨询的外部Internet邮件每日高达150封。目前强调了国际化、平台化、集团化的特点,将海尔集团网站、海尔分公司网站、海尔电子商城网站进一步提升,与海尔物流等网站集合于一体,形成海尔网站集群。

海尔集团总裁张瑞敏说:"拿到上网入场券是参与新经济最起码的条件,海尔要以对全球用户忠诚换取全球的知名品牌,争取新经济时代的生存权。网络将打破传统经济下以国界划分的经济区域,而使所有企业都面对世界经济一体化冲击。在由网络搭建的全球市场竞争平台上,企业优势被无情地放大,优者更优,劣者更劣。"

9.4.3 海尔电子商务成功应用

1) 海尔B to C的应用

面对个人消费者,海尔可以实现全国范围内网上销售业务。消费者可以在海尔的网站上浏览、选购、支付,然后可以在家里静候海尔的快捷配送及安装服务。

2000年4月18日试运行以后,到7月中旬,海尔B to C网站实现电子商务交易总额达400万元,月交易额超过120万元。对海尔来说,交易额还不是最重要的,最重要的是注册的大量用户信息,用户对海尔的信任和忠诚度是海尔最大的财富。海尔的个性化定制改变过去的批量生产为批量定制。用户在海尔网站上进行采购和个性化定制的数量与日俱增。

海尔B to C网站采用了CA智能化集成的电子商务平台Jasmine II(Jasmine Intelligent Information Infrastructure),使多媒体技术、对象数据库技术和Web技术相结合,构成了一个含有大量文字、图像、录像信息并可与三维虚拟场景交互的多媒体数据库应用系统,实现了基于Web的产品定制与导购功能。该网站可以实现在线直销、网上制订服务和网上服务中心等功能。

（1）在线直销（B to C）　海尔网上商城（www.ehaier.com）是完全由海尔集团公司负责建设、维护与经营的。它利用海尔现有的销售、配送与服务体系，为广大用户提供优质的产品销售服务。海尔集团直接对用户订单负责。全国每个地区包括农村的消费者都可以从海尔网上商城购物，海尔利用与顾客最近的海尔经销商和售后机构给用户提供服务。

顾客可以通过海尔网上商城系统，直接订购看中的商品，再通过海尔现有的销售、配送与服务体系，由送货上门或邮寄两种方式得到所购商品（除了医药产品、数码产品、《海尔兄弟》等采用邮寄以外，其他都采取送货上门的配送方式）。

目前海尔网上商城提供招商银行（全国范围）、工商银行（全国范围）的网上支付业务，用户在线支付成功后海尔能够通过系统立即查看到支付信息，然后安排配送（除了在线支付，海尔同样采用货到付款、银行电汇和邮政汇款的方式）。

（2）网上制订服务（B to C）　海尔及富个性化的创造理念，使客户可以在任何地方通过互联网享受海尔的网上制订服务，随意组合自己需要的组件。海尔最先开始的是冰箱的制订服务。海尔针对用户的需要，预先设计了多个套餐，客户也可以选配自己喜欢的产品组件，系统会进行自动报价，直到客户满意为止。订制完成，输入个人和收货信息，就可以等待产品的直接送货。同产品制订类似，客户也可以详细选择需要的服务项目。以空调服务制订为例，客户可以从空调移机、加装饰板、清洗保养等十几个服务项目中选出自己需要的服务，系统会整体报价。

（3）网上服务中心（B to C）　海尔的用户数据库及直接对用户公开的网上服务中心有如下应用：客户登记，客户填写客户登记表的内容，海尔将存放到客户服务数据库中，客户服务人员将会跟踪客户的产品使用情况，为客户提供解决方案，帮助客户了解产品的具体情况。客户可以查询到海尔不同类产品的购买、使用、维护方面的小知识。客户对海尔的产品及其他方面有任何疑问，可以在线填写表单，海尔会通过邮件或电话解答。客户可以订阅海尔新闻、市场活动、产品知识等免费电子刊物。客户购买的海尔产品有任何问题，可以在线填写报修表单，海尔会主动与您联系。

2）海尔 B to B 的应用

B to B 以通过电子商务手段更进一步增强海尔在家电领域的竞争优势，不靠提高服务费来取得赢利，力求提高 B to B 的交易额和 B to C 的个性化需求方面的创新。

截止到 2006 年，B to B 的采购额已达到 300 亿，B to C 的销售额已达到 1 亿。海尔的电子商务为什么魅力四射？用户为什么会有如此大的热情？可以看这样一个例子：

北京消费者吴先生的弟弟准备结婚，吴先生打算买一台冰箱表达当哥哥的情意。可是弟弟住在市郊，要买大件送上门，还真不太方便。海尔作为国内同行业中第一家做电子商务的信息传来后，吴先生兴冲冲地上网下了一张订单，弟弟在当天就收到了冰箱。弟弟高兴地打来电话说，他们家住 6 楼，又没有电梯，但送货人员却把这么大的冰箱送到了家里，太方便了，今后他买家电也不用跑商场了，就在海尔网站上买！

优化供应链取代本公司的（部分）制造业，变推动销售的模式为拉动销售模式，提高新经济的企业的核心竞争力。海尔电子商务从两个重要的方面促进了新经济的模式运作的变化。一是 B to B 促使外部供应链取代自己的部分制造业务；通过 B to B 业务，仅给分供方的成本降低就收益 8%～12%。二是从 B to C 的电子商务角度，促进了企业与消费者的继续深化的交流，这种交流全方位提升了企业的品牌价值。

一位供应商在通过 Internet 与海尔进行业务后给海尔来了一封信：我是一家国际公司

的中国业务代表,以前我每周都要到海尔,既要落实订单,还要每天向总部汇报工作进展,非常忙碌。有时候根本顾不上拓展新的业务……自从海尔启用电子商务采购系统后,可以在网上参加招投标、查订单、跟踪订单等工作,大大节省了人力、物力和财力,真是一个公开、公平、高效的平台。而且我也有更多的时间来了解海尔的需求,并为公司又谈下了一笔大生意,得到了公司的表扬。更重要的是,我作为中国人也为海尔自豪:我们总部也是刚刚采用类似的系统,而在中国海尔已经运作起来了,与海尔合作体现了国际的先进手段和效率!

把商家也变成设计师,"个性化"不会增加成本。海尔电子商务最大的特点就是个性化。去年海尔在内部就提出了与客户之间是零距离,而此前客户的选择余地是有限的,这对厂家有利,现在一上网,用户要定制他自己的产品,这并不是所有企业都能做到的。

要做到与客户之间零距离,不能忽视商家的作用。因为商家最了解客户需要什么样的商品,要与客户之间零距离,就要与商家之间零距离,让商家代替客户来定制产品。B to B to C 的模式符合实际情况,也帮海尔培养了一大批海尔产品用户的设计师。

海尔提出的商家、消费者设计商品理念,是有选择的,不可能让一个普通的商家或消费者代替专家纯粹从零开始搞设计,这样他们不知从何下手,也难以生产。海尔现共有冰箱、空调、洗衣机等 58 个门类的 9 200 多个基本产品类型,这些基本产品类型,就相当于 9 200 多种"素材",再加上提供的上千种"佐料"——2 万多个基本功能模块,这样海尔的经销商和消费者就可在海尔提供的平台上,有针对性地自由地将这些"素材"和"佐料"进行组合,并产生出独具个性的产品。

当然,这种 B to B 的模式若只定位在某一地方肯定不行,因为成本太大了,海尔是着眼于全球市场,这样需求就大大地增加,成本就大大地降低。一般来讲,每一种个性化的产品如产量能达到 3 万台,一个企业就能保证盈亏平衡,而事实上海尔的每一种个性化的产品的产量都能达到 3 万台以上。这样成本平摊下来,商家和消费者所得到的产品价格的增长是很微小的。

9.4.4　海尔电子商务未来展望

海尔电子商务系统还处在进一步的建设和完善中,将在新经济时代保持和发扬企业的优势,加快海尔的创新机制,缩短国际化进程。今后海尔仍然致力于电子商务平台向公用的平台发展,不仅可以销售海尔的产品,也将销售其他各类产品;不仅可以为海尔自身的采购需求服务,也将为第三方采购和配送服务。所以,海尔在开展电子商务过程中仍有很大潜力。

海尔集团作为国家知名大型企业,应该在电子商务建设方面作为领头兵,尤其是目前国内企业的电子商务网站很少的情况下,海尔集团的电子商务网站更是要走在国内同行的前列,因此,海尔集团电子商务网站完全可以作为国内企业电子商务网站的示范项目,与其他同行一道,共同促进企业电子商务的发展。

随着电子商务成为企业"日常业务"的一部分,为实现企业未来的成功,企业在开展电子商务时需要设定越来越高级别的战略。海尔电子商务战略的成功,涉及企业远景、组织结构以及研发部门等在提供卓越运营支持时所应具备的技术能力。影响电子商务战略的要素方方面面,企业只有根据自己的实际,建立企业自己的信息平台,构架企业自己的信息网络,才能在信息发展的今天在全球立于不败之地。我们相信,未来的海尔电子商务战略案例将成为各跨国企业学习的典范。

思考题

1. 我国制造业总产值占国内生产总值的比重如何？
2. 电子商务是如何提高制造业企业的竞争力的？
3. 制造业电子商务价值链由哪几个环节所构成？
4. 影响制造业电子商务项目成败的因素有哪些？
5. 制造业企业实施电子商务应树立哪几个重要的战略理念？
6. 制造业企业的共同特征是什么？
7. 制造业企业实施电子商务一般分为哪几步？
8. 制造业企业的后台应用系统一般有哪几个模块？

10 农业电子商务项目运作

10.1 农业的行业特点与我国农业的信息化情况

10.1.1 农业的行业特点

农业是一个最古老的行业,已经有几千年的历史。农业也是一个举足轻重的经济部门,在我国,农业 GDP 占总 GDP 的 30%以上。农业行业的目的,是利用太阳的能量和地球上的其他资源,通过生物转化,生产人们所需要的东西,即食物、工业原料和生物能源;又通过生物本身的存在(如森林、草地)改造自然,创造一个人类和生物本身所需要的理想的环境。

传统农业有狭义和广义之分。狭义的农业就是指种植业,分粮食作物和经济作物两大类种植业,包括粮、棉、油、麻、糖、菜、烟、药、杂;广义的农业范围十分广阔,包括种植业、林业、牧业、渔业、虫业、微生物业、农副产品加工业等。

传统的产业划分,将农业称为第一产业,将工业(以制造业为主)称为第二产业,商贸和各种服务业划为第三产业。随着现代技术的发展和市场法则的演化,现在一、二、三产的界限越来越模糊,农业正在摆脱粮、棉、油、猪、牛、羊的初级产品的生产的束缚,向着食品、医药、能源、生物化工、观光休闲等多元化方向拓展。由于农副产品的生产、加工、销售结合,科农工贸一体,形成不同层次终端产品的生产链条,有利于各个环节的衔接和整体效率和效益的提高,有利于农业的延伸和拓展,有利于农民增加收入,所以,农业行业的摆脱传统的概念,向产加销一体化方向发展,已经成为不可逆转的世界潮流。

但作为一个行业来看,传统农业的一些特点依然是难以改变的。这些特点包括:

1) 地域性强

首先是农业生产,由于受自然条件的制约和生产习惯的影响,地域性很强,因此农产品的地方特色比较明显,同一产品,在不同地区的品种、产量、质量、上市时间均有较大差别;其次是农产品的消费也有一定的地域性特点,不同地区的居民,对不同农副产品的消费需求差异较大。

2) 季节性强

农业受气候条件的影响很大。尽管现代农业技术(如温室技术和抗性新品种)可以在某种条件下生产出反季节的农产品,但由于成本和品质等多方面的原因,新技术不能改变农业产品季节性的主流特征。很多农产品的需求(如粮食需求)是均衡的,均衡的需求和季节性的供给,形成了供求不平衡的矛盾,于是产生了储藏、运输、保鲜、加工等一系列的生产和经营活动的需求。

3) 生产者分散

农业生产离不开土地资源、水资源。这决定了农业生产不能像工业生产那样集中在一个狭小的空间里，决定了农业生产者的分散性。由于这个原因，随着工业文明的兴起，农业逐渐在行业的竞争中沦为一个弱质行业，农业行业的劳动收入水平明显低于其他行业。这种行业的弱质可以通过农业的规模经营来改善。规模经营已经成为世界农业发展的潮流。我国农业的规模经营的主要形式是"公司加农户"，即由当地的龙头企业组织农民分散种植或饲养，然后由企业集中收购，走向市场，公司还向农民提供必要的技术支持。

4) 产品的标准化程度低

农业产品的外形尺寸和内在的品质很难统一，更难进行人工控制。这使在农业行业实现标准化比工业要难得多。农产品的标准化程度很低，又容易腐烂变质，这决定了有些农产品的交易只能通过当面论价的形式，网上零售没有可能。

5) 有自然和市场双重风险

由于自然因素(如干旱、水灾、虫灾、病害、酷热、严寒等)变化多端，而这些因素都直接影响农业生产的收成，因此农业行业有很大的自然风险。另一方面，如果农业丰收，农产品可能又供过于求，因而导致价格下降，或降价了依然卖不出去，这就是市场风险。因此农业行业既有自然风险又有市场风险。这也是农业行业成为弱质行业的原因之一。

6) 劳动力素质相对较低

这是我国农业的一个特点。我国农业劳动力过多，农业的效益不如其他行业，所以一般科学文化素质相对高一些的人才流到其他行业的比较普遍，尽管农村和农业人口总数很大，但在农村真正从事农业的知识青年为数不多。这种状况对电子商务在农业上的推广普及，带来了很大的困难。

10.1.2 我国农业的信息化情况

1) 发展概况

信息技术在我国农业领域的应用虽起步较晚，但发展很快。

1979年我国从国外引进遥感技术并应用于农业，首开农业信息化的先河。

1981年我国建立第一个计算机农业应用研究机构，即中国农业科学院计算中心，开始了以科学计算、数学规划模型和统计方法应用为主的农业科研与应用研究。

1987年农业部成立信息中心，开始重视和推进计算机技术在农业领域的试点和应用。

1994年以来，中国农业信息网和中国农业科技信息网的相继开通运行，标志着信息技术在农业领域的应用迈入快速发展阶段。

1996年，农业部建立了第一个国家级农业信息网——中国农业信息网。

2004年，全国农业系统已经在260个地(市)设立了农业信息服务机构，占地(市)总数的78%，77%的县、47%的乡镇政府设置了农业信息管理和服务机构，许多自然村还建立了信息服务点。

目前，信息技术农业应用研究与推广取得了一些成果，建起了一批农业综合数据库和各类应用系统，其中以粮、棉、油为主的信息技术成果约占1/3。如利用计算机技术，对农作物的选种、灌溉和施肥等不同管理环节进行优化处理后，向农民提供信息咨询，指导农民科学种田；对农作物病虫害、产量丰歉等进行预测预报，帮助农业企业合理安排生产，辅助农民科学调整生产结构;对不同类型的农业经济系统、土壤—作物—大气系统等进行仿真,辅助农业管理者编制农业规划和生产计划;根据各种动物营养需求,生产最佳的饲料配方,帮助生产厂家和养殖户获得最大经济效益。近年来,部分科研院所开始探索计算机视觉及图像处理技术在农业领域的应用,有些已取得显著的效果。农业部利用网络协议、信息发布与查询等技术,建成的专业面涵盖较宽,信息存储、处理及发布能力较强,信息资源丰富和更新量较大的中国农业信息网,现联网用户已发展到了 3 000 多家。

据中国互联网络信息中心统计,截至 2009 年 12 月底,中国农村网民规模已达 10 681 万人,首次突破 1 亿人。近年来中国农村信息化基础设施建设取得长足进展。截至 2008 年年底,农村固定电话普及率 67%,移动电话普及率 96.1%,电视机普及率 109.1%,计算机普及率 5.4%。全国乡镇上网率 98%、通宽带率 95%,27 个省份实现"乡乡上网",19 个省份实现行政村"村村上网"。截至 2009 年 8 月,全国农业网站总数接近 3 万家。

2) 存在的问题

我国农业信息化的主要问题是发展不平衡。东部沿海省份农业信息化程度较高,发展较快。他们开发多种农业信息服务渠道,不少农民通过网络寻找市场信息、发展生产。而在中西部经济不发达地区,由于受环境、经济条件等多种因素的制约,农业信息化基础较为薄弱,手段不完备,大多处于"硬件不足、软件缺乏、运行较难"的状况。

从总体上看,我国农业信息化还处于人才缺乏、体系不健全的状况,虽然一般县级以上的各级政府都有网站,但网站提供信息的时效性、针对性不强,发布的范围以生产信息、实用科技信息较多,市场信息、供求信息和农村经济信息偏少,缺乏对主要农产品生产、销售、贮存、加工动态的分析、监测和预警预报等等。

全国农民上网的普及率还很低。据对全国 31 个省、市、自治区的最新调查数据显示,全国农民上网的平均比例只有 0.2%,且主要集中在东部地区,西部地区农民的上网率更低。这并非是农民没有上网需要,而是因为农户种植规模较小,一些农民受经济条件制约,买不起电脑,也支付不起上网的费用,还有就是网络设施不完善等。

3) 政府的计划

根据全国农业和农村经济发展的总体要求,政府结合对未来 5 年我国农业农村信息化发展形势的基本判断,遵循"十二五"时期农业农村信息化的指导思想和基本原则,今后 5 年农业农村信息化发展的总体目标是:

到 2015 年,农业农村信息化建设取得明显进展。基础设施进一步夯实,资源利用率明显提高,信息技术装备水平明显提升,信息化与现代农业融合初见成效,服务体系更加健全,运行机制逐步完善,全国农业生产经营信息化整体水平翻两番,农业农村信息化总体水平从现在的 20% 提高到 35%,基本完成农业农村信息化从起步阶段向快速推进阶段的过渡。

"十二五"时期重点实现以下具体目标:

(1) 农业农村信息化基础设施明显改善　在国家加快农村地区宽带网络建设,提高宽带普及率和接入带宽的前提下,促进农村计算机、电视、电话的进一步融合,逐步提高我国农村居民计算机的拥有量,每百户达到 30 台,提高农业领域的计算机应用水平。

(2) 农业生产信息化水平显著提升　种植业信息化建设稳步推进,设施农业、园艺业信息技术应用水平显著提高;养殖业信息化建设大力推进,规模化畜禽养殖业信息技术应用逐步扩大,渔业信息化迈上一个新台阶;农业生产信息化整体水平翻两番,到 12%。

(3) 农业经营信息化水平明显提高　农业企业、农民专业合作社信息化快速推进,农产品批发市场信息化水平大幅提高,农产品电子商务快速发展,农业经营信息化整体水平翻两番,达到20%。

(4)农业管理信息化建设稳步推进　农业电子政务平台基本建成,农业资源管理、农业应急指挥、农业行政审批和农业综合执法等基本实现信息化,农产品质量安全监管信息化水平显著提升,农业行业管理信息化全面推进,农业管理信息化整体水平达到60%。

(5)农业服务信息化水平显著增强　部、省、地市、县四级农业综合信息服务平台基本建成,信息资源共建共享成效显著,信息服务专家队伍更加壮大,信息处理、信息服务能力进一步提高,信息服务机制更加灵活有效,农业服务信息化整体水平达到50%。

10.2　农业电子商务项目运作要点

农业电子商务项目运作,关键在于寻找可能买单的客户。就我国目前的情况来看,买单的客户最可能来自于三个方面:一是政府有关部门,二是农业龙头企业,三是为农业提供产前、产中、产后服务的涉农工业企业及其他中间商。

10.2.1　为政府的农业信息化工程服务

1) 我国农业农村信息化建设的主要任务

根据我国农业农村信息化发展的指导思想和发展目标,为全面推进信息技术在农业生产、经营、管理、服务中的应用,"十二五"时期,我国农业农村信息化建设主要包括以下五项主要任务。

(1)夯实农业农村信息化基础　在国家统筹布局新一代移动通信网、下一代互联网、数字广播电视网、卫星通信等设施建设的背景下,推进农村信息化基础设施建设。积极推进光纤入户,加快农村地区宽带网络建设,全面提高宽带普及率和接入带宽。继续开展"村村通电话"工程,改善农村地区尤其是偏远山区和贫困地区20户以上自然村的通信基础设施。继续实施广播电视"村村通"工程,提高农村有线电视入户率。推进互联网、电信网、广电网在农村地区的融合。

加快农业基础设施、装备与信息化的深度融合。研制推广智能节水灌溉系统,积极发展节水农业,不断提高农田水利信息化水平。健全网络与信息安全法律法规,完善农业信息安全标准体系和认证认可体系,实施信息安全等级保护、风险评估等制度。加快推进安全可控关键软硬件应用试点示范和推广,加强信息网络监测、管控能力建设,确保农业基础信息网络和重点农业信息系统安全。推进农业信息安全保密基础设施建设,构建农业信息安全保密防护体系。加强农业互联网管理,确保国家网络与信息安全。

(2)加快信息技术武装现代农业步伐　积极推动全球卫星定位系统、地理信息系统、遥感系统、自动控制系统、射频识别系统等现代信息技术在现代农业生产的应用,提高现代农业生产设施装备的数字化、智能化水平,发展精准农业。积极推进农田管理地理信息系统、土壤墒情气象监控系统、智能灌溉系统、测土配方施肥系统、作物长势监控系统、病虫害监测预报防控系统等信息技术在大田种植中的应用。

积极推行健康养殖方式,在设施养殖水平较高的养殖地区,开展养殖业信息化示范。研制推广设施养殖环境智能监控系统、联合选育网络辅助决策系统、饲料配方辅助决策系统、动物健康管理辅助决策系统和动物疫病诊断与预警辅助决策系统等,实现集约养殖场健康养殖的智能化管理。加强农业遥感、地理信息系统、全球定位系统等技术研发,努力推进农业资源监管信息化建设。加强农业变量作业、导航、决策模型等精准农业技术的研发,对种植业用药、用水、用肥进行控制,促进种植业节本增效。加强农业生态环境传感器、无线测控终端以及智能仪器仪表等信息技术产品研制,对设施园艺、畜禽水产养殖过程进行科学监控,实现农业信息的全面感知、可靠传输和智能处理。

(3)助力农业产业化经营跨越式发展 鼓励农业企业使用企业资源计划(ERP)、业务流程重组(BPR)等管理信息系统,提高企业在采购、生产、销售、营销、财务和人力资源管理等环节的信息化水平,推动企业经营管理信息化。引导国有农场使用地理信息系统,组织开发以土地权属管理为基础,集土地经营、农业生产和职工管理等于一体的综合性土地信息化管理系统,实现农场经营土地的精确管理。

建立农民专业合作社信息管理平台,实现农民专业合作社的会员管理、财务管理、资源管理、办公自动化及成员培训管理,为合作社提供农产品批发市场价格信息、农资市场价格和质量信息,实现生产在社、营销在网、业务交流、资源共享,提升农民专业合作社综合能力,降低运营成本,促进农民增收。开展农产品批发市场信息化示范,重点支持大型粮、棉、油、禽、肉、蛋、水产、蔬菜、花卉、茶叶等重点农产品批发市场的信息化建设。建设农业电子商务平台,提供生产、流通、交易、竞价、网上超市等服务。鼓励基础电信运营商、电信增值业务服务商、内容服务提供商和金融服务机构相互协作,建设移动农业电子商务服务平台。

(4)推进农业政务管理迈上新台阶 推进耕地监管信息化建设,加强对耕地土壤质量、肥料肥效、农田土壤墒情等内容的监测,为科学管理,提升地力提供决策支持。构建国家级草原固定监测网络,建立一批国家级草原固定监测点,实现对不同类型草地生态系统资源、植被长势、生产力、工程效益、草原利用、草原火灾、鼠虫灾害、生态环境状况等全方位的监测。推进养殖水面资源管理信息化建设,对我国养殖水面面积、养殖结构、水面质量进行监测,重点加强渔业水域生态环境监测能力建设,提高渔业水域生态环境监测能力。

推进国家农情(包括农、牧、渔、垦、机)管理信息化建设,对农业各行业进行动态监测、趋势预测,提高农业主管部门在生产决策、优化资源配置、指挥调度、上下协同、信息反馈等方面的能力和水平。推动渔业安全通信网建设,实现对渔船的实时、可视化监管。建设和完善行政许可审批信息管理系统,重点完善农药、种子、饲料、兽药等经营许可证审批流程,实现行政许可审批信息化,提高审批效率。建立覆盖部省两级行政管理部门、部级农产品质量安全监测机构和固定风险监测点三方面的农产品质量安全监测信息管理平台,实现监测数据即时采集、加密上传、智能分析、质量安全状况分类查询、直观表达、风险分析和监测预警等功能,为政府加强有效监管,公众及时了解农产品质量安全权威信息、维护自身合法权益提供信息保障。按照《中华人民共和国突发事件应对法》《国家突发公共事件总体应急预案》等法律法规要求,完善农业部应急指挥信息系统,建立和健全统一指挥、功能齐全、反应灵敏、运转高效的应急机制。

(5)开创农业信息服务新局面 加强与电信运营商、IT企业等的合作,充分利用3G、互联网等现代信息技术,建设覆盖部、省、地市、县的四级农业综合信息服务平台,完善呼叫中心信息系统、短彩信服务系统、手机报、双向视频系统等信息服务支持系统,为广大农民、农民专业合作社、农业企业等用户提供政策、科技、市场等各个方面的信息服务。

完善部、省、地市、县、乡、村六级农业农村信息化管理及服务网络,健全农业农村信息化工作组织体系。依托农业综合信息服务平台,组建各级、各个领域的权威专家服务团队,增强服务效果。规范乡村信息服务站点建设,提高基层农村信息服务水平。探索建立公益性服务政府主导,非公益性服务市场运作的信息服务机制,形成"政府主导、社会参与、市场运作、多方共赢"的农业信息服务格局。因地制宜,探索农业农村信息服务的可持续发展模式。建立健全农业信息服务法律法规体系,规范信息服务主体行为。建立农业信息市场,优化信息服务环境,为信息服务长效运行创造条件。

2)我国农业农村信息化的保障措施

农业农村信息化建设是一项复杂的系统工程,为确保各项工作顺利开展,政府在政策、资金、组织以及机制等方面提供有力保障。

(1)政策保障 各地应把握农业农村信息化的发展趋势,因地制宜,加快制定当地农业农村信息化中长期发展规划、专项规划,搞好顶层设计。加快研究农业农村信息化政策,对研发和使用信息装备的单位给予一定扶持,对使用信息装备的农民进行补贴,将农业农村信息化发展纳入强农惠农政策之中。

(2)资金保障 争取各级财政每年安排一定规模资金作为农业农村信息化发展的引导资金,重点用于示范性项目建设。在确保农业产业安全的前提下,适当放宽市场准入条件,引导农业企业、电信运营商、IT企业等方面社会资金投入,不断加大农业信息技术研究、信息化基础设施建设以及农业农村信息化项目和人员培训等。

(3)组织保障 加强组织领导,各级政府和有关部门要把加快农业农村信息化建设和发展作为当前和今后一个时期农业和农村工作的重要内容来抓。各地要成立专门的农村信息化建设工作机构,并充分发挥其决策协调作用,实行统一领导、统一规划、统一建设、统一标准、统一管理,做到领导到位、组织到位、措施到位。加强宣传,提高社会各界对发展农业农村信息化的认识。

(4)机制保障 建立"资源整合,协作共享"的农业农村信息化建设机制,避免重复建设,提高信息资源利用率。建立"政府主导,市场运作"的"公益+市场"的农业信息服务机制,提高农业信息服务水平和质量,探索可持续发展的农业信息服务模式。建立农业农村信息化标准体系,完善各项信息化工作规范,有序推进全国各地农业农村信息化进程,开创我国农业农村信息化新局面。

10.2.2 为农业龙头企业服务

农业龙头企业是农业产业化经营的主体,它一头连着农户,一头连着市场。我国的农业龙头企业目前为数不多,但发展速度很快。农业龙头企业相对于农民来说,对电子商务项目的需求更直接,更便于操作。但就目前而言,我国的农业龙头企业存在着如下一些需要解决的问题:

(1)产业规模太小,企业的凝聚力不强。大量的农业企业是小型企业,技术落后,产品门类少、档次低,缺乏市场竞争力,因此不能真正起到龙头作用,它们大多数还没有真正与农民结成以利益共享、风险共担、共同发展为特征的利益共同体。

(2)资金短缺。这是农业龙头企业普遍性的制约因素。由于规模小、利润低,企业抗风险的能力弱,所以企业融资比较困难,缺乏扩大再生产的资金,甚至连维持正常运转的资金往往都难以保证。

（3）缺乏企业与农户之间有效的约束机制。企业与农户之间的关系大多处于一种松散的状态，这种关系往往使企业和农户的利益得不到保障，不利于形成产业化经营持久稳定的内在动力。

（4）缺乏市场信息和走向市场的能力。有些龙头企业的形成是靠行政力量撮合的，而不是通过市场竞争来产生的，因此这些企业依然没有走向市场的能力，更缺乏市场信息，迫切需要加以引导和扶持。

电子商务技术对解决农业龙头企业的上述问题是很有帮助的。

（1）开展电子商务，有利于企业的规模扩大。例如，建立一个客户管理系统，企业就可以高效地处理与农户之间的业务往来信息，在人手不增加的情况之下，企业带动农户的规模就可以扩大。

（2）通过开展电子商务，龙头企业可以发展订单农业，大力开展定制化服务，这样可以减少经营风险，从而增加在银行的资信等级，有利于资金融通。

（3）农业龙头企业可以利用电子商务技术，整合供应链资源，在企业与农需品厂家之间、企业与农户之间、企业与消费集团之间建立约束机制。例如，企业内部网建设得好，就可以加强供应链各环节之间的合作与沟通，同时也有利于建立相互之间的约束。

（4）通过在互联网上进行信息搜寻，可以及时了解世界各地农产品市场行情，从而可以解决农业龙头企业因身居农村信息闭塞的缺陷。也可以利用互联网发布本企业信息，扩展企业产品的市场销售空间。

（5）农业龙头企业可以利用电子商务的技术手段和法则，围绕本企业经营的核心产品，建立一个强大的技术推广与服务网络。这个服务网络可以显著地增加企业对农户的凝聚力，从而增加企业本身的竞争力。

所以，围绕着农业龙头企业来动脑筋，应是农业电子商务项目运作的一个重点。

10.2.3　构建农村市场服务体系

农村是一个大市场，因此很多工业企业已经把目光瞄向了中国农村，特别东部农村。对生产农需品的厂家来说，他们的市场本来就面向农村。这些厂家，往往对农业电子商务项目最感兴趣。因此，帮助这些厂家构建在农村的销售服务体系和技术服务体系，也是运作农业电子商务项目的一个重要切入点。

2000年，浙江大学电子商务研究中心根据我国农村的信息化水平与人力资源情况，设计了一个以涉农服务为主业的农业电子商务项目草案。草案纲要如下：

（1）以市（县）为单位建立农业电子商务服务公司。

（2）在乡镇一级建立代理点或分支机构，从农技人员、复员军人、回乡学生中培训代理员，为代理点创造上网条件，如提供电脑等，同时，鼓励有条件的农户自己直接上网。

（3）电子商务服务公司的主要业务是：

① 为农民提供技术服务：公司一方面通过互联网培训代理员，再通过代理员培训农户，另一方面在自己的网站上提供农业技术资料，供代理员或其他有条件上网的农户查询，还可以组织专家小组负责解答农户的疑难技术问题。疑难技术问题由农户告诉代理员，代理员通过电子邮件通知公司，解答后同样由代理员通知农户。

② 为农户提供市场信息：公司要负责收集国内外的市场信息，发布在自己的网站上，

再由代理员向农户发布。

③ 帮助农户在网上宣传：农户的产品信息汇集到代理员处后，由公司在自己的网站上发布，并帮助农户在其他网站上发布。有反馈后同样由代理员通知农户。

④ 提供交易平台：公司网站有交易板块，交易板块采取会员制。一方面通过代理员汇集农户的需求和产品上网，另一方面鼓励符合条件的农业生产资料提供商、农技部门、种子公司甚至百货公司上网与农户直接交易。公司也可以自己充当农户的采购代理人与销售代理人。

(4) 代理员的主要任务

① 信息中介：农户的供求信息技术疑难均由代理员汇集通知公司，公司搜集的市场供求信息、技术疑难的解答也由代理员公布或通知农户。

② 技术培训与服务：代理员将对农户进行一般的技术培训与服务。

③ 物流中心：当公司充当销售代理时，分布在各地的代理员就是物流中心。农户采购的产品，由各供应单位送到代理员处，再由代理员分发给农户，农户销售的产品，也可以集中到代理员处。

上述方案实施的价值可从以下几个角度来理解：

(1) 有利于促进农业新技术在农村的迅速传播 我国农业技术普及的主要困难是人才缺乏，通过互联网，公司可以从全国、甚至全世界聘请专家网上兼职，对公司及农户进行技术指导；一个 4～5 人的专家小组可以同时培训几千名代理员；一个由各类农业技术专家组成的小组，可以负责回答全市(县)农户的疑难，因为绝大多数简单而重复的问题都可以由代理员直接在网上帮助农户找到答案。

(2) 有利于促进农业生产的结构调整 公司实时为农户提供市场信息与相关技术及生产资料，将促进农户按市场要求进行生产，促进农业从粗放式农业向高效农业转变。

(3) 有利于降低农户负担 公司可以汇集农户需求，通过采购招标降低农业生产资料的采购成本，农户也可以自己在网上通过集体购买、采购招标等手段来降低采购成本。

(4) 有利于减少假冒伪劣产品 公司可以通过对入住网上交易市场的企业资格进行审查，同时让农户直接在网上评价商家的产品与服务，建立商家信誉评价体系等方式来保证产品的质量。

(5) 有利于促进农村的专业化分工 农户可以集中精力于生产，销售与技术服务可由公司与相关机构协助解决。

(6) 有利于刺激农村消费 上网的城市商家有什么商品，代理员就可以销售什么商品，而且，由于中间环节少，价格也会比较低。对少数需求量较大的商品，公司可以通过代理员汇集农户需求后以招标采购的方式购买，这将进一步降低商品的价格。无疑，这些都有助于促进农村消费。

与浙江大学电子商务研究中心的方案有惊人相似之处的一个真实的农业电子商务项目于 2000 年初在江苏省浮出水面，这就是苏州未来农林大世界的易农网。

苏州未来农林大世界是以新加坡的一家企业为主投资兴建的大型农业园区。该园区建设的目标是作为一个国际农商在中国的投资与商贸平台(Gateway)。园区本身以农业技术(包括新品种、新设备、新的种植方式、饲养方式与加工工艺)的常年展示、定期展览、培训与直销等手段，将世界农业技术的最新成果推向中国农民。与这个经营主线相配合，易农网的构思便应运而生。易农网是由一个"电子商务网站"与一批分布在县城、重点乡镇、涉农社区(如农业院校、农资市场等)的"易农服务站"所构成。每一个易农服务站就是一个网络终端,有一台或一组上网电脑、一套打印复印等办公设备、一组样品柜台和一间大约 30 平方米的办公场所。可由 1~2 人操作,每个易农服务站的主持人相当于上述浙江大学电子商务研究中心所提方案中的"代理员"角色,而网站及农林大世界就相当于上述方案中的"公司"角色。农林大世界公司与各地的易农服务站之间的关系采用特许经营的模式,公司向服务站提供货源,服务站则充当了当地的配送中心,而网站随时为各地服务站提供信息服务。

易农网的方案得到了县、市、省各级政府信息产业主管部门的高度重视和赞誉,2000 年被江苏省信息产业厅评选为全省十大电子商务试点工程之一,也是全省农业领域唯一被选中的试点项目。这个项目,尽管后来因主办单位的主营方向转变而没有向前推进,但它的运作思路已经被很多地方政府和涉农企业所接受,并在不同程度上予以实施。

总而言之,运作农业电子商务,需要考虑农业的行业特点和农村信息化基础建设的发展情况。首先要与政府的努力步调一致,争取政府部门的扶持,努力使政府部门成为项目的客户;其次要关注农业龙头企业,龙头企业最有可能成为电子商务项目的客户;第三要关注涉农工业企业,他们的产品或服务要推向农村,不利用电子商务将是很困难的。

10.3 农业电子商务项目运作案例

10.3.1 中国农业网站概况

在农业电子商务项目中,比较突出的是网站技术的应用。打开 Yahoo 中文网站,键入"中国农网"关键词进行搜索,不难发现有近百家著名农业网站。目前以"中国农网"概念在门户网站上登录的各种网站,大体上可以分为以下几类:

1) 政府主办的综合性网站

这类网站由国家和地方政府农业管理部门主办,是结合政府上网工程和国家的农业信息化工程计划而建设起来的。一般提供部门或地方综合性情况介绍,也有不少市场和技术信息。例如:

• 中国农业信息网(http://www.agri.gov.cn/):中华人民共和国农业部主办,含政府职能、行业新闻及法规、农业部公告等信息。最近开辟了服务版,向全国提供技术和市场信息服务。

• 中国农村村民自治信息网(http://www.chinarural.org/):传播、交流村民自治信息及农村基层选举情况。

• 江苏农业网(http://www.jsagri.gov.cn/):由江苏省农林厅主办,提供江苏省种植业、畜牧业、林业、农村环境能源等综合信息,包括价格行情、供求信息、专家咨询、产业指导、农业科技、论坛、预测、江苏农业在线展示等。

2) 涉农行业的服务网站

涉农行业服务网站是农业电子商务中很重要的一类网站。这种网站一般由政府服务部门、权威性的行业协会或中介组织主办,也有是较有实力的其他企事业单位主办。这类网站主要提供本行业市场、技术和法规方面的信息,也为行业内的企业和个人提供其他服务,例如：

  • 中国农村能源环保信息网（http://www.carei.org.cn/）：中国农村能源行业协会主办，提供农村能源建设的行业动态、产品信息。

  • 中国饲料行业信息网（http://www.feedtrade.com.cn/）：由中国农业部饲料工业信息中心主办，提供饲料行业的相关信息。

  • 中国农副产品加工网（http://www.china-agriprocess.com/）：提供农副产品市场动态、价格行情、供求信息、政策法规与相关信息。

  • 中国畜牧兽医信息网（http://www.cav.net.cn）：由中国农业部畜牧兽医司制作，提供兽医方面的信息服务。

  • 中国农药网（http://www.pesticide.com.cn）：提供农药市场信息、厂商、产品信息。

  • 中国农药信息网（http://www.pesticide-info.com.cn/）：提供农药市场行情、企业及产品信息。

　　3）涉农企业商贸网站

　　涉农企业商贸网站的目的一般是为拓展涉农企业自身的业务而建立的，网上或是本企业产品信息，或是中介产品与服务。有些网站为了吸引读者，也提供读者感兴趣的其他信息。目前还没有出现网上支付的商业模式，一般是网上浏览，网下交易。少数在网上可以下订单，但付款仍需要去银行或邮局。比较有名的此类网站如下：

  • 中国农网（http://www.aweb.com.cn/）：北京农软科技有限责任公司为主体，联合数家单位投资创建，以创建互联网时代中国农业服务新体系为己任，立志成为中国最大的农产品交易平台、农资交易平台、新闻知识传播中心。网站设有以招商引资、技术项目交易、供求信息、农业书城、价格信息、商务论坛为主的商务栏目，以今日关注、市场动态、科技前沿、农情通报为主的新闻栏目，以资本市场、管理方略、观点视点为主的财经栏目，以农资、种业、畜牧兽医、瓜果蔬菜、饲料、水产为主的专业知识栏目，以农业人才、农业教育为主的专业特色栏目等。

  • 金禾网（http://www.chinacoop.com/）：中华全国供销合作总社主办，提供中国农业产销和相关信息。

  • 中华神农网（http://www.3sn.com.cn/）：提供农业科学、技术交流、新闻、交易中心及书籍等信息。

  • 世纪农网（http://www.21agri.com/）：提供市场及供求信息、农业金融和科技资料。

　　4）农业科技教育与推广网站

　　农业科技教育与推广网站其实很多，但大多嵌在大学、研究所的网站内部。这类网站多为公益性的网站，不以盈利为目的。开展农业电子商务，可以免费利用这些网站所提供的资源。以下是一些较典型的代表网站：

  • 中国农业科技信息网（http://www.caas.net.cn/）：由中国农业科学院主办，提供农业科技、生产、市场信息和农业数据库检索服务。

  • 中国农村研究网（http://www.ccrs.org.cn/）：三农问题研究网站，含学术文库、村民自治等信息。

  • 中国农村远程教育网（http://www.crdenet.net.cn/）：由中央农业广播电视学校、农业部农民科技教育培训中心主办。

  • 中国农技 110（http://www.nj110.com/）：包含农业技术资料、商业机会、产品供求信息、生产企业介绍和市场分析等信息。

- 中农网（http://www.chinagri.com/）：介绍农业知识和科学技术。

10.3.2 典型农业网站剖析

本节详细介绍"中华神农网"（http://www.3sn.com.cn）和"菜管家"（http://www.962360.com）的架构与内容，以便大家进一步体会典型农业网站的运作思路。

1）中华神农网

（1）主办企业简介 中华神农网由北京国立中网信息技术开发有限公司主办。这是一家专门从事农业信息技术研究、农业信息资源开发、农业信息服务、农业信息网络及相关信息终端软硬件产品开发和销售的公司。该公司与国家统计局农调总队以及各相关省统计机构的专业媒体达成广泛合作协议，已取得有自主版权的信息资源供应体系。与此同时，公司正在与国内外涉农企业、农业主管机构、农业经济媒体、农业高等院校等形成日益完善的合作体系。

该公司主要产品有：

① 中国农业信息系统工程：本工程涵盖中华神农网、中国县域经济系统、农产品交易市场信息系统、农业经济媒体系统、超级信息统计软件与发布系统、标准数据库服务系统以及各合作媒体的网络版系统等。

② 与深圳泛友投资公司合作推出的中华神农网掌上个人移动信息终端。

基于上述基础，公司面向农业提供两方面服务：

① 信息服务：依靠中华神农网的强大功能，搜集、加工、生产、销售一系列经过整合与集成的专业化农业信息，为政府部门决策、涉农产品销售、农民致富等提供专业化软信息产品和咨询，并帮助企业进行生产和交易信息的发布。

② 技术开发：该公司依靠自身的专业技术队伍为各合作单位提供软件开发、系统设计等一系列专业化服务。

（2）中华神农网的架构与内容 中华神农网定位于集信息开发、信息提供、信息服务、信息集成和技术支持于一体的专业农业信息网络。主要是采用高科技信息技术手段，对各种类别的农业信息以及相关的信息反馈和调研结果进行科学的收集、整理并将其整合加工成准确、实用、有效的信息产品，提供给各级用户。网站分9个板块：农业新闻、县域经济、农业科技、交易中心、农企名录、农网联盟、农业书架、农业论坛、神农网络。

① 农业新闻板块：是中华神农网的门户，包括：新闻首页、农业种植、林业新闻、畜牧业报道、渔业新讯、其他消息、国际焦点等。通过新闻栏目，可以了解到种植、林业、畜牧业、渔业等各专业的业内最新动态，包括相关政策出台、最新行情变化等。其他消息栏目则报道一些综合农业的相关信息。国际焦点专门汇集国际上农业的最新动态，帮助用户了解国际市场行情，全局掌握世界范围的大市场。

② 县域经济板块：包括基本概况、历史沿革、投资环境、资源情况、工业基础、农业基础、文教卫体、市政建设。每县均设置独立板块，将县城信息系统，各农业科研单位及个人、农业信息开发单位及个人、各级农业媒体等合作对象提供的栏目设置所涉及的信息发布在互联网上；与此同时还在《调研世界》上发表，以期最大限度地利用信息资源。网站承诺以最快的速度将各省县信息全方位、立体化地在互联网上传播，同时大大降低了各县市、乡镇自建网

络的费用和相对封闭性，以促进地方经济的发展。

③ 农业科技板块：包括农业技术、家禽养殖、家畜养殖、特种养殖、养殖门诊、饲料技术、水产养殖、农业技术分类、种植产品、畜牧产品、渔业产品、林产品、生产资料、农业服务、农业机械等，是该网站的核心板块。在这里，网站力求为用户提供系统性强、实用性高、科技含量丰富的科技信息。从这里可以了解到种植、畜牧、渔业等专业技术、养殖种植经验、病虫防治技术以及产品加工等全套科技信息，同时还涉及化肥、农药、农业机械、农业服务等各类技术信息，包容性强、信息量大。

④ 农产品交易中心：提供了一个农产品信息交易的商务平台，帮助用户在漫游网络时把握住稍纵即逝的商机。该板块帮助客户寻找贸易伙伴，建立业务联系。

⑤ 农企名录板块：为涉农企业发布、查询及修改地址和商务信息。

a. 发布信息：免费将企业买、卖、合作各个商务信息发布出来，供其他用户查询，从而帮助企业寻找到合适的客户，建立起适当的业务联系。

b. 查询信息：免费查询其他用户的各类商务信息。

c. 修改信息：免费修改企业发布出来的商务信息，使企业能及时更新信息资料。

⑥ 农企联盟板块：也就是农业网站信息中心。这里是包含了一些已经建立了自己的网页或网站的涉农企业。中华神农网农业网站信息中心为用户提供了一个宣传公司网页或网站的绝佳场所，如果企业已经有了自己的网页或网站，就可以在此链接；如果没有，可以把企业宣传所需的图片、文字交给网站，由网站代为制作和发布。

⑦ 农业书架板块：包括书架首页、养殖类、种植类、兽医兽药、技术类、教材类、经济类、文体类、其他类图书分类栏目。有鉴于各级用户对农业书籍、期刊、杂志、报纸的强烈需求，同时又苦于无从找起、无法找到的现状，网站开设了本板块，主要介绍这些书报的出版、价格和内容等方面的信息。本板块将与各出版社联手合作，形成出版、在线查询、阅读、订阅等一系列服务，以最大限度地满足用户需求。

⑧ 农业论坛板块：包括农作物、畜牧、养殖、粮油、花卉、饲料添加剂、瓜果蔬菜、园林、水产、经济作物、生物工程、农资、神农论坛、神农闲聊等栏目，是各级用户的自由活动天地。网站开设了有关农业的各类论坛空间，"点"进来，您就可以选择自己感兴趣的话题进入论坛，自由发布您的观点，与大家一起讨论，走进农业论坛构建你的在线精神家园。

⑨ 神农网络板块：包括神农网络、公司介绍、网络介绍、招商合作、神农招聘、联系我们等栏目。通过这些栏目，动态介绍神农网络的前台和后台，包括网络、公司的介绍，招商合作的条件、内容，与网站的联系方法，神农网络的最新动态等。在这里用户可以了解到网站主办者的情况，了解网络的最新亮点和主办者新近推出的硬件产品以及产品介绍。

此外，网站还提供了较为广泛的搜索功能，搜索栏目有：搜索首页、新闻媒体、电脑网络、商业金融、休闲娱乐、生活服务、教育人才、健康保健、文学艺术、社会经纬、农业经济、竞技体育、游戏旅游等。这里是一个巨大的搜索引擎。进入神农搜索，你就可以在整个社会天地里自由邀游，无论是哪一方面、藏在哪个角落的信息，都可以为你搜索出来。

2)"菜管家"网站

(1) 主办企业简介 "菜管家"是目前国内最大的优质农产品订购平台，由上海农信电子商务有限公司建设运营，从 2008 年开始为企业提供农副产品团购服务(公司网址是 ht-

tp://www.962360.com/)。2009 年 7 月,"菜管家"网站改版上线试运行,推出个人在线订购服务。目前,"菜管家"提供涉及人们饮食的 8 大类 37 小类,近 2 000 种涵盖蔬菜、水果、水产、禽肉、粮油、土特产、南北货、调理等全方位高品质商品,为 3 000 多家大中型企业提供节日福利与商务礼品服务,为近 20 000 个人提供网上订购和电话订购服务。此外,"菜管家"还在上海青浦建立了符合 GMP 食品安全管理体系的物流仓储基地,建成了一套集 ERP、SCM、CRM、OA 等信息支撑平台于一体的 IT 支持系统,开通了 COD 货到付款和在线支付的结算体系,提供安全、便捷的支付体验。2009 年,"菜管家"获得年度中国农业百强网站、年度农副类网站用户投票第一名、迎世博 2009 九鼎杯上海市场诚信经营单位称号。

"菜管家"网站自 2009 年 6 月份试运行以来,实现销售额 900 万元。目前,"菜管家"共引进农副产品、食品类供应商 40 多家,涉及非鲜活类肉禽、水产、禽蛋、蔬菜、水果、粮食、食用油、酒类,以及其他食品类共约 1 500 多个单品。"菜管家"有以下四大特色:

① 产品有特色:线上的产品都是相对知名的特色农产品,如马陆葡萄、银龙蔬菜、南汇石笋水蜜桃等。

② 响应时间快:该平台依托网络与 962360 订购专线,通过信息化管理,能针对生产与库存现状对订单进行快速高效的处理,提高客户的满意度,减少农产品在加工和配送环节的损耗,确保在第一时间将新鲜、鲜活的农产品送到顾客手中。

③ 产品质量高:通过对农产品加工配送环节的控制,确保农产品质量,提高标准化程度,保证产品的可追溯,包括加工批次、运输批次、到货时间、操作人员等详细内容实现全程追溯,确保质量和安全。

④ 服务个性化:针对不同的消费群体推出个性化的产品组合,倡导健康生活方式,不仅仅只是产品销售,还有健康指导的作用。

(2)市场定位 "菜管家"面向上海的白领及企业,对于白领及其家庭,"菜管家"提供了包月、包年、"两人份"、"三人份"等服务,可根据消费者的要求,每天按时送货。消费者还可以将自己及家人的身体状况输入到网站的系统中,由营养专家分析后,按照每个人的体质对每年的膳食进行搭配。对企业而言,主要是以礼品券的形式进行交易的。企业一次性向"菜管家"团购一批礼品券,在节日期间发放给员工作为福利,员工可以凭券根据个人意愿在"菜管家"网站挑选自己喜欢的农产品。

对于目前的农产品消费而言,去超市、菜市场采购仍是消费者普遍采用的方式。此外,虽然我国网民数量仍然在快速增长,网上交易额也在不断增加,但多是年轻人进行交易,并且多集中在服装、3C 产品等方面,对于网购农产品的认知和支付意愿还处在初级阶段。在开展电子商务时,盈利模式无非是两种:一种是通过完善的服务赚取附加值;另一种是通过直接采购的方式降低价格,聚集人气,通过销售量的增加来赚取利润。由于农产品,尤其是生鲜类农产品本身易腐、附加值低等特点,将电子商务应用到农产品销售时,一方面可以采取直采的方式来降低采购成本;另一方面又要通过提供各种完善的服务来增加价值。这些因素都使得"菜管家"在最初的战略定位时将上海的中高收入的年轻白领锁定为客户群。在进行宣传时,将直采、有机、可追溯等作为重点推广,同时提供完善的售后服务来达到增加附加值的目的。

(3)采购、加工流程分析 "菜管家"在采购方面与农户、农民专业合作社、龙头企业合作。在与农户的合作方面,公司员工凌晨上门,帮助农户进行分拣并取货;提供免费包装并包销;同时联手农信通与农户及时进行信息交流。与农民专业合作社的合作主要集中在良种场。"菜管家"通过与良种场的合作进行品种的保护,并且负责对品种的宣传和包销。这里比较典型的就是与上海南汇纯种浦东鸡定点养殖基地的合作。浦东鸡为国家级畜禽遗传资源保护品种,通过与"菜管家"的合作,该基地整个生产管理过程采用了全程安全监控,每只鸡上都有专门的 RFID 标签,全程记录鸡的整个生长过程,以保证鸡种的纯正。同时,通过"菜管家"的网络宣传,扩大了浦东鸡的销售量,使得整个基地的效益得到了提升,"菜管家"也从中获得一定的收益。与龙头企业的合作主要是龙头企业提供一定数量的农产品供"菜管家"在网上销售,由于"菜管家"目前的网上销售量还不是很大,龙头企业的产品占的比重较低,因此龙头企业与"菜管家"合作的意愿并不强烈,交易量也较小。

此外,"菜管家"还通过与全国较有特色的种植基地如"新疆哈密大枣"、"陕西核桃油"建立联系,实现部分特色农产品的全国直采。"菜管家"在加工方面拥有自己的加工厂和冷库,可以对采购的农产品进行一定程度的粗加工和简单包装,并且可以存储一段时间。

农产品产销链具有复杂性,这使得一般的电子商务模式难以运行。而该企业却充分利用了复杂性,使其不仅没有成为农产品发展电子商务的障碍,而且得到进一步开发,提供了新的服务。从案例中也可以看到,信息技术的潜力是巨大的,充分利用信息技术可以完全把复杂性和多样性在服务方面做到较高的层次。此外,到位的业务流程设计也非常关键,它需要根据信息技术的特点,发挥创造性,精心设计,绝不能简单地将线下业务搬到网上。

(4) 配送流程分析　"菜管家"在农产品配送方面通过与第三方物流公司合作,实现当天订货当天送达。消费者在网上提交订单后,客服人员会通过电话与消费者确认并商讨送货时间。然后客服人员会通知第三方物流公司取货时间,由第三方物流公司将农产品送到消费者手中。若是一次性购买低于 300 元,每次配送收取 10 元的快递费,超过 300 元则免快递费。

"菜管家"在配送上的成功实践表明,无论是借助现有的快递网络,还是依靠自身建设配送渠道,都要针对消费者需求、不同种类农产品的特点等对配送渠道进行完善的细节设计。通过完善的细节设计,可以将农产品电子商务两端大量的生产者和消费者有机联系起来,从而达到提高配送效率,降低物流成本的目的。"细节决定成败"在农产品电子商务中体现的尤为明显。

(5) 品牌建设分析　"菜管家"销售的农产品中,部分由自身进行粗加工和包装,并贴上自己的标签,有些是对已有品牌的网上代卖。例如,大米就有"锦菜园"、"美裕"等四五个品牌同时在网上销售。品牌在国内农产品领域是弱项,现有研究表明,农产品品牌建设严重滞后于工业产品品牌和服务产品品牌。人们对农产品的品牌意识不强,如果从超市购买散装产品,品牌影响或许不大,而对于农产品电子商务公司而言,树立一个值得信赖的品牌形象,就像网上买书会想到"当当"、"卓越"一样,使消费者可以放心地在该网站购物是其生存和发展的重要因素。

10.3.3　农业网站的作用

农业网站网上信息传播、网下产品交易的模式,实践证明是行之有效的,符合我国当前的国情,也受到农民和涉农企业的欢迎。本节将通过一个真实的例子来具体说明。

这要从 2005 年说起,当时,江苏农业商务网(www.jsagri.cn)发布了江苏金叶粮油食品有限公司产品供求的消息,立即引起各地客商的关注。大批外地客商闻讯而至,使市场内外交易红火。该公司负责人按捺不住感激的心情,于 2006 年 9 月 20 日写了一封感谢信。感谢信内容摘要如下：

感　谢　信[①]

我公司是江苏金叶粮油食品有限公司，主要产品有大米、面粉、挂面、饲料、塑料编织袋。年产大米2.6万吨，面粉7万吨，挂面0.7万吨，塑料编织袋600万条。我公司生产的"金叶"牌精制粳米1999年由国家质量技术监督局确定为免检产品，2000年获中国绿色食品发展中心颁发的绿色食品使用标志，1999—2001年连续3年获得江苏省市场用户满意商品，江苏省食品工业协会推荐品牌，虽然我公司有这么多的荣誉，但是我公司的销售群体主要是面向省内的。对于一个条件过硬的地方农业龙头企业来说，销售额的提高、销售渠道的拓宽也是我们面临的主要任务。

2005年金湖农业局在江苏农业商务网上免费为我公司发布产品供求信息。信息发布后，陆续有40多家公司打来电话咨询产品价格、质量、行车路线等，其中江西省变色龙食品有限公司和海口市易新粮油公司是通过江苏农业商务网这个平台与我公司接触最早的两家公司，我公司分别销售给这两家公司面粉6 400吨、大米8 000吨，仅这两家公司就使我公司的年销售额又提高了3 000多万元。

没想到动动鼠标就能将公司年产量近1/4的大米卖掉。这使我们意识到做生意的思路要改变，从互联网上也能找到客户，也能找到我们所需要的市场，不能只局限于以前老的生意模式。

销售额明显提高，使我们对江苏农业商务网充满信心。我公司在今后的生产经营过程中，一定进一步加大和江苏农业商务网的合作，充分利用该网站的优质服务、迅捷时效，使公司的业务得到快速提升。

……

上例仅仅说明了农业网站作为一种传播媒介的功效。一般来说，农业网站的作用远不止如此。据有关专家研究，农业网站的发展，与农业技术商品化和农业产业化相结合，有可能重塑我国未来农业的推广体系。农业的行业特点，决定了农业网站的建设和利用，将成为农业信息化的核心内容。

思考题

1. 农业行业有什么特点？
2. 你是否相信我国农村市场信息体系建设会给电子商务项目的发展带来机会？
3. 随着农业向生产、加工、销售一体化方向发展，农业上电子商务项目的机会是否越来越多？
4. 要想从政府方面获得农业电子商务项目合同，应该与政府的哪些部门接触？
5. 为什么说农业龙头企业有可能对电子商务项目感兴趣？
6. 怎样利用电子商务技术构建农村销售服务体系和技术服务体系？
7. 我国农业网站目前有哪几种主要类型？
8. 典型的农业综合服务网站一般具有哪些板块？
9. 中华神农网的收入来源于哪几个方面？

---

① 来源于：江苏金叶粮油食品有限公司 2006年09月20日

11　旅游业电子商务项目运作

11.1　旅游业电子商务发展现状

11.1.1　旅游业的特点

旅游行业(简称旅游业)是以旅游资源为依托,以旅游设施为基础,通过为旅游者直接提供产品和服务来满足旅游者各种旅游需要的综合性行业。

旅游业不像工业、农业等那样界限分明,它是由众多部门和行业中与旅游活动相关的部分共同构成的复合性行业。其构成有三大支柱和三大要素。三大支柱,即旅行社、旅游交通、旅游饭店;三大要素,即旅游资源、旅游设施、旅游服务。旅游业作为"无烟工业",发展前景被普遍看好,它同时拥有"永远的朝阳产业"的美称,已经和石油业、汽车业并列为世界三大产业。旅游业的特点细述如下。

1) 综合性

从事与旅游相关的各种经济活动的范围很广,如娱乐业,旅游车辆的出租业,导游业,为解决旅游者的吃、住、行、消遣、娱乐、观光等需要而设置的旅游饭店业等都包括在旅游业的范畴之内。这里不仅涉及旅游者的食、住、行、游、购、娱等综合性活动,还涉及国民经济若干部门和行业,如农业、食品和饮料加工业、建筑业及相关的建材工业、汽车制造业和石油工业、影像服务及影像器材制造业、工艺美术品和文化产品生产业等。

2) 依赖性

(1) 旅游业的发展以旅游资源为依托　没有旅游资源,就无所谓旅游,更不会有旅游业的发展了。旅游资源是旅游业存在和发展的基础。由此可见旅游业对旅游资源依赖的程度。

(2) 旅游业的发展有赖于国民经济的发展　随着社会经济的发展,人民生活水平提高,旅游消费变得平民化、大众化和生活化,越来越多的人希望出去旅游,通过旅游活动来陶冶自己的情操。

(3) 旅游业的发展有赖于有关部门和行业的合作　旅游业是一个综合性很强的服务行业,联系着经济生活的许多行业和领域,是一个关联度高、辐射面广、产业链长的行业,它们之间形成非常紧密的产业链,若其中的任何一个环节断掉或发展比较薄弱,都会影响旅游业的发展。

3) 敏感性

旅游业属"敏感产业",是一个高弹性的行业。其发展要受到各种自然的、政治的、经济的、社会的、相关行业和部门的等多种因素的影响。2003 年的"非典"疫情,使全世界旅游业严重受挫,使人们进一步认识到其"敏感产业"的特征。旅游业为什么这么敏感呢? 原因有两个：第一，旅游者是流动的，人的生命是第一位的，当有危险的时候，人们首先选择不出家门，而人员不流动就无法产生旅游经济效益。第二，旅游者出行受社会经济条件和外部环境条件的制约。比如，当一个地区的社会治安发生动荡或出现流行病时，到该地区旅游的人数就会急剧下降。旅游业虽是"敏感产业"，但不是"脆弱产业"，因为市场需求是巨大的，而且总体上呈现上升趋势。

旅游消费属于高消费，是一种奢侈品类的消费，因此，其需求弹性大。大家知道，奢侈品类的消费受消费者收入影响很大，消费者在收入高时，才有消费的需求；当收入下降到一定程度时，就不会产生旅游需求或者需求急剧下降。也就是说，它的需求弹性很大，对消费者收入有很大的敏感性。

由于旅游消费是一种非基本生活消费，与个人的偏好、产品的介绍、价格等有着密切的联系，这些因素中任何微妙的变化都可以改变人们对不同旅游消费的倾向与态度，从而成为阻止或推动旅游消费的巨大力量。从这个角度看，旅游消费也是高弹性的。

4）涉外性

旅游可分为国内旅游和国外旅游，国外旅游包括出入境游。因此，从国际的范围来看，旅游不仅仅是一个城市、地区或国家内部的活动，也是具有国际性的活动。从旅游业的自身特点看，旅游行业属于服务贸易业，不存在产业雷同，也不容易被垄断，因此，旅游业是一个市场准入较为宽松的行业，贸易壁垒比较少。《乌拉圭回合服务贸易条款》对旅游业产生了巨大影响，为各国旅游业的发展提供了良好的契机，给各个签署该服务贸易条款的国家和地区提供了千载难逢的机遇。

5）带动性

通过国际旅游的频繁交往，能加深各国间的经济生活联系和相互合作，不仅可以推动旅游及其相关联产业的发展，而且能带动一系列经济上的连锁反应。例如从其他产业中采购原料设备、购入先进技术，促进这些关联产业的企业利润和员工收入的增长，促进消费等等。

图 11.1.1 说明了旅游业的带动关系：旅游业的发展带动了与旅游业直接相关的部门和行业，进而带动了间接相关的部门和行业。

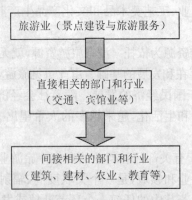

图 11.1.1 旅游业的带动关系示意图

从经济效益的角度来看，旅游业的发展能够极大地刺激相关产业及整个国民经济的发展，对国民经济的带动效应十分明显。据世界旅游组织公布的资料，旅游业每投入 1 美元，相关产业的收入就能增加 4.3 美元。再从社会效益的角度分析，由于旅游业属于劳动密集型产业，其发展能带来就业机会的大量增加，极大地缓解就业的压力。世界旅游组织的研究表明,旅游部门每增加1个就业人员,社会就能增加5个就业机会。

11.1.2 旅游业电子商务的交易类型

1) B to B 交易形式
在旅游业电子商务中,B to B 交易形式主要包括以下几种情况:

(1) 旅游企业之间的产品代理,如旅行社代订机票与饭店客房,旅游代理商代售旅游批发商组织的旅游线路产品。

(2) 组团社之间相互拼团,也就是当两家或多家组团旅行社经营同一条旅游线路,并且出团时间相近,而每家旅行社只拉到为数较少的客人,这时,旅行社征得游客同意后可将客源合并,交给其中一家旅行社操作,以实现规模运作的成本降低。

(3) 旅游地接社批量订购当地旅游饭店客房、景区门票。

(4) 客源地组团社与目的地地接社之间的委托、支付关系,等等。

旅游业是一个由众多子行业构成,需要各子行业协调配合的综合性产业,食、宿、行、游、购、娱各类旅游企业之间存在复杂的代理、交易、合作关系,旅游 B to B 电子商务有很大的发展空间。

旅游企业间的电子商务又分为两种形式:

(1) 非特定企业间的电子商务 它是在开放的网络中对每笔交易寻找最佳的合作伙伴。一些专业旅游网站的同业交易平台就提供了各类旅游企业之间查询、报价、询价直至交易的虚拟市场空间。

(2) 特定企业之间的电子商务 它是在过去一直有交易关系或者今后一定要继续进行交易的旅游企业之间,为了共同经济利益,共同进行设计、开发或全面进行市场和存量管理的信息网络,企业与交易伙伴间建立信息数据共享、信息交换和单证传输。如航空公司的计算机预订系统(CRS)就是一个旅游业内的机票分销系统,它连接航空公司与机票代理商(如航空售票处、旅行社、旅游饭店等)。机票代理商的服务器与航空公司的服务器是在线实时链接在一起的,当机票的优惠和折扣信息有变化时会实时地反映到代理商的数据库中。机票代理商每售出一张机票,航空公司数据库中的机票存量就会发生变化。B to B 电子商务的实现大大提高了旅游企业间的信息共享和对接运作效率,提高了整个旅游业的运作效率。

2) B to E 交易模式
B to E(Business to Enterprise)中的 E,是指旅游企业与之间有频繁业务联系,或为之提供商务旅行管理服务的非旅游类企业、机构、机关。大型企业经常需要处理大量的公务出差、会议展览、奖励旅游事务。他们常会选择和专业的旅行社合作,由旅行社提供专业的商务旅行预算和旅行方案咨询,开展商务旅行全程代理,从而节省时间和财务的成本。另一些企业则与特定机票代理商、旅游饭店保持比较固定的业务关系,由此享受优惠价格。

旅游 B to E 电子商务较先进的解决方案是企业商务旅行管理系统(Travel Management Systerm,TMS)。它是一种安装在企业客户端的具有网络功能的应用软件系统,通过网络与旅行社电子商务系统相连。在客户端,企业差旅负责人可将企业特殊的出差政策、出差时间和目的地、结算方式、服务要求等输入 TMS,系统将这些要求传送到旅行社。旅行社通过电脑自动匹配或人工操作为企业客户设计最优的出差行程方案,并为企业预订机票及酒店,并将预定结果反馈给企业客户。通过 TMS 与旅行社建立长期业务关系的企业客户能享受到旅行社提供的便利服务和众多优惠,节省差旅成本。同时,TMS还提供统计报表功能。用户企业的管理人员可以通过系统实时获得整个公司全面详细的出差费用报告,并可进行相应的财务分析,从而有效地控制成本,加强管理。

3) B to C 交易模式

B to C 旅游电子商务交易模式,也就是电子旅游零售。交易时,旅游散客先通过网络获取旅游目的地信息,然后在网上自主设计旅游活动日程表,预定旅游饭店客房、车船机票等,或报名参加旅行团。对旅游业这样一个旅客高度地域分散的行业来说,旅游 B to C 电子商务方便旅游者远程搜寻、预定旅游产品,克服距离带来的信息不对称。通过旅游电子商务网站订房、订票,是当今世界应用最为广泛的电子商务形式之一。另外,旅游 B to C 电子商务还包括旅游企业对旅游者拍卖旅游产品,由旅游电子商务网站提供中介服务等。

4) C to B 交易模式

C to B 交易模式是由旅游者提出需求,然后由企业通过竞争满足旅游者的需求,或者是由旅游者通过网络结成群体与旅游企业讨价还价。旅游 C to B 电子商务主要通过电子中间商(专业旅游网站、门户网站旅游频道)进行。这类电子中间商提供一个虚拟开放的网上中介市场,提供一个信息交互的平台。上网的旅游者可以直接发布需求信息,旅游企业查询后双方通过交流自愿达成交易。

旅游 C to B 电子商务主要有两种形式。

(1) 反向拍卖　是竞价拍卖的反向过程。由旅游者提供一个价格范围,求购某一旅游服务产品,由旅游企业出价,出价可以是公开的或是隐蔽的,旅游者将选择自己认为质价合适的旅游产品成交。这种形式,对于旅游企业来说吸引力不是很大,因为单个旅游者预订量较小。

(2) 网上成团　即旅游者提出自己设计的旅游线路并在网上发布,吸引其他相同兴趣的旅游者。通过网络信息平台,愿意按同一条线路出行的旅游者汇聚到一定数量,这时,他们再请旅行社安排行程,或直接预订饭店客房等旅游产品,可增加与旅游企业议价和得到优惠的能力。

旅游 C to B 电子商务利用了信息技术带来的信息沟通面广和成本低廉的特点,特别是网上成团的运作模式,使传统条件下难以兼得的个性旅游需求满足与规模化组团降低成本有了很好的结合点。旅游 C to B 电子商务是一种需求方主导型的交易模式,它体现了旅游者在市场交易中的主体地位,对帮助旅游企业更加准确和及时地了解客户的需求,对实现旅游业向产品丰富和个性满足的方向发展起到了促进作用。

11.1.3　电子商务在旅游业的应用状况

随着网络的发展和普及,旅游作为众多网站关注并参与的行业,不断地丰富壮大和生动起来,有眼光的旅游企业家和网络、电子商务企业家已经发现电子商务在旅游业中发展的远大前景。电子商务在旅游业中的应用有以下两个大方面:一是网上旅游,二是旅游网站。

1) 网上旅游

网上旅游也叫虚拟旅游。游客可以在虚拟的环境下或导游图的指导下,进入想看的景点,观看高质量的全景照片,足不出户就可以在网上游览全世界。

网络普及一方面使网上旅游信息资源愈来愈丰富;另一方面关于旅游的内容逐渐多样

化,层次也愈来愈深,于是侧重于景点的"虚拟旅游"也应运而生。虚拟旅游是利用计算机存储技术、信号数据传输技术、全景拍摄与制作技术等构建在 Internet 平台上的信息资源群;主要有图文并茂的景点导游信息,相关的旅游文化史介绍,游客的在线论坛及旅馆、酒店、交通信息等。游客可通过网站进行虚拟旅游,通过鼠标的上、下、左、右旋转任意选择自己的视角,任意放大和缩小图景,如亲临现场般环视、俯瞰和仰视。虚拟旅游可以成为旅游爱好者的"虚拟社区",给旅游爱好者一种"家"的感觉。

2) 旅游网站

电子商务在旅游业中的另一个应用就是旅游网站。这也是电子商务在旅游业中最主要的应用。我国旅游网站的建设最早可以追溯到 1995 年。经过十几年来的摸索和积累,国内已经有相当一批具有一定资讯服务实力的旅游网站,这些网站可以提供比较全面的,涉及旅游中食、住、行、游、购、娱等方面的网上资讯服务。

旅游网站按照不同的侧重点可以分为以下 6 种类型:

(1) 综合性旅游网站 提供的内容一般包括机票查询订票系统、各地酒店宾馆查询预定系统、火车查询系统、国际国内旅游线路及价格、天气预报、旅游常识、旅游论坛等。这类网站有携程网(www.ctrip.com)、e 龙网(www.elong.com)等。

(2) 景区景点网站 内容有景区历史、资源介绍、景区景点的旅游文化介绍等。这类网站有南京市中山陵园风景区网站(www.zschina.org)、深圳欢乐谷主题乐园(www.happy-valley.com.cn)等。

(3) 旅行社网站 主要内容有出境游和境内游的线路、价格及时间介绍,机票查询订票,各地酒店宾馆查询预定,旅游常识、海关知识、外汇牌价、天气预报、目的地的资讯等。这类网站有中国旅行社网站(www.ctsho.com)、成都海外旅游有限责任公司网站(www.77sc.com)等。

(4) 地方性旅游网站 如金陵旅游专线(www.jltourism.com)、山西旅游信息网(www.sxta.com.cn)等,它们以本地风光或本地旅游商务为主要内容。

(5) 政府背景类网站 各地各级政府旅游部门网站也提供旅游资源、旅游线路等资讯内容,如北京旅游局网站(www.visitbeijing.com.cn)、西安市旅游局网站(www.xian-tourism.com)等。

(6) 旅游信息网站 它们为消费者提供大量丰富的、专业性旅游信息资源,有时也提供少量的旅游预订中介服务。这类网站有中华旅游报价(www.china-traveller.com)、网上旅游(www.travelcn.com)等。

从服务功能看,旅游网站的内容可以概括为以下 3 类:

(1) 旅游信息的汇集、传播、检索和导航 这些信息内容一般都涉及:景区景点、饭店、交通旅游线路等方面的介绍,旅游常识、旅游注意事项、旅游法律法规、旅游线路、旅游资讯、货币兑换,旅游目的地天气预报、环境、人文信息以及旅游观感等。

(2) 旅游产品(服务)的在线销售 网站提供旅游及其相关的产品(服务)的各种优惠折扣,航班、火车、酒店宾馆、游船、汽车租赁服务的检索和预订等。

(3) 个性化定制服务 游客可以依靠网上订票系统、酒店查询预订系统,查阅电子地图系统,在网上选好走什么路线,住哪里,去了到哪里玩,到哪里可以买什么东西,这就是真正的自助旅游。目前来看,参与自助旅游的人大多数是时间比较少、收入比较高或是知识水平比较高的人,但随着互联网的普及和社会富裕程度的提高,网络的这一优势势必会构成绝对性的吸引力。

3）语音电子商务

所谓语音电子商务，是指人们可以利用声音识别和语音合成软件，通过任何固定或移动电话来获取信息和进行交易。这种方式速度快，而且还能使电话用户享受 Internet 的低廉费用服务。对于旅游企业或服务网站而言，语音电子商务将使电话中心实现自动化，降低成本，改善客户服务。

语音商务的一种模式是由企业建立单一的应用程序和数据库，用以作为现有的交互式语音应答系统的延伸，这种应用程序和数据库可以通过网站传送至浏览器，转送到采用无线应用协议（WAP）的小屏幕装置，也可以利用声音识别及合成技术，由语音来转送。语音商务的另一种模式是利用 VoiceXML 进行网上冲浪。VoiceXML 是一种新的把网页转变成语音的技术协议，该协议目前正由美国电话电报、IBM、朗讯和摩托罗拉等公司进行构思。专家断言："虽然语音技术尚未完全准备好，但它将是下一次革命的内容。"

4）移动电子商务

所谓的移动电子商务，是指利用移动通信网和 Internet 的有机结合来进行的一种电子商务活动。网站电子商务以个人电脑为主要界面，是"有线的电子商务"；而移动电子商务，则是通过手机、PDA（个人数字助理）这些可以装在口袋里的终端来完成商务活动的，其功能将集金融交易、安全服务、购物、招投标、拍卖、娱乐和信息等多种服务功能于一体。随着移动通信、数据通信和 Internet 技术的发展，三者的融合也越来越紧密。

旅游者是流动的，移动电子商务在旅游业中将会有广泛的应用。诺基亚公司已开发出一种基于"位置"的服务："事先将个人的数据输入移动电话或是移动个人助理，那么我位于某一个点上的时候，它会告诉我，附近哪里有电影院，将放映什么电影可能是我感兴趣的，哪里有我喜欢的书，哪里有我喜欢吃的菜，我会知道去机场会不会晚点，如果已经晚了，那么下一班是几点，如果我在北京，它不会把巴黎的时刻表给我，而是只把北京的时刻表给我。这些完全是由移动性带来的，固定 Internet 服务不是这样的。"

5）多媒体电子商务

多媒体电子商务一般由网络中心、呼叫处理中心、营运中心和多媒体终端组成，它将遍布全城的多媒体终端通过高速数据通道与网络信息中心和呼叫处理中心相接，通过具备声音、图像、文字功能的电子触摸屏计算机、票据打印机、POS 机、电话机以及网络通信模块等，向范围广泛的用户群提供动态、24 小时不间断的多种商业和公众信息，可以通过 POS机实现基于现有金融网络的电子交易，可以提供交易后票据打印工作，还可以接自动售货机、大型广告显示屏等。

为旅游服务的多媒体电子商务，一般在火车站、飞机场、饭店大厅、大型商场（购物中心）重要的景区景点、旅游咨询中心等场所配置多媒体触摸屏电脑系统，根据不同场合咨询对象的需求来组织和定制应用系统。它以多媒体的信息方式，通过采用图像与声音等简单而人性化的界面，生动地向旅游者提供范围广泛的旅游公共信息和商业信息，包括城市旅游景区介绍、旅游设施和服务查询、电子地图、交通查询、天气预报等。有些多媒体电子商务终端还具有出售机票、车票、门票的功能，旅游者可通过信用卡、储值卡、IC 卡、借记卡等进行支付，得到打印输出的票据。

11.2 旅游业电子商务项目运作要点

传统企业开展电子商务,无非有三个主要目的:一是提高效率;二是扩大市场;三是降低成本。以下分别从我国的旅行社、旅游景区和酒店宾馆这三类不同经营主体的角度来讨论旅游业电子商务的特点和项目运作的要点。

11.2.1 旅行社的商务活动电子化

旅行社是以盈利为目的,从事生产旅游产品、组织旅游活动以及其他相关业务的旅游企业。我国的旅行社有两种:一是国际旅行社,可经营入境旅游、出境旅游和国内旅游业务;二是国内旅行社,只能经营国内旅游业务。

旅行社行业是一个投资少、回报高的行业。所以长期以来,如同施了魔法一般,各地大大小小的旅行社遍地开花。但是,国内许多旅行社目前还沿用传统的手工作业方式,内外联系仍采用电话、传真,甚至人工传递等方式。这会造成旅行社内部信息不畅,资源无法共享,旅行社内部各部门之间及部门内部各自为政,造成重复工作,工作效率低下,加大了成本。由于旅行社没有实现网络化管理,无法及时跟踪客户信息,其结果造成现有客户的流失和潜在客户难以发掘;产品报价混乱,价格无法统一,财务状况没有及时反馈,导致财务管理监控漏洞不断出现,影响企业的正常运作。在网络时代,旅行社的商务活动如果仍保持目前的这种方式,在国内外旅行社公平竞争的情况下,肯定会被淘汰。所以旅行社必须进行改革,采用现代信息技术来谋求发展,旅行社的商务活动电子化就因时代发展应运而生了。

旅行社开展电子商务,是一个应用电子信息技术来武装商务活动的过程,是旅行社的商务活动与信息技术逐步结合的过程。它可以从传真机、电话、网站应用开始,一直到以客户为中心的商务活动全过程的电子化,最终的目标是在旅行社商务活动全过程中,实现协同化的电子化管理。

旅行社电子商务项目涉及的内容很广泛,可以包括产品信息管理活动的电子化、销售管理活动的电子化、财务管理活动的电子化、旅行社经营的网络化等。

旅行社实施电子商务项目的目标是:使业务员从繁琐的手工操作中解放出来,经营者也能随时随地地了解经营情况,使所有的办公人员都在同一且个性化的信息中心一起工作,摆脱时间和地域的限制,实现协同工作与信息管理。具体来说,其电子商务解决方案如下:

(1)建立内部通信和信息发布平台。

(2)实现工作流程的自动化以及流程的实时监控与跟踪。

(3)实现文档管理的自动化,各类信息有序地进行存储,并可按权限进行查询使用。

(4)随时随地安排业务。

(5)实现信息集成,将各种业务系统的数据集成,可对客户资源、供应商进行管理,实现公司所有信息的协同集中管理。

上述方案可能会涉及以下一些管理软件:办公自动化系统,旅行社业务管理系统,信息管理系统,企业资源计划管理系统,旅行社财务管理系统,客户关系管理系统,供应商管理系统,商业智能、决策支持系统等。

在目前的条件下,典型的旅行社商务活动的电子化,大体上需要经历以下过程:

(1)建立企业对外宣传网站,对外宣传企业的业务。这样可以减少纸质宣传画页的发行量,降低成本,同时提高企业知名度和信誉度。

(2)建立企业内部网。在企业内部建立网上协作环境,满足信息的共享和及时上传下达的要求,实现高效率的网络协同工作。实施这一步,一般需要先部署旅行社的网络基础设施,为构建企业电子信息管理和电子商务平台提供基础硬件、软件环境。

(3)使企业内部网与外部网协调运转,提高效率,及时对内、对外发布信息。在这一步,可以考虑构建 ERP 系统。ERP 的理念和方式能够使旅行社商务活动的运行和管理发生很大的转变。在没有条件构建 ERP 系统的情况下,一般倾向于简单地分别采用业务管理系统、财务管理系统、客户关系管理系统、供应商管理系统等专项软件来提高企业运行效率,或逐步对这些系统进行衔接和整合。

1) 业务管理系统

业务管理系统包括报名管理系统、线路管理系统、单项委托系统和旅游系统(出境游、入境游、国内游三种)。

(1)报名管理系统　主要包括报名登记、交款、退款、退团业务操作功能,可灵活、实时地查询各线路、报名名额情况等,打印各种表单,及时、准确地掌握产品销售情况、收费情况。

(2)线路管理系统　主要针对线路资料库进行分类管理,包括排线、核价、销售记录三大功能;可提供线路行程单、线路核价单的打印及线路销售情况统计表的查询与统计功能(按人数、天数、销售利润进行分析统计)。

(3)单项委托系统　主要包括订票、订房、订车及其他单项预定业务,共四种单项委托业务的登记、处理及查询统计功能,可灵活、实时地查询销售情况、处理情况,分析统计销售利润,打印各种订单,及时、准确地掌握销售利润情况。

(4)出境旅游系统　包括出境基本资料管理、出境作业管理、旅游证照管理、票务管理、各国签证申报单、境外旅游资料、境外当地接待旅行社资料。

(5)入境旅游系统　包括入境基本资料管理、入境作业管理、境内旅游资讯、系统设定、租车管理、轮船管理。

(6)国内旅游系统　包括国内基本资料管理、国内作业管理、国内报名管理、国内计调管理、国内景点基本资料。

2) 财务管理系统

当旅行社规模扩大时,传统的手工财务算账已经无法满足财务核算的需求。旅行社财务的最大特点是需要处理数量繁多的团队应收应付账,当每月需要处理几千个旅游团队时,手工算账无法处理,可以通过财务软件与旅行社的业务管理数据库互联互通。财务人员利用财务管理系统监管业务部门及时收回账款以及严格控制旅行社的对外支出,堵住旅行社普遍存在的多支、重复支出等漏洞。在销售款管理方面,前台销售统一采用计算机打印发票,财务部门可以实时监控收款情况,可以防止业务人员扣留营业款。同时,智能化的报表和财务统计分析系统可以随时为旅行社提供统计和对比数据,随时调整市场和管理策略。

3) 客户关系管理系统

客户关系管理系统包括客户资料查询、咨询记录、市场调查、消费记录等资料的录入、维护、查询与分类统计功能,可打印相关表单;引进先进的移动通讯和互联网技术,该系统提供了短信息群发、邮件群发、信封套打等功能。

4）供应商管理系统

供应商管理系统包括火车、飞机、轮船、酒店、景点、车队、保险公司等供应商的管理、登记、处理及查询统计功能，可灵活、实时地查询销售情况、处理情况，分析统计销售利润，打印各种订单，及时、准确地掌握市场情况。

11.2.2　旅游景区的网络营销

旅游景区的电子商务项目中，最容易见效和运作最成功的应是网络营销了。网络营销是一种以互联网为营销环境，通过网络传递营销信息，沟通厂商及消费者需求的信息化过程。其内容包括网上的信息收集、网上商业宣传、网上市场调研、网上广告发布与投放、网上销售、网上客户支持服务等。随着计算机技术和网络通信技术的迅速发展和广泛应用，网络营销正以革命性的力量改变着旅游景区的经营方式。

旅游景区的网络营销，可以通过以下方式进行：

1）建立旅游景区网站

旅游景区的网站不仅代表着景区的网络形象，同时也是开展网强营销的阵地。网站建设的水平对网络营销的效果有直接的影响。旅游景区网站的建设应该注意以下要点：

（1）页面下载速度　景区网站建设最主要的目的无疑是扩大景区的知名度，吸引更多的游客前来实地一游。景区的网站必须是以游客为中心来进行设计。游客浏览网站是为了获取信息，因而页面下载速度是一个旅游网站成功的第一要素。在目前情况下，保持页面速度的主要方法就是让网页简单，仅将最重要的信息安排在首页，尽量避免使用大图片，更应避免自动下载音乐和其他多媒体文件。

（2）网站内容　在内容上，景区网站除了对景区的详细介绍之外，还要有当地的交通、住宿、天气情况、风味小吃、民族风情、娱乐设施、旅游购物等内容的介绍。

（3）网站的互动性　网站互动性的实现手段主要有两个：一是旅游景区要有 E-mail 联系方式，让游客可以通过 E-mail 的方式与景区联系。如果有可能，最好提供在线旅游咨询。二是建立旅游论坛，实现游客与游客、游客与景区管理者的互动交流。

2）网站的推广

旅游景区网站要进行有计划的网络推广，让更多的潜在旅游者了解并访问景点网站。网站推广方法有多种，如搜索引擎注册、网络广告、交换链接、信息发布、邮件列表、新闻组、许可 E-mail 营销、个性化营销、传统广告等。除了引擎注册以外，最常用的是利用电子邮件列表和发布网络广告。

（1）利用电子邮件列表　旅游景区可以运用邮件列表发布景区的最新消息，如节假日景区的特殊或纪念性活动、景区的促销活动、景区新开发的活动项目等，吸引游客到景区来旅游，也可以及时得到潜在的游客的回馈信息。

（2）发布网络广告　发布景区网络广告的方式有以下 10 种：

① 建立主页：主页不但可以树立景区形象，也是宣传景区的良好工具。

② 旗帜广告：通过旗帜广告服务提供商进行广告发布。旗帜广告服务提供商是提供旗帜广告服务的商业站点，或者是搜索引擎。选择一个服务优良、收费公道的旗帜广告服务提供商是企业成功地开展网络促销的重要环节。最好是选择一个专门提供旅游信息服务的站点。

③ 利用免费 Internet 服务发布广告。

④ 黄页形式广告。

⑤ 企业名录广告。

⑥ 在网上报纸或杂志上发布广告。

⑦ 通过新闻组(Usenet)、电子邮件、BBS 等发布广告。

⑧ 利用友情链接相互传递广告。

⑨ 利用网上传真发布广告。

⑩ 利用旗帜广告交换服务网络发布广告。

11.2.3 酒店宾馆的电子商务项目运作

酒店宾馆是一个以服务为本的行业,依靠客人对各项服务的满意度来提升酒店宾馆的入住率和经营效益。在 20 世纪 80 年代初,我国许多酒店就开始应用计算机网络技术进行内部信息管理和业务操作。今天,信息技术已广泛用于酒店前厅接待、收银、问询、客房预订、销售、餐饮、保安、报表、门锁等各个方面。在今后酒店宾馆的竞争中,传统的竞争手段,如装潢、客房数量、房间设施等质量竞争和价格竞争将退居二线,服务质量将是影响竞争力的主要因素。酒店宾馆商务活动的电子化将能提高酒店宾馆的服务质量,提升其综合竞争力。

酒店宾馆商务活动的电子化一般通过以下四个方面来提高酒店宾馆的综合竞争力:一是推动业务流程重组,优化酒店资源配置;二是有效降低成本;三是加快服务创新,提供个性化服务;四是提高酒店的整体管理水平。

1) 通过整合优化资源提高酒店的竞争力

(1) 酒店要建立自己的网站,并使内部网实时房态信息与外部互联网的数据对接。借助于互联网与酒店企业内部网的有机结合,为四面八方的客人与酒店之间架起一座方便的桥梁。一个高效、互动、实时的内部信息管理系统可以使原有组织结构打破部门界限,使用跨部门的团组,把决策权放到最基层,从而使饭店的整个服务过程可以以顾客为中心来设计工作流程。而基于互联网的全球酒店客房预订网络系统,让旅行社团、会议团队、散客都可以利用计算机直接访问,从中得到酒店的详细资料,包括酒店的入住状况,并能立即进行预订和确认。

(2) 要加强人力资源整合优化,引导酒店工作人员的目标与酒店目标朝同一方向靠近,从而改善酒店工作人员行为规范,提高酒店工作绩效。

(3) 通过建立客户关系管理系统,整合、优化客户资源。

(4) 酒店企业通过互联网与内部网的有机结合,将酒店宾馆的物资、食品、延伸服务等供应链上的其他企业资源进行整合。

2) 降低经营成本

为了降低成本,酒店宾馆业可以采取各种现代化的手段和设施。而酒店的商务活动电子化就是降低成本的最有效的手段之一,如通过网络营销而降低经营成本;通过办公自动化系统而降低行政管理成本;通过生产自动化系统而降低生产管理成本;通过人力资源管理系统而降低人事管理成本;通过决策支持系统而降低决策成本。

3) 加快服务创新,提供个性化服务

酒店要真正做到时时处处方便客人,处处时时为客人提供优质服务,必须了解市场、细分市场、选择目标市场,除了及时调整酒店产品与服务的组合,向公众不断沟通本酒店的服务特色、价格,以及做好即时的跟踪服务和各种信息反馈外,还必须提供个性化服务。现代信息技术和自动化技术的结合,能使酒店宾馆提供非常个性化的豪华型服务,如基于客户关系管理积累和建立的"常住客人信息库"记录每位客人的个人喜好,客房智能控制系统将根据数据库中的信息实现环境控制和服务:光线唤醒,由于许多人习惯根据光线而不是闹铃声来调整起床时间,新的唤醒系统将会在客人设定的唤醒时间前半小时逐渐自动拉开窗帘或增强房间内的灯光;虚拟现实的窗户,提供由客人自己选择的窗外风景;应用自动感应系统,使窗外光线、电视亮度、音响音量和室内温度以及浴室水温等可以根据每个客人的喜好自动调节等等。

4) 采用智能管理来提高酒店的整体管理水平

酒店智能管理包括数据采集、信息保存、信息处理、传输控制等过程。信息采集和信息库的建立将成为酒店信息化管理和办公自动化的重要基础。从前台客人入住登记、结账到后台的财务管理系统、人事管理系统、采购管理系统、仓库管理系统等都将与智能管理系统连接、融合,构成一套完整的酒店信息化体系,以此可以提高酒店的整体素质,增强酒店的综合竞争力。

11.3　旅游业电子商务的成功案例

旅游业电子商务项目运作成功的案例很多。仅从旅游服务网站的角度,最近几年就涌现出很多优秀的网站,如携程旅行网(www. etrip. com)、e 龙网(www. elong. com)、洲际联盟网(www. zmto. com)、恒中酒店预订网(www. 1119. com. cn)、新浪财富之旅网(www. CaiFu. com)等。本节将以携程旅行网为例予以介绍。

携程旅行网创立于 1999 年,总部设在中国上海,员工 12 000 余人,目前公司已在北京、广州、深圳、成都、杭州、南京、厦门、重庆、青岛、沈阳、武汉、三亚、丽江、香港、南通等 16 个城市设立分支机构,在南通设立服务联络中心。2010 年,携程旅行网战略投资台湾易游网和香港永安旅游,完成了两岸三地的布局。作为中国领先的综合性旅行服务公司,携程成功整合了高科技产业与传统旅行业,向超过 5 000 万会员提供集酒店预订、机票预订、旅游度假、商旅管理、特约商户及旅游资讯在内的全方位旅行服务,被誉为互联网和传统旅游无缝结合的典范。凭借稳定的业务发展和优异的盈利能力,携程于 2003 年 12 月在美国纳斯达克成功上市,上市当天创纳斯达克 3 年来开盘当日涨幅最高纪录。

1) 携程网首页

任何网站的主页都在不断地变化。图 11.3.1 是携程网 2012 年 7 月 31 日的主页。

2) 发展历程

携程网公司在 1999 年成立时,是一家标准的互联网公司。它在适当时机利用互联网概念,借助.com 这个融资的工具和快速扩张的武器迅速提高公司知名度,整合并购传统旅游企业,最终成为一家综合性旅游服务公司。其发展的业务里程碑大体如下:

2011 年 02 月携程南通呼叫中心升级为服务联络中心;

2011 年 01 月成立驴评网;

2010 年 12 月携程入围 2010 中国旅游集团 20 强;

2010 年 10 月携程启用新标志;

图 11.3.1　携程网主页

2010 年 05 月携程信息技术大楼在江苏南通正式落成；

2010 年 04 月"携程无线"手机网站正式上线 ；

2010 年 03 月携程会员数突破 4 000 万；

2009 年 11 月携程被授予为"世博游指定旅行社"；

2009 年 06 月携程推出"自由·机＋酒"产品 ；

2009 年 02 月携程推出国内首个航意险保单销售网络平台；

2008 年 12 月携程南通呼叫服务中心正式启动；

2008 年 07 月商旅通智能报告发布；

2008 年 05 月携程度假体验中心登陆各大机场；

2008 年 03 月携程旅行网英文网站全新上线；

2007 年 11 月单月机票销售突破 100 万张；

2007 年 09 月携程大学成立；

2007 年 06 月携程网络技术大楼正式落成并投入使用；

2006 年 12 月度假出发地拓展至 11 个城市；

2006 年 03 月进军商旅管理市场；

2005 年 09 月注册会员数突破 1 000 万人；

2004 年 11 月建成国内首个国际机票在线预订平台；

2004 年 10 月推出全新 360°度假超市；

2004 年 10 月首推休闲度假旅游概念；

2003 年 10 月机票预订网络覆盖国内 35 个城市；

2002 年 10 月当月交易额首次突破 1 亿元人民币；

2002 年 03 月酒店预订量创国内酒店分销业榜首；

1999 年 10 月携程旅行网开通。

3）最新业绩

　　根据媒体公开发布的消息,到 2012 年,携程旅行网拥有国内外 32 000 家会员酒店可供预订,是中国领先的酒店预订服务中心,每月酒店预订量超过 200 万间夜。在机票预订方面,携程旅行网是中国领先的机票预订服务平台,覆盖国内外各大航空公司,每月预订量超过 200 万张。携程在国内 60 多个城市提供免费送机票服务。同时,携程在业内首推 1 小时飞人通道,为会员提供电子机票极速预订服务。

携程旅行网提供千余条旅游度假线路,覆盖海内外众多目的地,并且可以从上海、北京、广州、深圳、成都、杭州、厦门、青岛、南京、武汉和沈阳等 30 多个城市出发,是中国领先的旅游度假旅行服务网络,每年为超过百万人次提供旅游度假服务。携程旅行网依托完备的酒店及航空等资源网络,并自主研发了企业商旅专业管理平台——商旅通和商旅通智能报告,为企业用户提供实时动态的商旅管理服务。携程旅行网的 VIP 会员还可在全国主要商旅城市的 3 000 余家特约商户享受低至五折的消费优惠。携程旅行网除了在自身网站上提供丰富的旅游资讯外,还委托出版了《携程自由行》《携程走中国》《私游天下》《中国顶级度假村指南》《携程美食地图》等旅游书刊。

4)经验评析

携程网公司作为中国最著名的旅游品牌之一,产品形式定位在商务旅行、自助度假旅行,主要面对散客;服务手段通过网络、电话进行。从发达国家经验来看,自助旅行发展尤为迅速,如美国,70%以上为自助旅行方式,港台方面这种旅行方式也占主导地位。我国大陆由于经济条件限制,自助旅行相对较少,但很有发展前景。携程网为自助旅行提供一个平台,包括丰富的产品和准确的产品信息,如在宾馆预订中,宾馆的位置、附近的设施、离主要景点的距离、周围的环境都可以在网上迅速查到,由客户自行选择适合自己的产品,以满足其个性化的需求。

有专家认为,携程网成功的关键要素可以归纳为顾客价值、经营范围、收益来源、相关活动、核心能力和持续竞争力等 5 个方面。

(1)顾客价值 顾客价值即企业提供给顾客差异化或低成本的产品和服务,为顾客带来价值。就顾客价值而言,携程很好地做到了网上和网下服务相结合。通过携程网,顾客可以注册成为携程用户,实现如酒店机票的预定、度假产品查询预定、目的地信息指南,还可以通过携程社区和其他网友或者携程用户交流。携程的顾客价值在于,和一般的旅游公司相比,携程实行的是"鼠标+水泥"式的经营。

(2)经营范围 经营范围即企业的顾客群、产品、服务和业务类型。携程为客户提供全方位的商务及休闲旅行服务,包括酒店预订、机票预订、度假预订、商旅管理、特惠客户和旅游资讯。

① 酒店预订:它是携程的四大业务之首,也是携程运作和发展的基础。

② 机票预订:它是携程的四大业务中迅速发展起来的业务。目前携程已和国内外各大航空公司合作,覆盖国内外绝大多数航线。会员可在携程网站上查询丰富实时的机票资讯,包括国际机票信息。携程拥有行业内规模领先的统一的机票预订系统,可以做到订票点和送票点的不同。有别于其他订票机构,携程的国际机票可以实现"异地出发,本地订票、取票",极大地方便了会员。同时携程还在全国 45 个主要商旅城市与资源供应商一起提供市内免费送(机)票上门的服务,开创了机票预订服务的先河。携程还开通了各大航空公司(国航、东航、南航、上航、海航)电子客票产品,客人可在航空公司支持电子客票的城市用信用卡支付方式购买电子客票,无需等待送票,直接至机场办理登机,出行更便捷。

③ 度假预订:它是携程的四大业务中新的亮点。目前,携程的"度假产品超市"里拥有多达近千条度假线路,涉及海内外 200 多个最热门的度假目的地,是中国内地最丰富最权威的休闲度假产品大全。充足的 3 星级至 5 星级众多房型资源与灵活的航班、火车、轮船、专

线巴士与自驾车等交通工具的搭配可以充分满足会员的各种需求。

④ 商旅管理：它是携程新近推出的一项业务，面向国内外各大企业与集团公司，以提升企业整体商旅管理水平与资源整合能力为服务宗旨，携程依托遍及全国范围的行业资源网络以及与酒店、航空公司、旅行社等各大供应商建立的长期良好稳定的合作关系，为公司客户全力提供商旅资源的选择、整合与优化，目前已有可口可乐、松下电器、平安保险、宝钢、UT 斯达康及施奈德电气等多家国内外知名企业与携程签订了商旅管理协议。

⑤ 特约商户：特约商户是为 VIP 贵宾会员打造的增值服务，旨在为 VIP 会员的商务旅行或周游各地提供更为完善的服务。携程在全国 15 个知名旅游城市拥有 3 000 多家特约商户，覆盖各地特色餐饮、酒吧、娱乐、健身、购物等生活各方面，VIP 会员可享受低至 5 折消费优惠。

⑥ 旅游资讯：它是携程为会员提供的附加服务。目前携程网站可查询国内外 32 000 多家酒店的详细信息，目的地指南涵盖全球近 500 个景区、10 000 多个景点的住、行、吃、乐、购等全方位旅行信息，更有出行情报、火车查询、热点推荐、域外采风、自驾线路等资讯。"社区"是目前公认的中国人气最旺的旅行社区之一，拥有大量丰富的游记与旅行图片，并设立"结伴同行"、"有问必答"、"七嘴八舌"等交互性栏目，提供沟通交流平台，分享旅行信息和心得，解决旅途问题。

（3）**收益来源** 收益来源是电子商务模式选择的关键。携程旅行网的收益来源主要是：酒店客房预定提成，机票预定提成，度假预定、商旅管理服务收入，广告收入，联盟商家提成等。

① 酒店客房预定提成：就是指携程网按照事先的协议跟联盟酒店的利益分成，酒店客房预定一直是携程的主要收入来源，特别是 2000 年前后，2001 年甚至达到了 93.5% 的份额。最近几年由于有了更多的盈利点，这一部分所占比例有所下降。

② 机票预定提成：是指携程按照事先的协议跟相关的航空公司的利益分成，这一部分也占据了比较大的比例。

③ 度假预订服务：是指携程凭借其拥有的强大的酒店、航空公司联盟、信息资源为旅客制订的一整套旅游计划，为旅客节省旅行费用的同时获得利润。

④ 商旅管理服务：是指携程面向国内外大企业提供全方位的旅行、会议服务，从而获得服务费用。这部分收益目前在整个收益总额里虽然占据比例不大，但是随着商务管理市场的逐步扩大，该部分收益所占比例将会逐年增加。

⑤ 广告收入：这也是收益来源的主要部分，携程凭借其在领域内的领头羊地位，拥有广泛的知名度，巨大的联盟资源，网站、出版物、特别是众多的携程客户，吸引了很多商家在携程投放广告。随着携程一如既往的良性发展，广告收入也是逐年递增。

⑥ 联盟商家提成：是指携程跟各地商家达成的相关协议，携程用户持携程信用卡在联盟商家购物，携程用户可以享受相应的折扣，而携程则可以按比例和商家分享利润。

（4）**相关活动** 相关活动是指企业在向其顾客提供价值时执行的附加活动和服务。携程有很多相关的活动，例如携程社区的结伴同游，结伴同游是由游客自行组织的同一地区的朋友一起去同一目的地出游的活动，通过携程社区，大家可以自行组织，省去了旅行社的服务费用，并且可以认识更多的朋友，锻炼自己的出游能力。还有携程社区的七嘴八舌，是结合自己的亲身经历对一些宾馆、餐馆、酒店、景点的点评，对后来的游客有很好的参考价值。携程阳光助学金活动，作为一个成功的企业，为企业创造利润，为客户创造价值是一方面，另一方面就是社会责任。携程自 2006 年起，每年拿出 100 万人民币作为携程助学基金，用于资助品学兼优的贫困学生。

（5）核心能力和持续竞争力　企业核心竞争力是区别于其他公司、自身特有的特点和能力，是其他公司不能够轻易模仿的。携程的核心竞争力在经营理念和服务质量。携程的经营理念是：以客户为中心，以团队间紧密无缝的合作机制，以一丝不苟的敬业精神、真实诚信的合作理念来创造一套"多赢"的伙伴式合作体系，从而共同创造最大的价值。具体包括客户（以客户为中心）、团队（紧密无缝的合作机制）、敬业（一丝不苟的敬业精神）、诚信（真实诚信的合作理念）、伙伴（伙伴式的"多赢"合作体系）。携程是一家服务公司，因此对服务质量有着严格的控制。携程最先在全国范围内提供 7×24 小时不间断服务，最先提出了"以制造业的标准来做服务业"，能够给客户标准化体系化的信息。

思考题

1. 旅游业的特点有哪些？
2. 旅游网站有哪些类型？其内容分别是什么？
3. 旅游业发展电子商务的主要目的是什么？
4. 旅行社的电子商务项目有哪些内容？
5. 旅游景区的电子商务项目可能涉及哪些内容？
6. 电子商务是如何提高酒店宾馆的综合竞争力的？
7. 访问携程网，研究该网站正在向哪些人提供怎样的服务。

12 物流业电子商务项目运作

12.1 物流业电子商务发展现状

12.1.1 现代物流业的演变与特点

1) 现代物流业的发展过程

物流活动,古已有之。所谓物流,是指由一系列创造时间价值和空间价值的经济活动(包括运输、保管、配送、包装、装卸、流通加工及相关信息活动等)所组成的控制原材料、制成品、产成品和信息的作业体系。

现代物流概念的提出,并不是对原有概念的重复,而是在传统物流的基础上加入了包括信息技术、统筹观念等现代理念和高新技术在内的新内涵。面对市场的严峻挑战及经济全球化的趋势,企业对自身的管理,特别是对物流管理提出了新的目标和要求。电子商务的出现及时提供了物流领域的策略,帮助企业实现物流管理的系统一体化,在市场竞争中为企业创造更高的利润和价值。现代物流的特点是强调诸活动的系统化,从而达到整个物流活动的整体最优化。

国际物流业经过多年的发展,逐步形成了以市场调节为主的运行机制,交通运输、信息通信、仓储、包装和配送等各行业基础设施投资不断增加,市场物流网络逐步扩大,建立了以中心城市为依托的城乡一体化的流通网络。随着经济全球化和信息技术的迅速发展,社会生产、物资流通、商品交易及其管理方式正在发生深刻的变革,作为企业在降低物质消耗、提高劳动生产率以外的"第三利润源泉"的现代物流业正在世界范围内广泛兴起,有效推动了全球商品经济的增长。目前,美国物流企业占据主导地位。世界前10大物流企业中美国占有5家,其中包括两家最大的公司UPS和FedEX,同时这5家的收益之和占前10大物流企业收益的2/3,可见美国物流企业在世界上的地位举足轻重。从某种意义上说,物流市场发达程度与经济发达程度成正比。

近年来,随着我国市场经济的快速增长,特别是连锁商业的发展,各种形式的物流配送中心如雨后春笋般发展起来。据不完全统计,目前我国共有各种类型的物流配送中心1 000多家,其中上海和广东数量最多,发展也最为成熟。此外,日本、美国、英国等国家的企业在我国北京、上海、南京等地建有自己的物流配送中心。国外还有一些企业机构正在研讨中国的物流配送业,把今后几年内打入中国作为发展战略。

2) 电子商务时代物流业的新特点

电子商务时代的来临,给全球物流业带来了新的发展,使物流业具备了一系列新特点。

(1) 信息化 电子商务时代,物流信息化是电子商务的必然要求。物流信息化表现为物流信息的商品化、物流信息搜集的数据库化和代码化、物流信息处理的电子化和计算机化、物流信息传递的标准化和实时化、物流信息存储的数字化等。因此,条码技术(Bar Code)、数据库技术(Database)、电子订货系统(Electronic Ordering System,EOS)、电子数据交换(Electronic Data Interchange,EDI)、快速反应(Quick Response,QR)及有效的客户反映(Effective Customer Response,ECR)、企业资源计划(Enterprise Resource Planning,ERP)等技术与观念在我国的物流业中将会得到普遍的应用。信息化是一切的基础,没有物流的信息化,任何先进的技术设备都不可能应用于物流领域。信息技术及计算机技术在物流业中的应用将会彻底改变世界物流业的面貌。

(2) 自动化　自动化的基础是信息化;自动化的核心是机电一体化;自动化的外在表现是无人化;自动化的效果是省力化,另外还可以扩大物流作业能力、提高劳动生产率、减少物流作业的差错等。物流自动化的设施非常多,如条码/语音/射频自动识别系统、自动分拣系统、自动存取系统、自动导向车、货物自动跟踪系统等。这些设施在发达国家已普遍用于物流作业流程中,而在我国由于物流业起步晚、发展水平低,自动化技术的普及还需要相当长的时间。

(3) 网络化　物流领域网络化的基础也是信息化。这里指的网络化有两层含义:一是物流配送系统的计算机通信网络,包括物流配送中心与供应商或制造商的联系要通过计算机网络,与下游顾客之间的联系也要通过计算机网络通信。比如物流配送中心向供应商提出订单这个过程,就可以使用计算机通信方式,借助于增值网(Value Added Network,VAN)上的电子订货系统(EOS)和电子数据交换(EDI)技术来自动实现;物流配送中心通过计算机网络收集下游客户的订货的过程也可以自动完成。二是组织的网络化,即所谓的企业内部网(Intranet)。比如,台湾的计算机生产企业在90年代创造出了"全球运筹式产销模式",这种模式的基本特点是按照客户订单组织生产,生产采取分散形式,即将全世界的计算机资源都利用起来,采取外包的形式将一台计算机的所有零部件、元器件、芯片外包给世界各地的制造商去生产,然后通过全球的物流网络将这些零部件、元器件和芯片发往同一个物流配送中心进行组装,由该物流配送中心将组装的计算机迅速发给订户。这一过程需要有高效的物流网络支持,当然物流网络的基础是信息、计算机网络。物流的网络化是物流信息化的必然,是电子商务下物流活动的主要特征之一。当今世界 Internet 等全球网络资源的可用性及网络技术的普及为物流的网络化提供了良好的外部环境,物流网络化不可阻挡。

(4) 智能化　这是物流自动化、信息化的一种高层次应用,物流作业过程大量的运筹和决策,如库存水平的确定、运输(搬运)路径的选择、自动导向车的运行轨迹和作业控制、自动分拣机的运行、物流配送中心经营管理的决策支持等问题都需要借助于大量的知识才能解决。在物流自动化的进程中,物流智能化是不可回避的技术难题。好在专家系统、机器人等相关技术在国际上已经有比较成熟的研究成果。为了提高物流现代化的水平,物流的智能化已成为电子商务下物流发展的一个新趋势。

(5) 柔性化　柔性化本来是为实现"以顾客为中心"的理念而在生产领域提出的,但要真正做到柔性化,即真正地能根据消费者需求的变化来灵活调节生产工艺,没有配套的柔性化的物流系统是不可能达到目的的。在20世纪90年代,世界主要工业发达国家在生产领域纷纷推出弹性制造系统(Flexible Manufacturing System,FMS)、计算机集成制造系统(Computer Integrated Manufacturing System,CIMS)、制造资源系统(Manufacturing Requirement Planning,MRP)、企业资源计划(ERP)以及供应链管理的概念和技术。这些概念和技术的实质是将生产、流通进行集成,根据需求端的需求组织生产,安排物流活动。因此,柔性化的物流正是适应生产、流通与消费的需求而发展起来的一种新型物流模式。这就要求物流配送中心要根据消费需求"多品种、小批量、多批次、短周期"的特色,灵活组织和实施物流作业。

另外,物流设施、商品包装的标准化,物流的社会化、共同化也都是电子商务下物流模式的新特点。

12.1.2　电子商务在物流业的应用状况

物流配送正在经历第三次革命。初级阶段就是送物上门,即为了争取和稳定客户,改善经营效率,国内许多商家较为广泛地采用了把货送到买主手中的方式,这是物流的第一次革命;第二次物流革命是伴随着电子商务的出现而产生的,使物流在网络信息的组织之下运行,这是一次脱胎换骨的变化,不仅影响到物流配送本身,也影响到上下游的各体系,包括供应商和消费者;第三次物流革命就是物流配送的信息化及网络技术的广泛应用所带来的种种影响,这些影响是有益的,将使物流配送更有效率。以计算机网络为基础的电子商务催化着传统物流配送的革命。

物流电子商务是在物流业实现商务电子化运作的过程。物流电子商务包含了物流的运输、仓储、配送等各业务流程中组织方式、交易方式、服务方式的电子化,通过对物流业务实现电子化,可以改革现行物流体系的组织结构;通过规范、有序的电子化物流程序,可以使物流进入一个充分利用现有资源,降低物流成本,提高物流运行效率的良性轨道。有人把以电子化为主要特征的物流系统称为电子物流。电子物流的实质是:与物流相关的信息交流不仅是现实物流的反应,更主要的是通过信息的分析、判断进行决策,控制现实物流运行,是物流电子化指挥系统。无疑,电子物流充分运用了以信息技术为代表的现代科技手段,适应了现代社会对物流快速、安全、可靠、低费用的需求,是未来物流电子商务的重要发展方向。

12.2　物流业电子商务项目运作要点

12.2.1　我国物流业存在的主要问题

我国物流业虽然起步比较早,但发展却很不理想,特别是一些大中型的第三方物流企业在从传统储运向服务转化的环节上进展迟缓。除部分物流企业在网络信息服务方面有所加强外,大部分还基本停留在处理传统的储存和运输服务的水平上,跟不上客观形势的需要,适应不了现代物流信息体系,极大地影响了物流业的发展。

我国物流业虽然大都跨越了简单送货上门的阶段,基本上属于真正意义上的物流配送,但在层次上仍是传统意义上的物流配送,即处于物流配送初级阶段,尚不具备或基本不具备信息化、现代化、社会化的新型物流配送的特征,因此在经营中存在着传统物流配送无法克服的种种弊端和问题。我国物流业与国外发达国家相比,仍处于起步阶段,无论是从规模还是从技术水平上都存在较大差距,从总体而言,存在以下不足:

1）物流观念陈旧

对现代物流的概念、地位和作用认识不够，是我国物流业长期得不到发展的重要原因。物流业是国民经济中的一个重要产业，它对提升运输产业水平，推动经济发展和满足社会需求具有特别重要的意义。而我国企业往往认为物流服务导致成本上升，而不是产品增值。

2）专业化服务程度低

我国企业的自营物流占主导地位，导致专业化的物流服务设施不能充分利用。同时，物流业服务范围窄，横向联合弱，不能提供完整的供应链服务，企业应用的物流技术手段档次低，装备落后，很难满足客户在服务质量和时间方面的要求。此外，我国信息跟踪服务体系和网络服务体系相对落后，也制约了物流业的发展。

3）缺乏现代物流人才

人才已成为制约我国物流业发展的瓶颈之一。国外物流教育很发达，从业人员具有一定的物流知识和实践经验。而我国在这方面还很落后，物流知识，尤其是现代物流知识远未得到普及，甚至许多人不识物流为何物，即使有所了解，也只是知道它主要的业务领域是提供运输和仓储服务，而不知道它是对这些传统业务的新的整合，不知道现代物流业务领域远远超过了单纯的运输和仓储而成为连接原料、半成品供应，生产过程中的物料流动，成品配送的全过程服务，成为涵盖商流、资金流、信息流等子系统的综合体系。目前，我国高等院校中设置物流专业的很少，物流在职人员的职业教育更是匮乏。

4）法制环境不完善

在传统的条块分割的体制下，我国物流的许多活动被割裂至各个部门，如交通运输、邮电通信、对外贸易、国内贸易等，仅运输业就牵涉到铁道部、交通部等若干个部门，部门之间缺乏高效协作，致使运输过程中各运输方式之间的转运环节要耗费大量时间和成本，成为物流过程中的"陷阱"。此外还有海关管理程序、物资采购等方面的一些规定也影响了物流业综合服务水平的提高和业务领域的拓展，进而制约了物流业的发展，这与电子商务的要求也是背道而驰的。因此物流发展要跨越部门和地区的限制，需要统一化、标准化，需要建立一部完备的物流法规，才能适应社会化大生产、专业化流通的要求。

5）统筹策划、精细化组织与管理能力不足

从发达国家经验来看，第三方物流的功能是设计、执行以及管理客户供应链中的物流需求，其特点是依据信息和物流专业知识，以最低的成本提供客户需要的物流管理和服务。而现在，我国多数物流企业是在传统体制下物资流通企业基础上发展而来的，企业服务内容多数仍是仓储、运输、搬运，很少有物流企业能够做到提供综合性的物流服务，第三方物流服务的功能尚不能得到很好的发挥。我国的物流企业，无论是物流服务的硬件还是软件，与电子商务要求提供的高效率低成本的第三方物流服务还有较大的差距，信息收集、加工、处理、运用能力，物流的专门知识，物流的统筹策划和精细化组织与管理能力都明显不足。

6）管理体制需要改革

在我国，条块分割的物流管理和流通体制制约着物流业的发展。电子商务环境下，物流的专业化分工特点虽然日益明显，但是物流的组织和管理却不断向综合性发展，各种物流方式和物流载体之间的联系越来越紧密。但是，我国目前的物流行业管理仍沿用着计划经济时期的部门分割体制。与物流相关的各部分分别由铁道、交通、民航、经贸等不同政府部门进行管理。依据这种条块管理体制，形成了自上而下的纵向隶属和管理格局,严重制约着在全社会范围内经济合理地对物流进行政体统筹和规划,妨碍着物流的社会化进程。

12.2.2 我国物流业发展电子商务的必要性

随着互联网的日益普及,电子商务的应用呈现迅猛增长之势,极大地推动了现代物流的发展。如上所述,我国的物流业发展,还处于起始阶段,在各方面同国际上都有较大差距,因此,充分利用电子商务的手段来发展我国的物流业势在必行。

1) 电子商务对物流配送的积极影响

(1) 电子商务改变了原来的物流配送观念 传统的物流配送企业首先要具有大面积的仓库。电子商务系统中的配送企业是将分散在各地的分属不同所有者的仓库通过网络系统连接起来,组成"虚拟仓库",并进行统一管理和调配使用,因此,电子商务系统中的配送企业的服务范围和货物集散空间都放大了。它在组织资源的规模、速度、效率和资源的合理配置方面都比传统的物流配送企业要优越得多,相应的,其物流配送观念也是全新的。

(2) 电子商务促使物流配送时间大为缩短 在传统的物流配送管理中,由于信息交流的限制,完成一个配送过程的时间比较长,但是,随着网络系统的介入,这个时间将变得相对较短,任何一个有关配送的信息和资源都会通过网络管理在几秒钟内传到相关部门。

(3) 电子商务更新了物流配送的过程 传统的物流配送过程是由多个业务流程组成的,受人为因素、时间因素影响很大。电子商务下的物流配送业务流程是由网络连接的,当系统的任何一个终端收到一个需求信息的时候,该系统都会在极短的时间内作出反应,并能够拟定出详细的配送计划,通知各环节开始工作,即电子商务下的物流配送业务可以实现全过程的实时监控和实时决策,并且这一切都是由计算机根据人们事先设计好的程序自动完成的。

(4) 电子商务简化了物流配送环节 传统的物流配送整个过程环节很多,极为繁琐。而通过网络化的配送中心,物流配送环节可以大大简化。在网络支持下的成组技术可以使物流配送周期大大缩短,其组织方式也会发生变化;计算机系统管理可以使整个物流配送管理过程变得简单和容易;网络上的营业推广可以使客户购物和交易过程变得更有效率、费用更低。

2) 电子商务的发展将有力推动物流技术的应用

电子商务必须以信息化为基础,离开信息化,电子商务将成为无源之水,无本之木。所以,随着电子商务在物流业中的应用,如下一些先进的信息采集和处理技术将在我国物流业中迅速普及。

(1) 条码技术 条码技术是在计算机应用中发展起来的一种自动识别技术,它是实现信息的自动扫描,快速、准确而可靠地采集数据的有效手段。在物流技术中,条码技术提供了一种对物流中的物品进行标识和描述的方法,它与自动识别技术、POS 系统、EDI 等现代科学技术手段相结合,可以随时了解有关产品在供应链上的位置,及时作出反应。在西方发达国家兴起的 ECR(有效客户信息反馈)、QR(快速反应)、ACEP(自动连续补货)等物流管理策略,都离不开条码技术的应用。关于条码技术,本书第 6 章已经作过介绍。

(2) 地理信息系统(Geographical Information System,GIS)技术 GIS 是 20 世纪 60 年代开始发展起来的地理学研究新成果。它以地理空间数据为基础,采用地理模型分析的方法,适时地提供多种空间和动态的地理信息,是一种为地理研究和地理决策服务的计算机技术系统。GIS 的基本功能是将表格型数据转换为地理图形显示,然后对显示结果进行浏览、操作和分析。它可以比较直观地显示销售情况、运输路线等。

(3) EDI 技术 EDI 是指按照统一规定的一套标准格式,将标准的经济信息,通过通信网络传输,在贸易各方的计算机系统之间进行数据交换和自动处理。EDI 的使用消除了贸易过程中的纸面单证,从而避免了制作文件的费用,因而 EDI 被称为“无纸贸易”。另外,应用 EDI 技术可以高效率地传输发票和订单,从而使交易信息瞬间送达,因而空前提高了商流和物流的速度。关于 EDI,本书第 6 章已经作过介绍。

(4) 射频技术(Radio Frequency,RF) 适用于包括物料跟踪、运载工具和货架识别等要求非接触数据采集和交换的场合,由于 RF 具有可读写能力,对于需要频繁改变数据内容的场合尤为适用。

3) 电子商务可以拓展物流空间

物流空间,即物流网络空间,它不是传统意义上的物流网点或物流环节,而是虚拟物流或称为数字物流,它将是物流发展的方向,现实物流与数字物流将日益走向融合。

4) 发展电子商务可以促进商流与物流的融合

这种融合是现代物流发展的一个重要特征,也是配送成功的重要保证。在网上交易和物流配送过程中,商流和物流的界限将日益淡化,而不像传统的物流业,严格地区分工业用品和生活用品。

5) 有利于人才培养

在物流业发展电子商务,将有利于培养既精通计算机网络技术,又懂得物流、商务的复合型物流人才。

总之,在物流业发展电子商务,对加速传统物流业的改造,提升物流行业的竞争力是非常必要的。

12.2.3 物流业电子商务项目运作的战略步骤

在我国物流业运作电子商务项目,其总体思路是通过电子化手段的导入,促进物流管理的模式创新,促进物流资源合理高效配制,推动我国信息流、物流、商流合理组合,逐步实现物流经营管理的现代化和信息化。

物流业电子商务项目的运作,要考虑物流业网络平台建设,建立控制中心,发展区域性的物流配送中心,培养高素质的专门从事电子商务物流信息管理的人才,利用当地已有的网络条件,同国内和国际物流网相连接,最终实现物流“四化”。

1) 网络平台建设

运用现代信息技术,建设宽带广域,提升完善信息交换平台,联合构建电子商务平台,逐渐改变企业商贸运行模式,促进经济运行和经济增长方式转变。实现物流信息化,包括建立商品代码数据库,对运输销售网络进行电子化管理。

2) 控制中心建设

建立电子商务物流信息控制中心,实现物流管理的低成本、高效益,提高信息化物流管理水平。控制中心包含以下 8 个功能模块:集中控制功能;运输流程管理功能;车、货高度管理功能;仓储管理功能;统计报表管理功能;财务管理功能;客户关系管理功能;客户查询功能。

3）发展区域性物流配送中心

建设区域性物流配送中心不仅仅是物流体系重构的起点，也是支撑电子商务发展的重点。配送中心的建设应以原物流企业为基础，吸收商业连锁配送企业和电子商务公司参股，组建投资主体多元化、业务专业化的配送公司，以满足电子商务对物流配送的需要，而不能由电子商务公司独家经营物流。首先在大中城市建立区域性配送中心，经过经验、渠道和市场运作上的积累后再逐步推广到中小城市。如果大部分中小城市的区域性配送中心能成功运作，全国性的配送网络也就形成了，电子商务和物流体系的重构就有了坚实的基础。区域性配送中心的建设要与电子商务的需求特点结合起来，要与物流业的现代化、信息化、国际化结合起来。

4）培养一支专门从事电子商务和物流信息管理的高素质专业人才队伍

在各高等院校要开设相关的电子商务物流管理专业，长期有计划地培养专业队伍。同时要调整现有物流管理人员结构和组织结构，对现有人员进行定期培训，要求从事专业物流管理人员必须具备相关的专业知识，具有一定的外语水平和计算机水平，持证上岗。只有建立一支专业化队伍，才能保证我国物流信息管理专业化、现代化、高科技化发展。

5）与国际先进物流配置网接轨，实现物流"四化"

与国际接轨，要作两方面准备。一方面要建立起电子商务物流管理的良好外部环境和条件，实现系统的运送方式、装卸、仓储、物流配送一体化，降低物流配送成本和风险，提高物流配送的效益，实现企业零库存、无积压、无等待、全天候 24 小时、快速有效的物流配置体系。另一方面，要建立起合理的运行管理机制，包括建立一定的铁路、公路以及仓储物流配置的专门机构，统一接受物流控制中心的领导，实现快速、准确、无差错、高效益传递物流。通过环境和运行机制的建设，促进物流运作系统化、物流服务网络化、物流管理信息化和物流经营全球化。

（1）物流运作系统化 企业物流是一种系统性的经济活动。物流运作系统化，主要通过物流目标合理化、物流作业规范化、物流功能集成化、物流技术一体化来实现。

（2）物流服务网络化 电子商务发展要求企业物流不仅以较低的成本提供高质量的物流服务，而且还要求物流服务向多样化、综合化、网络化发展。为了实现电子商务的物流增值性服务，企业必须重新设计适合电子商务发展的物流渠道，减少物流环节，提高物流服务系统的快速反应性能，实现物流服务网络优化和系统性。

（3）物流管理信息化 物流现代管理最重要的是通过信息管理来实现的。物流管理信息化就是要应用现代信息技术改变传统企业物流管理过程，包括利用低成本物流信息交换平台，利用信息化手段来拓展业务和市场，大幅度降低企业生产成本。

（4）物流经营全球化 由于电子商务的发展提高了全球商务信息交换能力，促进了全球经济一体化进程，企业要在全球化物流经营上进行战略定位，建立以供应链为基础的国际化物流新观念，实现物流经营资源的全球化配置。

上述 5 个战略步骤图解如图 12.2.1 所示。

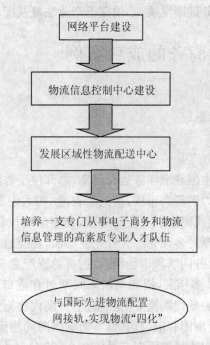

图 12.2.1 物流业电子商务项目运作的战略步骤

12.2.4 物流业电子商务项目运作应注意的问题

电子商务的发展,扩大了企业的销售范围,改变了企业传统的销售方式以及消费者的购物方式,使得送货上门等物流服务成为必然,促进了我国现代物流行业的兴起。所以,我国的现代物流业与电子商务项目关系密切,事实上是现代物流业与电子商务事业共同成长。但我国物流业和电子商务事业的发展都处于起步阶段,存在诸多方面的问题,有待于在以后的实践中进一步研究、协调与解决,具体归纳有以下几点。

1) 体制问题必须解决

我国物流业发展缓慢,体制是一个重要因素。作为物流主体的物流企业体制僵化,这个根本性的问题必须加以解决。这就要求物流企业彻底改变体制,建立新型的物流管理体系。

2) 在物流技术选择上要大力倡导信息化

物流经营和管理的科技含量是电子商务条件下物流的立足之本,这主要体现在物流技术的信息化、自动化、网络化上。例如,为了方便、快捷地满足客户需要,在运输环节应采用条码技术来采集信息和实现自动跟踪。

3) 完善法规及配套政策,促进物流业电子商务的健康发展

我国与现代物流业发展相关的制度和法规有待完善,与企业发展息息相关的融资制度、产权转让制度、用人制度、社会保障制度、市场准入与退出制度等方面的改革还远不能适应企业发展的需要。企业在改善自身物流效率时,必然要在企业内外重新配置物流资源,而制度和法规的缺陷阻碍了企业对物流资源的再分配。物流企业跨区域开展物流业务时常常受地方保护主义困扰,国有企业在选择外部更为高效的物流服务、处置原有储运设施和人员时,所遇阻力很大,这些必然会影响企业物流效率的提高,影响物流业电子商务技术的采用。

因此,要促进物流业电子商务健康发展,必须完善产业法规及配套政策。

12.3 物流业电子商务的成功案例

12.3.1 招商局物流的信息系统

1) 招商局的背景及其物流业

招商局创立于1872年中国晚清洋务运动时期,总部位于香港,业务分布于香港、中国内地、东南亚等极具活力和潜力的新兴市场,被列为香港"四大中资企业"之一,在国际工商界有着广泛影响。它是中国近代民族工商业的先驱,在中国现代化进程中起到过重要推动作用,现已成长为一个实力雄厚的多元化综合性企业集团,在交通基建及物流、金融、地产及相关产业领域内有着成熟的业务网络和市场经验,拥有总资产逾500亿港元。

据该公司网站介绍,130多年来,招商局从未间断过在港口、码头、仓储、运输等领域的投资与发展,逐步形成了发展现代物流业的独特优势,现代物流业已被确立为招商局的四大核心产业之一。招商局物流集团有限公司(以下简称招商局物流)是招商局发展现代物流的核心企业,截至2009年底,招商局集团拥有总资产2 687亿元人民币,管理总资产22 183.83亿元人民币,连续5年被国务院国资委评为A级中央企业,集团利润总额在央企排名第7位。

招商局物流秉承百年招商"爱国、自强、开拓、诚信"的企业精神,紧跟世界物流发展潮流,通过不懈努力,实现了从传统储运服务向现代物流服务的转变,2001获深圳市优秀企业称号;2002年被评为广东省物流龙头企业称号和深圳市商贸流通企业20强;2002年12月通过了ISO9001-2000质量体系认证。

招商局物流在北京、上海、天津、香港、广州、深圳、珠海、惠州、厦门、沈阳、大连、郑州、武汉、长沙、成都、昆明、南京、青岛、芜湖等中心城市设有30多家子公司和分支机构,在全国拥有各类运输车辆近千台,中港过境车牌照80多块;可支配仓库超过15万平方米,其中自有现代化分发中心近5万平方米,且正在投资兴建多个大型现代化分发中心;在沿海和长江流域拥有油气库8座,油气专用码头7个,船舶8艘,基本形成了以普通网络、进出口物流、特种物流为主营业务的第三方物流综合服务能力。

招商局物流可以提供完整的全程物流服务,提供包括物流整体方案策划和咨询、物流分发中心整体规划及运营管理,原材料与产成品的储存、配送,国际储运,货运代理、报关以及物流管理信息系统的设计和构建等一整套物流解决方案服务。

近年来,招商局物流成功地为诸多国内外著名企业提供了优质的第三方物流服务,有效提高了物流执行效率和运作质量,合理降低了成本,提升了客户的市场应变能力和竞争能力,受到广泛好评。其主要客户群中的80%均为世界500强企业。招商局物流关注员工的发展与成长,吸引和培养了一批包括外籍物流专家在内的高素质专业人才。

2) 招商局物流的电子商务项目

招商局物流的成功,与他们采用电子商务手段是分不开的。招商局物流的电子商务项目,不仅是建立了一个电子商务网站,通过网站宣传和发展他们的客户,更重要的是:他们将物流信息技术融入他们的日常业务之中。

该公司认为：物流信息技术是物流现代化的重要标志，也是物流技术中发展最快的领域，从数据采集的条码系统，到办公自动化系统中的微机、互联网、各种终端设备等硬件以及计算机软件都在日新月异地发展；同时，随着物流信息技术的不断发展，产生了一系列新的物流理念和新的物流经营方式，推进了物流的变革。在供应链管理方面，物流信息技术的发展也改变了企业应用供应链管理获得竞争优势的方式，成功的企业通过应用信息技术来支持它的经营战略并选择它的经营业务，通过利用信息技术来提高供应链活动的效率，增强整个供应链的经营决策能力。

在实际运作中，招商局物流具备了独立开发和运用个性化的、国内一流物流管理信息系统的能力，实施了以"SAP"为核心的执行系统、"WMS"仓库管理系统、"GPS/GIS"定位系统、OA系统以及先进的条码识别技术等，具备在线仓储查询、运输监控并自动生成统计报表等功能，详细见图12.3.1。

图 12.3.1　招商局物流信息系统主页

从图12.3.1可以看出，该物流企业的信息系统主要包括5个部分，即：基于SAP的物流业务执行系统；基于SAP的物流信息数据仓库；基于Internet的数据中心运行模式；基于B/S三层结构的电子商务解决方案；基于VPN的系统安全策略。可以理解，该物流公司的卓越业绩，与他们建立和利用这些信息系统是分不开的。

12.3.2　宝供物流的电子商务

1）宝供物流简介

宝供物流企业集团有限公司（P. G. LOGISTICS GROUP CO. , LTD, 以下简称宝供）创建于 1994 年,总部设在广州,是国内第一家经国家工商总局批准以物流名称注册的企业集团,是中国最早运用现代物流理念为客户提供物流一体化服务的专业公司,也是目前我国最具规、最具影响力、最领先的第三方物流企业。2004 年,宝供以其雄厚的实力及现代物流经营理念,取得目前国内唯一广州—上海行邮特快专列的独家经营权,该专列全程按特快客车运行图运行,可为社会各企事业单位提供行李、包裹、邮件及其他大宗货物的铁路快速运输服务、区域接取送达服务以及包括仓储、包装、装卸、配送、物流加工、信息咨询一体化的综合物流服务。宝供汇聚和培养了一大批熟悉中西文化,深谙现代物流和供应链管理内涵,具有丰富运作经验的员工队伍。

2) 宝供核心业务

(1) 仓储专业服务 宝供在全国主要省会城市及重点二级城市设立了近 30 万平方米的仓库,同时,截至 2011 年,全国使用和在建的物流基地达到 100 万平方米,为电器行业、快速消费品行业、日化行业、化工行业等不同行业的著名品牌提供符合 GMP 要求的仓库管理服务。

根据客户行业的不同类型,公司提供了中转仓、分销仓、中转平台式仓库等个性化的仓库作业模式,同时配备先进的仓储设备以提高作业效率及质量。在仓库管理中同时为客户提供满足销售需求的增值服务,如打码、再包装、扫描等,使仓库服务内容向纵向方向发展。仓库系统管理方面,先进的 IT 系统,在无线网络、手提终端、射频数据和条形码识别等技术的支持下,仓库管理系统(WMS)得到充分的应用。在宝供发展规划中,作为重点发展项目,宝供将在未来几年逐步建立更多的现代化物流基地,满足客户对仓库管理日益多元化的需求。

(2) 干线运输服务 宝供物流以整合社会资源为主要方式,与国内国际众多运输商建立了长期合作伙伴关系,具备每年超过百万吨的公路和铁路运输组织能力。

公司建立了科学的运输控制体系,并采用先进的信息化管理手段,结合运输跟踪及反馈系统确保货物准时、安全到达,可为客户提供全国零担、整车运输服务,运输方式多样,包括普通货物运输、危险品运输、国际集装箱运输、海关监管货物运输、铁路托运等多种服务。

为了更好地适应市场发展以及客户的需求,发挥宝供全国运作网络的作用,提高物流运作水平,宝供集团在全国 20 多条主要干线构造了一个安全、稳定、准时、可靠的快速通道。现在已经开通了广州—上海的特快行邮专列——"宝供号",打通了连接"珠、长三角"的黄金快速通道,与大连港合作开通了广州—大连的南北航线;拟进一步与铁路部门及航空公司共同开辟新的运输线路,与其他同行探讨以武汉为中心的南北干线的交叉理货中心的建设。最后将形成一个快速的干线运输网络。

(3) 分销及连锁配送服务 宝供除了提供城市间的直达干线运输外,还提供省内和市内的门到门配送业务。宝供对客户的区域配送中心和中转仓库存储体系进行科学的整合管理,形成辐射范围较广的网络体系。宝供的仓储和配送服务使客户公司的服务半径和货物集散空间得以低成本、低风险地扩张。

宝供针对配送区域内的大客户发生的大批量订单,提供"门对门"的运输配送;针对配送区域内大量中小商家的零散、小批量的订单,安排合理的配送计划,实施高水平的一线多点配送;在配送区域内的中心城市,配合商家的无库存销售模式,为消费者提供完善的 24 小时送货服务;还可以按客户企业的要求提供产品的流通加工,为客户公司提供各种物流延伸服务。

3）宝供的信息技术服务

（1）宝供的信息化过程　1997年,曾在中科院进行企业信息系统开发工作的唐友三先生加盟宝供,负责信息化改造。由于当时企业的技术力量不足,宝供邀请一家专业的物流信息技术企业来开发系统。宝供在国内率先建成基于Internet/Intranet的物流信息管理系统,使总部、分公司及40多个运作点实现了内部办公自动化、外部业务运作信息化,并实现了仓储、运输等关键物流信息的网上实时跟踪。同年,宝供开发互联网应用以取代电话、传真。

1998年以后,实现了"客户电子订单、一体化运作"的电子商务初步目标,简化了商务流程,提高了运作效率。

1999年,完成了业务运作与成本核算一体化系统,有效预测和评估每一笔业务的利润回报率,为市场营销和业务运作提供可靠的数据。

2000年,建立基于VPN的XDI电子数据交换平台,采用XML技术进一步提升与客户的电子数据交换水平,实现与客户数据的无缝交换与链接,为客户量身定制个性化的物流信息服务。

2001年,借助VPN平台、XML技术,宝供加速订单处理,集团实现了与飞利浦、宝洁、红牛等客户电子数据的无缝链接,实现了物流、资金流、信息流的"三流一体化"的供应链管理。

（2）宝供信息系统的功能　宝供自行开发的第三方物流信息集成平台,具有高度适用性、集成性和扩展性,可根据需要不断地以自行开发或外购的方式添加各种功能和属性,现有的主要模块和功能如下:

① TOM:全面订单信息管理系统（TOM系统）中的运输模块实现对全国范围内运输业务的跟踪和管理,可以实现全程跟踪订单状态。

② OMS:订单管理系统（Order Management System）开发客户下单系统,开放库存查询程序、电子数据收发查询程序、条码扫描检查程序等配套程序供仓库或客户使用。

③ SMS:库存管理系统（Stock Management System）实现对货物进出仓和在仓库中各种状态的完全管理,包括库位、批次、拣货、库龄管理和盘点等功能,具有完备的仓库管理功能。

④ WMS:全球领先的Exceed 4000WMS系统适用现代化立体仓管理,根据客户需求对Exceed做客户化定制,定义不同的批次管理策略,并支持交叉理货,条码扫描跟踪。

⑤ 货物定位:通过TOM的GPS和手机定位实现在途订单实时跟踪功能,为客户提供运输动态跟踪服务。

⑥ RFID:通过RFID技术实现对仓库进出库产品的管理和跟踪,并完成贴标和标签回收的工作。

4）宝供信息系统的价值

（1）实时把握物流运作信息,提升工作效率,加快资金周转。EDI或B to B对接使客户在实际业务发生后30分钟内,在自己的系统就可查看到最新的运作结果,客户财务部门也可以依据系统返回的签收结果及时开出结算发票。

（2）降低成本,取得竞争优势。信息畅通有利于控制和降低库存,并减少成本（包括人力成本及其他隐性成本）。

（3）度身定做,适合客户需求。帮助重点客户规划、设计和实施物流管理系统,包括报表系统,提供强大的经营数据辅助分析,实现决策管理数据化。

（4）与时俱进,提供增值服务。引进先进的 WMS 系统,支持现代中心仓库需求;开发 TOM,为客户提供订单管理、运输、仓储一体化服务。

思考题

1. 电子商务时代的物流业有什么特点?
2. 我国物流业存在哪些需要解决的问题?
3. 电子商务会给物流业带来哪些好处?
4. 从战略上看,应该如何运作物流业电子商务项目?
5. 在物流业运作电子商务项目应注意哪些问题?
6. 招商局物流的电子商务项目特点是什么?
7. 在本章介绍的宝供物流的事例中,该公司的哪些活动属于电子商务项目建设?

13 金融保险业电子商务项目运作

13.1 金融保险业电子商务发展现状

13.1.1 金融保险业电子商务概述

金融保险简称保险,是现代金融业的一大支柱,也是一般产业经济抵御自然灾害和意外事故的最后一道屏障。作为保险,它是和信息紧密相连的,是一种承诺、一种无形产品、一种服务商品,保险中的每个环节都离不开信息。信息技术的发展对保险业的影响是巨大的,特别是 20 世纪 90 年代以来,互联网技术的发展与普及,其中所蕴涵的无限商机使得无数商家纷纷把目光投向电子商务,金融保险也不例外。于是一种全新的保险经营方式——保险电子商务应运而生。

1) 保险电子商务的含义

保险电子商务也叫网上保险,是指保险公司或保险中介机构以互联网和电子商务技术为工具来支持保险经营管理活动的经济行为。

保险电子商务有广义和狭义两个层次的含义:狭义上,保险电子商务是指保险公司或新型的网上保险中介机构通过互联网为客户提供有关保险产品和服务的信息,并实现网上投保、承保等保险业务,直接完成保险产品的销售和服务,并由银行将保费划入保险公司的过程;广义上的保险电子商务还包括保险公司内部基于 Internet 技术的经营管理活动,对公司员工和代理人的培训,保险公司之间以及保险公司与公司股东、保险监管、税务、工商管理等机构之间的信息交流活动。

2) 保险电子商务的类型

与一般的电子商务的分类相似,保险电子商务也可以分为两种基本类型:

(1) B to C(企业对消费者的电子商务) 即保险公司对个人投保人或被保险人的电子商务活动。它是针对个人被保险人销售保险产品和提供服务的平台,主要的产品包括人寿险、健康险、车辆险、家庭财产险等。

(2) B to B(企业对企业的电子商务) 即保险公司对企业客户的电子商务活动,企业投保人通过互联网或各种专用商务网络向保险公司购买保险、支付保费并接受服务。涉及的产品主要包括货物运输险、小企业的责任险,对于财产险、工程险、信用险等大项目,一般只提供风险知识。

3) 保险电子商务的基本运行模式

保险电子商务不管有多少种类型,都离不开一种最基本的运行模式。保险电子商务以电子商务的基本运行环境为支撑框架,以保险公司的实质经营内容为核心,利用电子商务的特性来优化保险公司的经营管理。图 13.1.1 为保险电子商务的基本运行模式。

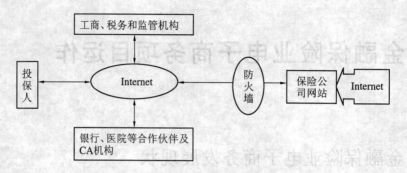

图 13.1.1　保险电子商务的基本运行模式

在图 13.1.1 中,保险公司的网上保险系统同投保人和其他部门都是通过 Internet 进行数据通信的,参与保险电子商务的实体有 4 类:投保人、保险公司、银行及认证中心(CA)。CA 为从事保险电子商务的投保人和合作伙伴颁发数字证书和提供认证服务;银行为其客户(投保人)提供网上保险的支付服务。要实现完整的保险电子商务会牵涉很多方面,如发证机构、支付网关、医院等相关机构,要进行验证、核实等环节的运行。

4) 保险电子商务的特点

保险电子商务具有以下特点:

(1) 虚拟性　开展保险电子商务不需要具体的建筑地址,只要申请一个网址,建立一个服务器,并与相关交易机构连接,就可以通过互联网进行交易。它没有现实中的货币,一切金融往来都是数字化,并在网络上进行。

(2) 直接性　网络使得客户与保险机构的相互作用更为直接,它解除了传统条件下双方活动的时间、空间制约。与传统营销"一对多"的传播方式不同的是,网上营销可以随时根据消费者的个性化需要提供"一对一"的个性化的信息。客户也可以主动选择和实现自己的投保意愿,并可以在多家保险公司及多种产品上实现多样化的比较和选择。

(3) 电子化　客户与保险公司之间通过网络进行交易,在经济交易中采用电子单据、电子传递、电子货币交割,实现无纸化交易,避免了传统保险活动中书写任务繁重且不易保存、传递速度慢等弊端,实现了快速、准确的双向式数据信息交流。

(4) 时效性　网络使得保险公司可以随时准确、迅速、简洁地为客户提供所需的资料,客户也可以方便、快捷地访问保险公司的客户服务系统,获得诸如公司背景、保险产品及费率的详细情况,实现实时互动。

13.1.2　我国金融保险网站的回顾与评价

1) 保险网站的发展回顾

我国的网上保险业务目前仍处在起步阶段。早在 1997 年,中国保险学会和北京维信投资顾问有限公司就共同发起成立了我国第一家保险网站——中国保险信息网(china-insurance.com),同年 11 月 28 日,由中国保险信息网为新华人寿公司促成的国内第一份网上保险单,标志着我国保险业迈入了网络的大门。

2000 年 3 月 9 号,国内推出首家名为"网险"(www.orisk.net)的电子商务保险网站。

该网站由中国太平洋保险有限公司(以下简称太保)北京分公司与朗络电子商务公司合作开发,真正实现了"网上投保"。为了解决网上支付问题,朗络公司与国内外数家银行建立了广泛的业务联系,顾客可以使用中国银行长城信用卡、工商银行牡丹信用卡、建行龙卡以及VISA、Mastercard、AE 等信用卡在网上实现支付。网险网站目前推出了包括网上个人保险和网上团体保险两大类 30 余种险种。

2000 年 5 月 15 日,中国人寿保险股份有限公司(以下简称中国人寿)广州市分公司与建行广东省分行合作推出网上保险业务,客户不出门即可以了解自己需要的保险信息,不但可以上网查询中国人寿广州市分公司的组织机构、保险法规、保险动态以及各类保险产品,而且可以选取自己需要的险种进行投保。

其他保险公司也纷纷推出了自己的网上保险业务。2000 年 3 月 15 日,中国人寿重庆市分公司在网上为消费者提供服务;4 月 12 日,中国人寿四川省分公司人寿保险服务网站开通;4 月 18 日,金盛人寿保险公司网站正式开启。同年 4 月 1 日,泰康人寿保险股份有限公司(以下简称泰康人寿)营业总部与北京鸿联 95 在线系统网络公司进行合作,结合"95 在线"网络资金卡推出附加人身意外伤害保险。2000 年 6 月 30 日,太保公司正式开通了继北京、海南之后的第三个网上保险服务窗口;8 月 1 日,国内首家集证券、保险、银行及个人理财于一体的个人综合理财服务网站——平安保险公司的 PA18 在京正式向外界亮相,其强有力的个性化功能开创了国内先河;9 月 22 日,泰康人寿独家投资建设的大型保险电子商务网站——"泰康在线"(www. taikang. com)全面开通,这是国内第一家由寿险公司投资建设的、真正实现在线投保的网站,也是国内首家通过保险类 CA 认证的网站。

外资保险公司登陆内地后也纷纷创办自己的保险网站。2000 年 9 月,友邦保险上海分公司网站开通(www. aia. com. cn),利用互联网为客户提供保险的售前咨询和相关的售后服务。与此同时,由非保险公司(主要是网络公司)搭起的保险网站也风起云涌,影响最大的是一家由中国人寿、平安、太保、友邦等十几家保险公司协助建立的易保网(www. ebao. com)。它以中立的网上保险商城为定位,打出了"网上保险广场"的旗号,使保险公司、保险中介、保险相关机构都可以在这个平台上设立个性化的专卖区,客户只需要在一个网站浏览就可以完成对十几家国内大型保险公司的保险咨询,特别是其推出的保险需求评估工具,如同在线计算器,客户只要在网页上输入个人需求,服务器就能自动地列出各家保险网页,通过信用卡完成保费支付。

2) 保险网站的分类与评价

综合来看,我国的保险网站可以分为以下三种模式:

(1) 保险公司自己开发的网站 这类网站主要在于推广自家公司的险种,例如平安保险公司的 www. PA18. com,泰康在线 www. taikang. com,华泰保险的 www. huataiinsurance. com,新华人寿的 www. newchinalife. com 等等。

(2) 专业财经网站或综合门户网站开辟的保险频道 专业财经网站或综合门户网站开辟保险频道,其目的在于满足其消费群的保险需求,例如和讯 www. homeway. com. cn 和上海热线 www. online. sh. cn 的保险频道,是他们为增加网上的财经内容而开设的。

(3) 独立的保险网 独立的保险网,也称第三方保险网站,他们不属于任何保险公司或附属于某大型网站,他们是为保险公司、保险中介、客户提供技术平台的专业互联网技术公司。目前国内较具有影响的独立保险网有:易保网上保险广场 www. ebao. com,中国保险网 www. 3wins. com,吉利网 www. jilee. com 等等。

但事实上,这些网站绝大部分没有实现网上实时投保,他们实际上只是给保险公司搭建了一个平台。即使在保险公司自己的网站上也不能实现实时投保。现在,几乎所有的保险公司都建有自己的网页,但是基本上是一些有关公司、产品及服务的简单介绍,还没有真正的网上保险业务。新华人寿保险公司在自己的网页上卖出了第一张保单后,也偃旗息鼓了。

保险产品是一种或有产品,保险作用的发挥是以一定的概率而存在的。这决定了保险给消费者带来的实际利益是一种或有利益。所以保险产品不是投保人主动购买的,而更多地依赖于面对面的推销。网上保险的运作,与整个金融系统的网上运作状况息息相关,比如保费的网上支付,网上保单的安全认证和网上理赔的程序,保险公司的安全、保密问题,客户的个人隐私如何保护等等都是必须要解决的问题。目前我国还存在网络数据传输速率较慢、计算机普及率较低等有待改进的问题。

国内保险电子商务的应用还处于刚刚起步阶段,我国的网上保险业务还只能处于传统保险业务的补充地位,真正意义上的网上保险还需要一定的发展过程。但是我们相信,随着互联网技术的不断完善,网上保险一定会为中国保险业写上新的一页。网上保险是一种必然趋势,也是一种必然选择。

13.1.3 金融保险业电子商务项目的特点

保险行业是一种典型的服务性行业,电子商务的发展,为保险业提供了一种全新的服务方式,为保险业的发展与竞争提供了新的场所,为保险行业提供了前所未有的新机遇。中国加入 WTO 后,中国保险业也面临前所未有的巨大挑战。特别是随着人们的生活方式的不断变化,人们要求进行保险业务的活动不受时间、地点的限制。消费者的这种需求变化,为从事保险业务的公司和单位带来新的市场机会,同时也要求从事保险业务的企业必须适应消费者的这种新要求,建立自己的 Internet Web 站点,逐步展开网上保险,开展电子商务活动。

根据保险业务的特性,保险业务主要针对个人或单位,有典型的服务特性,这种特性决定了保险业电子商务项目主要采取 B to C 的模式。目前,全球有实业支持的网站及电子商务,无论是 B to B 还是 B to C,经营均比较成功,例如,旅游、网上证券交易、网上银行和网上保险等服务和金融类网站,有许多成功的案例。

成功的金融保险业电子商务项目有三大特点:

1) 网上广告宣传

网上保险的主要目标是为企业和个人提供信息的查询,通过网页进行保险产品的宣传,扩大企业的知名度,提高企业的竞争能力,同时,达到介绍保险知识、推销保险产品的目的。网上广告宣传的目标实质就是抢占保险业市场。以此为目标的项目大体上是成功的、有效的。

2) 网上进行交互了解

网上进行交互了解是指保险公司和保险消费者两方面的信息交流。保险公司可以通过 Internet 了解保险消费者的需求,同时也可以了解其他公司的动向,掌握市场的信息,以便于根据需求的变化进行保险品种的调整,达到吸引客户的目的。

消费者通过 Internet 网页了解保险知识,掌握保险经纪人和保险代理人的具体情况,还可根据自己的具体情况对保险品种、保险经纪人、保险代理人进行合理地选择,并可以与保险经纪人和保险代理人进行联系。

　　3）网上保险商品交易及网上客户服务

　　在 Internet 上进行保险商品的交易可以简化保险商品交易的手续,缩短销售渠道,提高工作效率,降低成本。网上保险商品交易实质是一个完善的电子商务流程,要求保险消费者、保险公司、银行、政府机构和认证机构连接网络,形成畅通的信息流、物流和资金流。保险消费者通过 Internet 上的电子商店从事保险商品的预览、保险商品定购、网上支付等;网上客户服务则利用先进的网络手段,方便保户随时查询与自己相关的保单信息及赔案处理状态等相关资料。以此为主要目标的电子商务项目也是比较成功的。

13.2　金融保险业电子商务项目运作要点

13.2.1　我国金融保险业与国际水平的差距

　　从 1980 年恢复国内保险业务以来,我国保险市场的发展速度非常快,保费收入增长速度每年都超过了 GDP 增长的速度。但是,从总量上来看,我国保险市场还远远落后于世界平均水平。

　　目前我国保险业还存在一个非常突出的问题,就是总体规模仍然较小。据《证券日报》保险周刊从权威渠道得知的独家数据,2009 年底,中国保险业以 1 630 470 亿美元的总保费收入位列全球第七位,较 2008 年排名下降一个名次,占世界市场的份额为 4.01%。其中,排名全球第一的是美国,总保费收入 11 397 460 亿美元,占世界市场份额 28.03%。第二是日本,总保费收入 5 059 560 亿美元,占世界市场份额 12.44%。第三是英国,总保费收入 3 092 410亿美元,占世界市场份额 7.61%。

　　除了保费收入,保险深度和保险密度则是衡量一个地区保险市场成熟程度的指标。保险密度是指按当地人口计算的人均保险费额,反映该地国民参加保险的程度。数据显示,截至 2009 年底,中国的保险密度 121.2 美元,位列全球第 64 位,且大大低于全球平均水平595.1 美元。位列第一位的是荷兰,保险密度 6 554.6 美元;第二名是瑞士,保险密度6 257.6美元;再次是丹麦,保险密度 5 528.9 美元。日本和美国则分别位列第 9、第 10 位。

　　保险深度则是指某地保费收入占该地国内生产总值(GDP)之比,反映了该地保险业在整个国民经济中的地位。数据显示,截至 2009 年底,中国的保险深度 3.4%,位列全球第 44位,且低于全球平均水平 7.0%。保险深度位列第一位的是中国台湾地区,达到 16.8%;第二名是荷兰,保险深度达 13.6%;再次是英国,保险深度达 12.9%。中国香港则位列第 5,保险深度为 11.0%。

　　因此,无论从保费收入、保险深度还是保险密度来看,我国和发达国家以及世界平均水平都有非常明显的差距。

13.2.2　电子商务对金融保险业的影响

　　电子商务给金融保险业带来的冲击是巨大的,它将对金融保险业产生以下 4 方面的影响。

1) 提高保险销售效率,降低销售成本

电子商务将拓展保险人的服务时间和空间,提高保险销售效率,降低销售成本。过去保险公司一直延续传统的销售模式,即依靠代理人和经纪人拓荒式地开发市场,保险业务受到了地域和时间的限制,业务空间有限。保险公司全面实行网上营销后,保险业务可以延伸到全球任何地区的任何一台上网的计算机,实现全天候 24 小时在线作业,大大拓宽了保险业务的时间和空间。人们足不出户就可以通过互联网完成整个保险合同的签约过程,同时还可以在网上提出索赔申请,填写相关文件,其效率是传统的保险营销方式无法比拟的。电子商务还将极大地改善投保人与保险公司之间信息不对称的地位,投保人可以从网上获取大容量、高密度、多样化的专业信息,可以在多家保险公司及多种保险产品中实现多元化的比较,从中选择一个或组合几种最适合的产品,这就大大减少了投保人投保的被动性、盲目性、局限性和随意性。保险公司全面实行网上营销后,可以削减保险销售的中间环节,节省大笔佣金和管理费用,有效地降低经营成本,为降低保险费率、提供更高附加值的服务以及设计新产品创造了空间,从而提高客户满意度,并引导客户的潜在购买需求。

2) 价格竞争转向技术与服务的竞争

电子商务使保险公司之间的竞争由价格竞争转向技术与服务的竞争。过去,保险公司在竞争中价格因素起了相当大的作用,而技术和服务因素则不够明显。电子商务将使技术和服务转为竞争中的主要因素,原因是它使保险公司对客户的个性化服务成为可能。保持与客户长期的、紧密的一对一的关系,一直是现代金融服务业追求的目标。在电子商务出现之前,这种个性化服务只是一种理想。随着电子商务技术的发展,保险公司可以通过电子商务系统向客户提供自动化的、专业的和个性化的消费咨询与产品组合,随时了解并最大限度地满足投保人对保险产品的个性化需求,甚至还可以让客户根据自身的实际需求酌情定制保单,使有效需求和有效供给得到统一。如保险公司可以利用邮件组和风险评估工具等技术为客户及时提供防灾防损服务,进行灾难预警及咨询服务等;利用数据库分析客户信息,开发潜在市场,实现交叉销售;通过基于 Web 并集成呼叫中心的技术,利用保险公司庞大网络资源优势,最大限度地满足客户提出的服务请求。同时网上保险服务提供的是一种由保险公司直接监控的、规范的、标准的和统一的保险服务,其服务的内容都经过公司的严格审查,防止了传统保险营销方式产生的诸多弊端,为客户提供了更好的查询和交易工具,提高了服务质量,树立了保险公司的良好形象。

3) 保险公司内部监控结构和组织形式需要重建

电子商务将动摇保险公司传统的组织架构,建立新的内部监控结构和组织形式成为必要。电子商务不仅仅会改变保险企业的营销和服务方式,而且还将影响到保险企业自身的组织制度和管理创新。网络技术的发展使管理者有可能对保险业务的进展实施监控,随时掌握企业的风险状况,为管理者经营决策提供及时准确的信息,从而给管理创新及工作流程的改造提供必备条件。保险公司的组织架构将逐渐由传统的金字塔形向以客户为中心的、灵活扁平型转变,原有各业务部门之间的"知识壁垒"被打破,取而代之的是建立统一、全面、不断更新的企业内部"知识库"来支持业务拓展。例如,在核保核赔工作中建立统一的区域核保中心乃至系统核保中心、客户服务中心、疑难案件处理中心处理业务,强化分支机构的营销职能,降低经营成本。为了保证革新的顺利进行,公司培训也将由侧重外勤销售队伍销售技能的提高,逐步过渡到重内外勤人员各项技能的全面提高及增强客户关系管理能力和服务水平。电子商务将使保险公司内部监控结构和组织形式发生重大改变,管理效益显著提高。

4）保险监管工作难度增加

电子商务将给保险监管工作带来新的挑战。电子商务增加了保险行为的透明度，为保险监管提供了便利。与此同时，电子商务使保险公司之间的竞争更加激烈和复杂，也相应增加了保险监管的难度。电子商务技术的发展和保险商品的非物流性，使得保险行业的新进入者不必花费巨资和时间，就可以进行传统销售方式下的营业网络建设和代理网点培训管理。随着我国保险产品的不断创新，其金融兼容性越来越大，如许多保险产品，不仅可以通过银行进行销售，而且出现银行卡式保单，甚至还可能发展为保单证券化，分业监管的难度和复杂程度不断提高。美国于1999年通过新银行法《金融服务现代化法案》，终止了历时多年的银行、证券公司和保险公司的分业经营，出现了像花旗集团那样的"金融超级市场"。西方主要国家相继进行保险管理制度的创新，为保险公司开拓了更大的市场空间和服务领域。所以，保险监管机构要不断熟悉保险业电子商务竞争，支持网上保险商务并对其实行有效的监管，及时制订相应的规则。这些都对保险监管提出了更高的要求。

13.2.3 我国金融保险业电子商务项目运作的思路

我国金融保险业电子商务项目运作必须做好以下几个方面工作：

1）加强对发展保险电子商务的认识

当今时代，掌握最新技术和管理方法的企业将处于有利的竞争位置。认识上的滞后是制约我国保险业进入互联网的最大障碍。我国保险业应冲破传统思想和习惯势力的羁绊，从发展战略的高度出发，对保险电子商务加以重视和研究，从现在开始实施抢先占领市场的战略，借助发展电子商务的契机迅速提高保险业的经营管理水平，在新经济时代创造保险业新的竞争优势。

2）分阶段规划实施

要加紧制订实施分阶段的金融保险业电子商务项目发展规划。保险业电子商务项目的直接目标是实现电子化交易，即通过网络实现投保、核保、理赔和给付。在实现这个最终目标的过程中，保险公司要根据外部条件和自身的实际情况制订循序渐进的分阶段发展规划，从简单的企业宣传开始，再进一步发展到网上销售保险。分阶段实施电子商务，不仅能够充分利用保险公司现有的各种技术资源，尽量减少电子商务发展中不可避免的代价，避免一次性开发、运行给企业经营带来的过度冲击，而且还可以使企业在建立电子商务的每一个阶段上充分获得效益，不断增强企业对电子商务的认识与信心。通过投入、应用、创益、提升的良性循环，最终建成保险公司电子商务体系。

3）加快加强保险公司内部的信息化建设

电子商务不仅仅是网上销售和服务，从广义上讲，它还包括企业内部的商务活动。电子商务提供了一个全新的管理商业交易的方法，它除了能在企业、消费者、政府之间提供更多、更直接的联系之外，还可以从内部影响企业的经营管理方法，改变产品的定制、分配、交换和服务手段。保险公司需要从经营战略的高度出发，调整企业管理模式，提高内部信息沟通效率，提高业务员在线处理客户需求的能力。客户信息、产品设计及内部信息管理的数字化将成为保险公司新时期核心竞争力的重要组成部分。

4）以市场营销和服务作为切入点

首先是要扩大保险产品的在线销售规模，并主动分析消费者的需求，开发多种适合网上销售的新产品。其次是将网络销售和客户服务紧密地结合起来，要组织专门的人力、物力配合网络营销活动，及时对网上客户的访问和征询做出反馈，加强与顾客的双向互动。通过对顾客资源的运用与分析，掌握更多的顾客特性和有效需求，增加有效供给和市场规模，扩大保险电子商务的效益。再次，应将传统营销渠道与网络营销等新型渠道紧密结合起来，以建立最大的顾客接触面。

5）创造网络品牌，增强竞争力

保险业电子商务的发展使保险公司面临更激烈的竞争环境，因此必须根据自身的特色，利用网络创建自己的品牌。网站的交互能力是提高品牌生命力、维系品牌忠诚度的基础。一方面，保户通过网络直接将问题、意见反馈给保险公司；另一方面，保险公司通过对保户意见的及时答复，增强品牌的忠诚度，提高品牌的社会声誉，塑品牌的一流服务形象，这样才能占有更大份额的保险市场。

6）充分利用社会资源

充分利用社会资源，在合作发展中实现多赢。保险电子商务是新生事物，我国保险公司完全靠自身力量开发保险电子商务存在着诸多困难，即使加大自身投入，也可能要走很多弯路，面临较大的风险。因此，现阶段我国保险公司可与国内的 ISP、ICP、ASP 等网络服务企业携起手来，联手开发。此外，还可与国内的银行和其他行业结成战略合作伙伴，利用他们的资源开展保险电子商务，共同发展，实现保险公司与合作伙伴和消费者多赢的局面。

7）积极完善金融保险业电子商务环境

首先，政府管理部门应该积极完善发展保险业电子商务的有关政策、法规等环境，特别是要保证网上交易的安全性和可靠性，加快建立和完善权威机构承担的安全认证系统。其次要加强宣传教育，普及电子商务知识。由于保险当事人之间的人为因素和复杂的利益关系，仅仅依靠网上运作还难以支撑网络保险，如何实现网上核保与网上理赔及支付，如何禁止和惩处利用保险电子商务进行保险欺诈的行为等，在我国还有很长的路要走，既需要技术、资金、管理、人才等方面的支持，也需要社会公德意识与法制意识的不断提高。

8）加强调研，完善监管

由于我国地区间经济发展水平的差异，对保险业务的需求也不同，用同一个模式来进行监管显然是不适宜的。保险电子商务冲破了地域限制，但如何对其进行有效的监管则是一个崭新的课题。保险公司作为独立经营的实体，是我国保险市场发展的核心力量。政府监管要从目前的以市场行为监管为主转变到以偿付能力监管为主，只有这样，才能使保险公司对变化着的市场迅速做出反应。

9）金融保险业电子商务项目分阶段实施方案

根据保险业对电子商务的需求，应该考虑采用分阶段实施方案。

（1）保险公司应考虑为在网上保险提供基本的保险服务，建立基础保险网站，实现网上广告宣传和网上交互了解。

（2）逐渐丰富和拓展网站功能。在周边环境不允许的情况下，网上保险可扩充部分网下作业，如离线网上保险商品交易的功能及客户服务功能。

（3）发展在线交易。随着安全防护技术的发展及国家法律法规的健全，CA 认证、电子网上支付等相应手段将建立健全，保险公司应在后续的阶段中，不断完善各项技术，建立在线网上交易处理系统及客户服务系统,与业务系统结合,进行业务流程优化及重组,满足信息时代的要求,可在系统中增加真正的在线电子商务功能及客户服务功能,例如提供信用卡收费应用等。

另外,要不断增加系统的跟踪、分析功能,为保户提供一对一的个性化服务,提高客户关系管理质量,增强市场竞争能力。

13.2.4 我国金融保险业电子商务项目运作应注意的问题

要在金融保险行业全面开展电子商务,必须先整合与保险业务相关的所有系统,使各相关系统随时能对市场做出快速反应。今后的金融保险企业是以客户为核心进行业务运作的企业,要最大限度地满足客户需要、降低企业成本,实现从传统的以推销自己的产品为中心的 4P 模式(4P 指产品、价格、渠道、促销)转变到以客户为中心的 4C 模式(4C 指客户、成本、便利、沟通)上来。保险电子商务,关键在于满足客户的需求。企业建立或开展电子商务,并不是说买些计算机网络设备,建一个网站就可以了。真正的电子商务是利用以 Internet 为核心的信息技术进行商务活动和企业资源管理,帮助企业建立一条流畅于客户、企业及相关单位之间的信息流,并通过高效率的管理、增值及应用,把客户、企业、相关单位链接在一起,以最快的速度、最低的成本响应市场,及时把握商机,不断提高和巩固竞争优势。目前,保险市场是买方市场,在这种环境下,只有正确地分析客户需求,以最快的速度满足客户需求的企业才能获胜。

在具体操作过程中,主要需要注意以下 5 个问题。

1) 金融电子化支付手段

保险电子商务的营运需要有快速、高效的电子化支付与结算的配合。目前我国金融服务的水平和电子化程度不高,保险电子商务通常是“网上投保申请,网下核保、出单与付款”。网上支付因安全和法律问题存在制约,还没有完全得到解决。网上支付手段仍然匮乏,现有的支付方式又过于复杂、缺乏跨平台支付的兼容性和通用性,应用领域狭窄。改变现有的支付方式,实现真正的网上支付,既是我国保险电子商务发展的重要环节,也是我国改造金融市场的迫切需要。

2) 网络安全

电子商务是通过信息网络传输商务信息和进行交易活动的。与传统的有纸贸易相比,它减少了直接的票据传递和确认的商业交易过程,因此要求电子商务比有纸交易更安全、更可靠。作为一个安全的保险电子商务系统,首先必须具有一个安全、可靠的通信网络,以保证交易信息安全、迅速的传递;其次必须保证数据库服务器绝对安全,防止黑客闯入网络盗取信息。

3) 法律与标准

保险业电子商务的发展,对传统的保险与商贸法律提出了挑战。传统上的保险合同必须由书面订立,通过手写签名或印章来辨别身份。但在网络中,由于大量运用电子签名,有形合同的法律规定很难适用网上无形的合同,而无形的网上合同如何确定权利和义务,尚待进一步明确规定。目前我国的信息化政策,特别是与发展电子商务有关的政策还不够明朗,相应的标准、法律、法规很不健全,跨部门、跨地区的协调存在较大问题。法律极有必要为“数字市场”建立基本的游戏规则。此外,我国还应在保险业电子商务应用方面制订相应的标准与规范,以避免保险电子商务系统与其他电子商务系统相互沟通困难而浪费大量的时间与财力。

4) 新技术的应用

保险行业是服务行业,采用新的技术手段及客户服务手段,与国际接轨,不仅能提高企业的效益及管理水平,更主要的是能提高企业的整体实力,提高企业对社会的适应能力、企业的发展潜力和客户对企业的信任程度,对服务行业来讲,这些将是最重要的!

5) 网络泡沫的影响

网络泡沫主要表现在市场的炒作、无实业支撑、相似网站的重复建设及恶性竞争等方面。网络泡沫对社会经济的负面影响越来越大。目前,网络经济的宣传铺天盖地,网络泡沫也随处可见。但网络经济更主要的还是实实在在的市场,一位 IT 专家如此说过:"雨后春笋般冒出来的网络公司并不意味着网络风暴的来临,只有当世界级大公司抓住互联网的力量并用它来改造自身的时候,才表明网络风暴的形成。"对保险而言:有保险实业支持,采用网络经济的手段及力量,及早投入,赢得先机,才能取胜。

13.3　金融保险业电子商务的成功案例

13.3.1　韩国人寿保险公司的电子商务

韩国人寿保险公司(Korealife Insurance,简称 Korealife)是韩国最早的人寿保险公司,始建于 1946 年。作为一个人寿保险供应商,他们的使命是为客户提供高级的服务,保证客户的满意度。Korealife 机构庞大,拥有 7 个办公地点,92 个分支机构,1 294 个销售网点以及近 50 000 名销售代表,已经成为韩国保险业的领导者。

Korealife 在激烈的行业竞争中,曾因信息流不畅严重阻碍了它的进一步发展。由于机构庞大,人员众多,他们面临着巨大的管理问题。为了协调所有这些销售和市场部门之间的关系,实现提供高级客户服务的目标,Korealife 需要一个销售自动化应用程序,并要求这个应用程序部署简单并能够与当前的系统轻松集成,建立一个移动销售自动化系统,用来支持和优化保险销售周期中的各个阶段。

于是,他们请 Sybase 软件公司对保险业务运营情况进行了深入的调查研究,结合人寿保险的行业特点为 Korealife 度身定制了"人寿保险计划系统"(Life Planner's Notebook),这是一个保险业务移动销售自动化应用程序,安装在笔记本电脑中。它能提供最新的账户信息和市场数据,使 2 万名销售人员可从任何地方定制保险方案。

人寿保险计划系统使 Korealife 的销售代表能够通过笔记本电脑接入互联网来分析客户数据、提供销售支持、积极参与市场活动、为客户提供及时准确的信息。这个高度集成的移动系统是韩国保险业中首个完全支持保险销售周期中所有阶段的应用程序,它具有日历功能,能够稳定地访问账户信息和销售信息以及具备远程数据入口。此系统最便捷的一个特性是客户维护功能,它能够使销售代直接在他们的笔记本电脑中输入和修改客户信息。此外,还能够根据客户的需要现场为客户设计出全面的保险产品。此系统可以提供各种客户联系方式,如通过无线调制解调器可使用电子邮件和短信息服务(SMS)与客户进行联系。此应用程序支持简单的一键式双向无线同步和联网同步,因此,公司可以每天收集全国

2 万名销售人员的销售情况,并了解他们所销售的是何种类型的保单等信息。

此解决方案使 Korealife 大受裨益:他们无需为其销售办公室购买额外的台式机,也无需为新产品印刷产品目录,节省了约 1 000 万美元的成本。此方案还能够与现有的客户管理软件相集成,有效地提高销售人员的工作效率。据介绍,系统应用后,销售代表的收入平均提高了 30%,他们的工作流程简化了,从销售保单到最终的保单签署,所用时间平均减少了一半。这使他们能够在同样的时间内在现场为客户设计和确定更多的新保单。

客户对方案的应用效果给予了高度评价,说明了解决方案充分满足了客户的需求。Korealife 已经收集了很多客户的客观评价。

13.3.2　中国平安保险公司的电子商务

中国平安保险(集团)股份有限公司(以下简称平安保险)是中国第一家以保险为核心的,融证券、信托、银行、资产管理、企业年金等多元金融业务为一体的紧密、高效、多元的综合金融服务集团,是中国第一家股份制保险公司,也是中国第一家有外资参股的全国性保险公司。公司成立于 1988 年,总部位于深圳。2003 年 2 月,经国务院批准,公司完成分业重组,更名为现名。公司经营理念:"差异、专业、领先、长远"。

1) 平安保险电子商务的运行模式

平安保险电子商务以电子商务的基本运行环境为支撑框架,以保险公司的实质经营内容为核心,利用电子商务的特性来优化保险公司的经营管理。其运行模式如图 13.3.1 所示,主要有以下两种。

(1) 企业对消费者(B to C)　企业通过网络为消费者提供购买保险服务的途径。主要的产品包括人寿险、健康保险、汽车保险、家庭财产险、旅游意外险等。

(2) 企业对企业(B to B)　企业之间利用计算机网络,特别是采用 EDI 方式进行的商务活动。主要产品包括企业员工保险、企业经营风险保险、企业高管保险等。

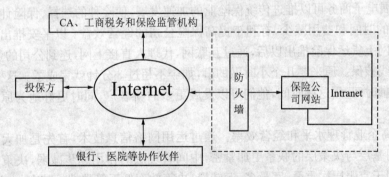

图 13.3.1　中国平安保险电子商务运行模式图

2) 平安电子商务系统实现的功能

(1) 在线投保　在线投保就是投保人直接以在网上填写并提交投保单的方式,递交投保信息,待保险公司核保通过以后,由投保人自行选择付款方式,支付保险费。

(2) 核保　有在线核保和离线延时核保两种模式。

① 在线核保:对于某些比较简单并且符合网上业务核保规则的险种,可以采用在线核

保的方式。客户递交投保单后,由计算机自动核保并计算保费,通过确认。客户根据确认信息直接进入付款程序,通过保险公司提供的网上支付系统,交付保费,完成其投保流程。

② 离线延时核保:对于一些比较复杂并且网上业务自动核保程序没有通过的险种,可采用离线延时核保的方式。客户递交投保单后,自动核保没有通过或投保信息有待进一步确认,保险公司核保人员可以在后台查询并下载或打印相关投保信息,并按相关业务核保流程进行核保。核保完成后,将核保结果在网上的核保程序中作相应的处理。客户通过网上投保查询功能获知投保成功于否,当获知核保通过后直接进入付款程序,通过保险公司提供的网上支付系统,交付保险费,完成其投保流程。

(3) 保费支付　分为单到付费、网上支付和银行汇款三种方式。

① 单到付费:当客户在网上填写并递交投保单后,经由保险公司核保确认并出具保单和保费收据,由专人送交客户。对于需要检验的标的,应先行认真检验保险标的。当客户收到保单和保费收据后,根据保单上列出的保费金额,支付相应保费。

② 网上支付:客户收到核保确认信息后,可以选择网上直接支付保险费。客户通过电子商务支付网关登录到相应银行的信用卡支付结算平台,输入相关付费信息后,一次性扣款,由银行代理自动缴付保险费。当保险公司收到保险费后通过专人或邮递等方式,将保险单和保费收据送交客户。

③ 银行汇款:客户收到核保确认信息后,通过银行将保险费汇到保险公司账户。保险公司收到投保人汇款后,通过专人或邮递等方式,将保险单和保费收据送交客户。

(4) 保单查询　投保人上网登录后,通过保单查询功能模块,可以完成以下工作:查询相关投保信息;对被延时核保和其他尚未选择付费方式的投保单进行后续处理;对已生效的保险单作相应跟踪记录,若保单明细有变,则可提交修改并出具保单;对到期保单及时做好续保工作。

(5) 网上保险理赔管理　在网站上设有在线报案索赔模块,公布保险公司的报案电话、报案电子信箱、服务承诺、理赔流程等,客户可选择报案方式。

3) 平安保险开展电子商务的益处

(1) 开展电子商务可以推进传统保险业的加速发展,使险种的选择、保险计划的设计和销售等方面的时间和费用减少,有利于提高保险公司的经营效益。以平安推出的网上货运保险为例。网上货运保险推出以后,通过互联网,代理人直接上网,连到公司的业务后台,实现了远程在线核保。原来要几个小时做的事,如今不超过 3 分钟就完成了。这样一来,业务员节省了大量时间,用这些时间,他们可以发展更多的新客户,同时更好地为原有客户提供服务。

(2) 提高企业管理水平和经营效率。通过运用网络信息技术,首先是加大了企业的管理跨度,公司基层与决策层的联系更加紧密,中间管理层的作用逐步减弱,决策指挥链尽可能缩短,有利于克服层次重叠、冗员多、运转慢、决策效率低下等弊端。其次,内部文档、数据处理电子化,使文件发送、存储查询速度加快,效率提高。第三,利用网络方便、迅速、全面地收集各种资料,管理层利用远程通信技术和各区域人员保持联系,共同进行分析、预测、决策和控制。

(3) 完善平安保险的营销体系。平安保险一直以保险代理人作为保险推销体系的主体重点发展。但是,这种营销机制存在比较突出的问题。因缺乏与保险公司的直接交流,导致营销人员为急于获取保单而一味夸大投保的益处,隐瞒不足之处,给保险公司带来极大的道德风险,为企业的长远发展埋下隐患。而且,保险营销人员素质良莠不齐,又给保险公司带来极大的业务风险。此外,现有营销机制还存在效率低下的弊端。据调查,为整理繁多的客户信息,保险销售员经常雇佣私人秘书,但即便如此,还是常有照顾不到的地方,影响保险公司的信誉。保险 e 化后,则可以以快速方便的信息传递、周到细致的客户服务,为公众提供低成本、高效率的保险购买渠道,弥补现有销售渠道的缺点。

思考题

1. 什么叫保险电子商务? 其特点如何?
2. 保险网站有哪几种运作模式?
3. 在金融保险业成功的电子商务项目有哪些特点?
4. 电子商务对金融保险业的影响有哪些?
5. 请你谈谈在金融保险业运作电子商务项目的思路?
6. 在金融保险业运作电子商务项目,一般应该注意哪些问题?
7. 韩国人寿保险公司的电子商务项目是什么? 它为公司带来了什么好处?

14 国际贸易电子商务项目运作

14.1 国际贸易电子商务概述

14.1.1 国际贸易电子商务的概念

国际贸易是指世界各国(地区)之间货物、技术和劳务的交换,是世界各国(地区)之间分工上的表现,又称为世界贸易或国际商务。一国开展国际贸易的企业则称为外贸企业。

国际贸易电子商务是指电子商务技术在国际贸易领域的应用。国际贸易领域中的电子商务是电子商务体系中重要的组成部分,是各国制订电子商务战略的重点领域。它是指在国际贸易领域内,利用简单、快捷、低成本的电子通信方式进行交易,实现从洽谈、签约、交货到付款全程尽可能的电子化,以大大提高交易效率。

14.1.2 国际贸易电子商务的内容、手段和特点

从内容来看,国际贸易领域中的电子商务可分为两部分:有形产品的间接贸易和无形产品的直接贸易。前者是指通过电子的方式来处理洽谈、订货、开发票、收款等与有形商品贸易相关的活动;后者是指通过电子方式,尤其是国际通信网络等来进行买卖咨询报告、电脑软件、数控程序等可以通过网络传输并能以某种方式存储的无形商品交换的全部过程。

从手段来看,国际贸易领域中的电子商务的主要电子工具是信息网,如 Internet 和计算机网络信息处理技术,如电子数据交换技术(EDI)。EDI 是一种计算机应用技术,应用这种技术的贸易伙伴根据事先达成的协议,对经济信息按照一定的标准进行格式化处理,并把这些数据通过计算机网络,在他们的电子计算机应用系统之间进行交换和自动处理。贸易伙伴可以通过 EDI 发出订单、询问有关商品信息、接收订单、办理货物运输和银行结算等事项。也就是说,和贸易有关的手续都可以在不使用纸质单证的情况下完成,所以 EDI 也被普遍称为无纸贸易。

从特点来看,国际贸易领域中的电子商务必须利用标准的格式来完成信息交换。首先,它将订单、发票等商业及行政文件通过翻译器使之标准化,从而使文件形成具有结构化、可被计算机识别或处理的数据格式文件,然后通过通信网络发送到贸易伙伴或与贸易有关的各个部门的计算机内;最后再让计算机自动完成对接收文件的处理,通过翻译器转换成可被公司计算机识别的格式文件。因此,在使用 EDI 进行国际贸易活动时,原则上在整个过程中不需要产生任何纸质文件,从而为真正实现无纸贸易提供了可能。

14.2　外贸企业实行电子商务的必要性

14.2.1　外贸企业适应环境变化的需要

随着美国、新加坡、欧盟各国纷纷推出电子商务方案,电子商务已经开始逐渐取代传统贸易方式。随着经济开放性的增加,任何企业都处在一个变化的环境中:一是网络技术正在促使交易手段发生重大变化。原来以信函、传真为主的沟通方式将演变为通过EDI进行电子订单、在线订货的方式。面对面的谈判将演变成跨越时空的网络谈判,从而改变了企业的工作方式,促使外贸企业更快捷、高效地进行规范化国际运作。二是透明度的增强。互联网运作使客户资料都变得公开化、透明化,这将使竞争更加激烈,同时拓宽了服务渠道,带动服务质量的提高。而且电子商务作为一种新的技术形式和新的商务模式出现,正在显著地改变着国家的宏观经济环境、行业的竞争格局和企业内部的管理体制。随着全球经济一体化程度的加剧,中国外贸企业面临着空前激烈的贸易竞争,不但要求中国外贸企业在短期内改变经营理念,更要求中国企业在短期内迅速改变经营管理手段。当今时代是 Internet 的时代,利用 Internet 浏览器软件技术实施电子商务成为必然的趋势。严峻形势可形容为:"要么电子商务,否则无商可务"。

14.2.2　外贸企业维持自身竞争力的需要

电子商务是一种新的贸易服务方式,它以数字化网络和设备替代了传统纸介质,这种方式突破了传统企业中以单向物流为主的运作格局,实现了以物流为依据、信息流为核心、资金流为主体的全新运作方式。电子商务是电子信息的传递,以计算机网络为介质进行信息交换,信息处理与传递的速度大大加快。此外,企业的原材料采购是一个极为繁琐复杂的过程。通过计算机交易,自动化程度大大提高,各种处理成本大大降低。企业的网络信息,可为企业提供各种供货渠道,加强与主要供应商之间的合作关系。最后,电子商务可以给企业提供前所未有的大量的潜在客户,通过网络,客户可随时随地了解到企业提供的商品,加大了企业售出商品的可能性。在这种新型运作方式下,企业的信息化水平将直接影响到企业供应链的有效建立,进而影响企业的竞争力。应该说,寻求一种合理的电子商务模式,对于外贸企业来说已经迫在眉睫了。

14.2.3　外贸企业增强与合作伙伴共生关系的需要

电子商务的出现,一方面在生产企业内部改变了原材料采购、产品制造以及结算的运作方式;另一方面,它将会改变原有的仓储、保险及报关的信息流动方式和服务方式。所以,外贸企业除了作为独立的个体,积极地运用电子商务提高自己在市场中的竞争地位外,还必须与合作伙伴的电子商务进程和模式相配合。

14.2.4 外贸企业掌握客户资源的需要

外贸企业的传统经营方式多是业务员包揽从客户选择、签订合同、组织货源、验货报关到货款支付的全过程,掌握着客户资源。这一方面使企业无法掌握客户的状况;另一方面,业务员掌控着企业的生存及发展,一旦人才流失,企业竞争力急剧下降,不利于企业的长远发展。而通过电子商务和外贸企业的信息化建设,使每一个人,每一天的工作日程与行动记录都有据可查,哪一个客户、什么项目、何时何地、与谁联系、做了什么事、花了多少时间、花了多少费用等等,所有细节均一目了然,使主动权更多地掌握在外贸企业手中。

14.3 电子商务对国际贸易的影响

14.3.1 改进了国际贸易的交易手段

自电子商务在全球出现以来,对国际贸易的影响由表及里、由浅入深,不断向深层次扩展,在国际贸易方式、国际贸易运行机制、营销手段、宏观管理以及贸易政策等方面,都带来了深刻的影响。

在一定程度上,电子交易手段可以代替其他交易手段。在这种情况下,电子商务贸易额的上升将会被其他方式贸易额的下降所抵消。如通过互联网的国际商业交易额的上升将意味着那些通过信件、跨越国境服务、有形货物运输的交易额的下降。然而,电子商务通过降低交易成本和交易价格,提高效率,不断创造出额外的商业机会。这些额外的商业机会,一方面来自于电子商务能降低价格,增加国际需求;另一方面来自于它能创造新的贸易,让那些成本过高或执行困难的交易变得可行,如网上教学、医疗服务、咨询以及数据更新与交换。另外,电子商务能作为传统交易手段的补充,与有形货物运输一起完成交易。例如,通过提供国际市场调研、广告和营销、购买以及通过电子手段付款等方式,作为贸易的辅助手段。总之,电子商务由于突破了时空限制,使得信息跨国传递和资源共享得以真正实现,满足了国际贸易快速增长的要求,从而促进了国际贸易的发展。

14.3.2 增加了交易的便捷程度

尽管由于运输和通信条件的改变,使国际市场的统一性逐步增强,但却只有电子商务使国际市场在短时间内实现了真正意义上的统一。首先,形成了统一的全球虚拟市场。互联网已覆盖了世界160多个国家和地区,连接10多万个网络,而终端用户则以每年30%的速度递增。建立在互联网基础上的电子商务成为全球统一的虚拟化交易市场。其次,市场价值规律将在全球范围内发生作用。虚拟市场的形成,超越了以往地理界限的制约,使商品与服务等有关信息能在全球范围内充分准确地流动,表现出公开、完整和实时等特性,减少了进出口双方信息的不对称性,从而避免或减少了市场信息不完全而引起的扭曲,同等质量的商品或质量相似的商品之间的竞争更为激烈,确保价值规律能在国际市场更加充分地发挥作用。

14.3.3 通过减少交易环节影响了组织结构

国际贸易领域广泛应用电子商务的结果是大批向国际市场提供产品或服务的"虚拟"企业相继产生,且这些虚拟企业或组织在功能和效果上远远超出了原有的单个企业,因为他们可以迅速向全球范围扩展,但在资本关系上却不具有强制各个公司或企业发生联系的权力。

此外,电子商务还对国际贸易中介组织或结构构成了威胁。在传统的贸易方式下,作为国家之间商品和服务买卖媒介的广大专业进出口贸易公司在国际市场上占有十分重要的地位。电子商务新型中介突破了传统贸易以单向物流为主的运作格局,实现了以物流为依据、信息流为核心、商流为主体的全新战略,在计算机网络上为进出口提供包括进出口代理报关、商检、仓储运输等为内容的物流,作为整套服务体系的载体,不断向网络成员提供商贸信息咨询、市场分析、进口产品保税展示和仓储、网上推销与广告宣传等服务,在世界各地建立代理销售网络,为制造商与贸易商创造商机,寻找买主,撮合成交,并提供成交后的出口服务。这种经营战略,把代理、展销等多种传统贸易方式融为一体,把全部进出口货物所需要的主要流程引入计算机网络中,为世界各地的制造商和贸易商提供全方位、多层次、多角度的互动式商贸服务,解除了传统贸易活动中的时空限制,逐渐淘汰了那些以靠信息不完全赚取差价的进出口业务中介。

14.3.4 减少国际贸易企业的交易成本

在传统的国际贸易交易中,花费的成本主要指买卖过程中所需要的信息搜寻、合同订立和执行、售后服务等方面的成本,而电子商务可以大大节省这些方面的支出。有调查显示,在传统的国际贸易中,一笔进出口业务要处理交易相关机构的单据200~350份,业务流程长达一至数月;而纸张、行文、打印及差错的总开销约为货物价值的7%。另外,在公司间共享的所有信息中,70%是从采购订单中获得的。电子商务的应用,可以发掘订单附加的信息潜力,简化数据处理程序,缩短国际贸易的文件处理周期,降低企业的库存水平,消除信息传递过程中的人工干预,从而降低成本。据美国《福布斯》的统计,电子商务可以节省企业交易成本的5%~10%。

14.4 发达国家国际贸易电子商务的发展情况

14.4.1 美国:以私人公司提供的电子商务服务为主

在美国,政府着力于在资金和技术上对信息高速公路建设给予大力支持,从而形成了比较先进完备的国家信息基础网络设施。另外,作为Internet发源地,目前美国是Internet应用最普遍的国家,其联网用户约为全球用户总数的一半。

民间机构借助成熟的信息高速公路大力发展全球通用的电子交易平台,目的就是要将传统的国际贸易交易方式移植到互联网上,实现国际贸易中交易数据和单据的无纸化、电子传输处理。1995年,由TT CLUB和SWIFT组织共同出资建立了合资公司BOLERO,1999年9月BOLERO. NET系统正式投入运营后,有60余家跨国公司以及数家银行、运输公司、检验机构加入了BOLERO. NET,其中银行包括花旗银行、渣打银行、汇丰银行等。1998年初,一个可与BOLERO相抗衡的系统网络公司TRADECARD在美国纽约诞生,它由美国美洲银行、富国银行、荷兰银行以及美国通用电气公司合资组建。TRADECARD声称,将为进出口贸易商提供银行保证、保险保单及商检证书等一整套的电子化、自动化服务。另外,还有成立于1996年的一家网络公司CCEWEB也不甘落后,设计开发了一套适应性很强的全球贸易网络系统,一直为进出口商提供灵活开放的商务解决方案。

美国的电子交易平台发展日益壮大,借助Internet的无国界性,很好地将全球的出口商与进口商连接在一起。但是,各个国际贸易平台之间没有数据交换,当一个出口商为分别加入两家服务平台的两个进口商服务时,要么他也要加入两个平台,否则就要放弃其中的一个进口商的订单。此外,各国的贸易壁垒也很难让一个非本土的电子商务服务公司与本国海关、商检等外贸管理执法部门的系统无缝链接。这些问题都成为这些私人电子商务平台进一步发展难以逾越的障碍。

14.4.2 新加坡:以政府强制电子商务服务为主

新加坡政府对电子商务的发展十分重视。1992年1月,新加坡政府制订了《CC IT2000》计划,其目标是到2010年拥有世界上最先进的信息基础设施,用光纤网把每个家庭、工厂、学校、办公室连成一体,使新加坡成为一个"智慧岛"。新加坡政府还认为政府对电子商务的管理与支持是同等重要的。没有一定程度上的政府管理,电子商务同样不可能得到快速发展,而政府对电子商务的管理应从垄断式的管理转向服务式的管理。1998年8月,新加坡通过了为电子商务提供全面法律框架的法案《全面电子商务法》。目前,新加坡的电子数据交换被广泛应用于各个政府部门,在贸易领域上的应用达到了95%以上。电子贸易、电子金融、电子证券交易在新加坡都有一定的应用,并不断扩大其应用的广度和深度。

14.4.3 欧盟:建设统一的技术、政策和支持框架

在欧洲,欧盟各国政府对电子商务也给予了高度重视,制订了一系列开发计划和行动指南,并启动了一批实践项目。欧共体早在1985年2月便通过了"欧洲信息技术研究与发展战略计划"。1993年秋,法国电信公司与德国电信局结成"战略同盟",共同建设欧洲的电信基础设施,宣布投资1 500亿欧元建设"欧洲信息空间"。与此同时,欧盟各国还推出了"电子政府"计划,如英国政府在1996年下半年推出"电子政府"计划后,企业可以利用最新的信息技术进行纳税、更换营业执照、咨询政策等方面的便利,还可以充分利用新型电子技术获得各类政府信息等服务。随着互联网的发展及个人拥有计算机数量的增加,目前欧洲的电子商务正在迅速发展。

14.5 我国国际贸易电子商务存在的问题及其对策

14.5.1 我国国际贸易电子商务存在的问题

1）观念与法律问题

我国许多企业在面临当前电子商务的发展机会时犹豫不决,他们对于电子商务的认识、使用范围和实现方式等都不是很明确。许多企业认为,电子商务就是使用电脑上网,对电子商务的这种片面认识会阻碍企业开展电子商务,而且国内关于电子商务的立法不健全,钻法律空子的行为屡次发生,甚至是利用网络犯罪,这些都对电子商务的发展造成不利影响。

2）安全问题

由于电子数据具有无形化的特征,电子商务的运作涉及多方面的安全问题,例如资金安全、信息安全、货物安全、商业秘密等,这就要求电子商务比传统的有纸贸易更安全、更可靠,而目前网络安全技术及其认证机制都不完善,如电子商务合同的应用和有效性认证、交付商品的质量保证、网上支付的安全认证体系还不够完善。网上交易可能会承担由于法律滞后而无法保证合法交易的权益所造成的风险,如通过网络达成交易合同,可能因为法律条文还没有承认数字化合同的法律效力而失去法律保护,给电子交易者的经营造成巨大的损失。因此,迫切需要相应的法律法规引导电子商务健康有序的发展。目前,我国还缺乏满足电子商务所需求的交易费用支付和结算手段,银行的电子化水平不高,安全性差,银行网之间相对封闭,尚未能承担支付网络电子交易费用的角色,特别是企业与企业之间安全资金结算离电子商务应用的要求还有一定距离。

3）企业电子化程度低

我国大多数企业还没有实现电子化,还处于利用传统经营管理模式和工具的时期。目前,我国国有企业亏损而还很大,相当一部分企业还在忙于解决扭亏脱困的问题,加之计算机和相关软件的缺乏,信息加工和处理手段落后,仍然以提供单纯的技术产品信息为主,不擅长动态信息的跟踪、获取、分析和整理,企业自发的信息化要求不高,从而对电子商务的需求非常淡薄。这样就严重制约了我国外贸经济的发展,阻碍了电子商务的进步。

4）电信资费过高制约了企业开展电子商务

我国的电信体制是集行政管理与经营于一身的垄断体制,效率低下,经营成本高,使得资费标准惊人。按绝对货币值计算,在中国要以比美国高 20 倍的价格才能买回同样大小的信息流量,而我国的人均收入不过美国的 1/20。不改变这种现状,我国的电子商务很难在较短的时间内普及和发展,也就是说,要想对外贸易在电子平台上有很好的发展,那么资费问题也应该得到解决,不然外贸企业难以利用电子商务来提高企业竞争力。

14.5.2 我国外贸企业参与电子商务的对策

1）转变经营观念

在知识经济时代,企业单靠传统管理方式从事经营活动,已远远不能适应市场竞争的需要。企业要更好地开展电子商务,就必须知道如何运用计算机和网络来最大限度地获取信息资源,并且对自身的管理和运作方式作出变革,充分利用电子商务带来的商机,提高企业国际竞争力,实现企业发展。目前,美国和欧盟大部分国家的海关已明确提出,利用电子商务的 EDI 提交的表格报关将会得到优先处理,凡不采用 EDI 的报关手续将被推迟。因此,我国传统外贸企业应该彻底转变经营观念,充分意识到电子商务在国际贸易中的重要地位,在对外贸易的方式上主动与世界接轨,积极采用电子化、网络化等电子商务操作方式,以扩大和促进与国外客户的交流与合作。

2) 政府要加大引导力度,出台优惠政策,积极鼓励企业开展电子商务

与发达国家相比,我国信息化建设起步较晚,目前还不能完全实现贸易的无纸化,因此,政府一方面要加快建设,改变目前这种部分业务在网上、部分业务仍然在网下的状态。目前,政府已采取一系列措施,推动了外贸企业开展网络贸易,但有许多措施都是通过行政命令施行的,往往会引起企业反感,无法获得企业的共鸣。因此要积极引导,出台优惠措施,真正为企业解决上网经营中存在的问题,使企业从被动变为主动,积极主动地将企业活动整合到电子化上来,让企业尝到上网的甜头是政府需要思考的。

3) 加强基础设施建设,培养电子商务人才

电子商务是网络技术发展的产物,它的迅速发展对网络基础设施提出了更高的要求。与发达国家的高投入及密如蛛网的信息高速公路相比,中国在信息基础设施建设上明显投入不足、基础薄弱。全国只有上海、天津等几座城市信息设施建设搞得比较好,形成一定规模。从全国的范围来看,中国在光缆铺设、电脑普及以及网络建设方面明显落后,许多边远贫困地区至今没有建立网点,成为信息高速公路建设的“盲点”或“荒漠”。“信息贫困化”被视为发展中国家经济发展的瓶颈,而中国在信息基础设施建设方面的落后,有可能使中国失去电子商务给经济发展带来的机遇,在竞争中拉大与发达国家的差距。为了促进中国电子商务的发展,在加快信息基础设施建设的同时,更要有效利用现有的网络资源。

电子商务实现的关键是人。电子商务是信息现代化与商务的有机结合,所以,能够掌握运用电子商务理论与技术的人必然是掌握现代信息技术、现代商贸理论与实务的复合型人才。而一个国家、一个地区能否培养出大批这样的复合人才,就成为该国、该地区发展电子商务最关键的因素。政府应充分利用各种途径和手段培养、引进并合理使用好一批素质较高、层次合理、专业配套的网络、计算机及经营管理等方面的专业人才,以加快我国电子商务建设的步伐。国家鼓励教育部门向学生普及网络知识,在有条件的学校,特别是一些大专院校经济、贸易、计算机等专业院系开设互联网、电子商务等选修课程,有的甚至已经开设电子商务专业,培养高素质的复合型人才,以适应社会的需要。

14.6 案例:国际贸易电子商务应用

14.6.1 电子商务使道康宁公司摆脱危机

1943 年,陶氏化学公司与当时的康宁玻璃制造公司(现康宁公司)达成合作协议,联手成立了一家合资公司。该公司的诞生是基于双方一个共同的梦想——将玻璃的抗高温及抗化学性与塑料的广泛用途相结合,生产氢化物材料。如今这家合资公司已经发展成为有机硅行业的翘楚,一家拥有 4 200 项专利,提供 7 000 种产品和服务的跨国公司——道康宁公

司(DowCorning)。

依靠独特的硅基技术以及不懈的产品创新努力，道康宁公司在最初的50年发展过程中可谓一帆风顺，业务突飞猛进，产品涉及个人护理品、电子产品、建筑材料等各个重要领域。然而，20世纪90年代，商业环境发生巨大转变，全球经济衰退、货币危机，全球化的竞争，使道康宁公司一直以来单一依靠产品创新的模式受到了严峻挑战。一直到2001年，公司的业绩都不尽如人意，甚至一度被外界形容为"遭遇中年危机"。

而让人惊奇的是，从2002年起，道康宁公司重新显示出强劲的发展势头。2002—2006年期间，公司每年都保持2位数的增长，2006年公司营业额更是达到43.9亿美元，几乎比2001年的23亿翻了一番。

从一度的低迷到如今的飞跃，道康宁公司是如何实现这个巨大转变的？

道康宁公司的成功的秘诀之一就在于为硅产品建立新的电子商务平台——Xiameter（硅产品电子商务解决方案），提供性价比优的产品。

发展网上业务Xiameter是大胆的一步。这种新的营业模式是为那些追求低价的客户专门设立的，只提供产品，通过简化的服务和电子商务模式交易，减少了成本，因而同样的产品价格更为低廉。Xiameter设立伊始，公司对其也有所顾虑，若现有顾客转向Xiameter，便可能对Dow Corning品牌的业务构成分化的危机。但实践证明，专为有能力购买大量产品、明白需要、了解使用方法而不需要额外服务以及技术支持的客户而设立的Xiameter，与拥有专业知识、建议、忠告、实验室、技术支持以及科学家的企业品牌相辅相成，并未令企业品牌分化，反而令品牌变得更加稳固。

Xiameter的发展超出了所有人的预料。道康宁在Xiameter推出后的4个月便收回投资。由于Xiameter产品是以最短的提前期"定做的"，令产品库存大大降低，更有助于释放流动资金。在推出的首年，由于降低了仓库成本及更有效的运输，道康宁公司估算新的营业模式为其降低了60%的物流成本，大约为公司节省350万美元成本。Xiameter亦是企业扩展业务到不同地区的主要平台。原来道康宁公司只在50个国家销售产品，而通过Xiameter这个平台，其产品已经畅销83个国家，有些对道康宁公司来讲，完全是全新市场。

现在，只要企业需要大量采购有机硅材料，并能提前预计出材料的使用量，就可以到www.xiameter.com上提交订单。不过在此之前，企业需要先在网站上注册，接着，道康宁公司内部专业的信用评级团队会对其进行信用等级评价，而这一信用指数会直接影响到企业在后续贸易中的付款方式和期限。在通常情况下，企业不必支付预付金，只需在信用评级完成之后确认订单，然后，订单就会交给道康宁公司内部的SAP系统处理，而在这一程序完成之后企业就可以知道自己能够在什么时候拿到产品了。

道康宁公司已经把Xiameter平台与公司内部的SAP系统结合起来，而这个SAP系统是全球联网的，所以，当客户在网上提交订单后，公司就可以利用SAP系统来综合安排全球的生产，从而实现全球化的资源最优配置。如此一来，道康宁公司的有机硅生产完全能够按照用户的需求进行，使其库存量大大降低，再一次缩减了总体成本。

到了最后的物流配送环节，道康宁公司利用其在全球的庞大分支机构和世界各地的工厂，"宏观调控"这些有机硅产品的物流配送，将线上订单与以往的配送系统相结合，再次减少了因电子商务带来的物流成本。

Xiameter作为一个成功的网上贸易平台，其人力成本也更低。这个一年能够创造13亿美元的平台，其全球员工总数才不到25人，主要分布在中国、印度、北美和欧洲等地区。

Xiameter 也让道康宁公司站在了行业的前沿。在 2000 年,道康宁公司几乎没有取得任何网上交易,然而在 2006 年,道康宁公司通过 Xiameter 这个网上贸易平台已经取得了超过了 13 亿美元的销售额,占总营业额比例达 30%,远远高于行业内的平均数字(美国化学理事会的指标性调查指出,在 2004 及 2005 年,电子商务分别只占美国境内化学公司的营业额的 11% 和 12.8%),而且,这一增长势头还在不断延续。

14.6.2　eBay 外贸门户网站

1) eBay 外贸门户简介

全球在线交易平台 eBay (Nasdaq:eBay)成立于 1995 年 9 月,其经营方针是为来自各方的个人及小型公司提供一个买卖商品或服务的交易平台。目前,eBay 在全球拥有 2.76 亿注册用户。会员在 eBay 流连的时间远超任何其他网站,令 eBay 成为最热门的网上购物站。来 eBay 买卖的朋友遍及全球!目前,eBay 已在许多国家设立了附属网站,包括澳洲、奥地利、比利时、加拿大、中国、法国、德国、香港、印度、爱尔兰、意大利、荷兰、新西兰、新加坡、西班牙、瑞典、瑞士、英国以及美国。此外,eBay 也通过投资于韩国的 Internet Auction 以及拉丁美洲的 MercadoLibre.com,将业务拓展至此两地。eBay 还在不断发展,希望为世界每个角落提供在线交易平台服务。

作为全球最大的网络平台,eBay 外贸门户是 eBay 为外贸企业提供的一个网上直接销售的"经营平台",帮助中国 3 000 万中小外贸企业直接投身于网络外贸中,开创了网络跨国交易的新模式。目前国内的网络贸易站点多是集中在内贸,即使以外贸为主导的电子商务网站,其大部分流量也来自国内。目前,eBay 在全球拥有的 2.76 亿注册用户中,80% 以上是买家,2007 年第四季度总交易金额达到 162.13 亿美元,这为中国卖家提供了广阔的渠道资源,使其很容易扩展业务,挖掘全球商机。

2) eBay 外贸门户的主要功能和服务

(1) 买与卖　在成为外贸门户的用户以后,就可以借助该平台开展网上贸易,除此以外,买卖双方还可以获得网站提供的买卖指导,让初学者也可以方便顺利的开展外贸活动。

(2) 外贸大学　eBay 外贸大学定位于为所有卖家提供外贸相关的培训,通过线上培训和线下活动等多种形式,手把手教育中国用户更好地从事跨国网络交易。据业内人士分析,目前网络交易虽然发展迅猛,但大多数外贸企业都停留在利用网络获取信息的原始阶段,因此"外贸大学"正是 eBay 在华培育外贸市场的重要一棋,也将为中国跨国交易带来新的发展思路。图 14.6.1 为外贸大学首页。

(3) 销售助理　销售助理是专业卖家以收费服务的方式,为厂商、零售商提供货品服务,帮助交易双方发展网上生意,让厂商、零售商专注于本企业的优势业务的同时,又能以较低的成本开展网上交易,是卖家、厂商的双赢方案。

(4) 商务服务　商务服务主要提供市场调查、货源信息、销售信息、物流货运等服务,为交易双方提供全程服务,为买卖双方解决交易的后顾之忧。

(5) PayPal　PayPal 是备受全球亿万用户追捧的国际贸易支付工具,即时支付,即时到账,全中文的操作界面,能通过中国的本地银行轻松提现,为客户解决外贸支付难题,帮助客户成功开拓外贸业务,决胜全球。

(6) 跨国卖家认证　eBay 客户来自全球各地,注册成为跨国认证卖家以后就可以开展

图 14.6.1　eBay 外贸大学首页

全球贸易,在 eBay 的外贸世界里,只需认证一个 eBay 账户和一个 PayPal 账户,就可在全球 39 个国家的 eBay 站点上轻松买卖商品(包括美国、英国、德国等),轻松收取 16 种货币,足不出户就能享受到全球电子商务领导者带来的奇妙魔力。

3) eBay 外贸门户的成功之处

eBay 外贸门户之所以受到业界的青睐,且在如今竞争激烈的市场里能占得一席之地,主要有以下几个方面的原因:

(1) eBay 强有力的涡流力量把全球分散的商品和交易者带进可赢利的市场体系中,那些卖家被推向了有别于传统零售业的中心地带———一个巨大的外贸交易市场。在 eBay 每天 1 200 万交易中,有来自巨人企业———西尔斯罗巴克、家得宝、沃特迪斯尼,甚至 IBM 的产品,有超过 1/4 的商品采用的是固定价。因此,eBay 已经进入零售业的主流。

(2) 虽然 eBay 是从拍卖市场起步,但至今,正成为一个有名的 B to C 甚至 B to B 市场,为卖家赚取利润。每隔两个月,eBay 管理层会将买方和卖方聚到一起,特别是那些畅销品的国际上强力卖家,询问他们生意如何以及 eBay 还要做些什么。结果,客户感觉自己就像是 eBay 的主人,他们努力创新来扩展 eBay 经营———常常超出 eBay 管理层最大胆的设想。

(3) eBay 最早是从 C2C 经营模式开始,现在慢慢转化成 B to C 的商务模式,事实上,eBay 卖家都算是专业卖家,已经可以依靠 eBay 养家糊口,甚至聘请员工处理业务的专业团队了,零散式偶尔来卖东西的卖家已经非常少了,因为 eBay 外贸门户本身对卖家的要求比买家高,需要办理一定的开店流程。

(4) eBay 信誉较好,eBay 外贸门户建立了一套独特的个人信用评定体系。买家和卖家可以对双方交易的过程和结果在网上发表意见;eBay 会以此意见为参考,通过自己的数据库进行分析测评,得出卖家的交易诚信度的得分。

(5) eBay 外贸门户通过技术手段将传统商业固化到网络上,形成独特的国际贸易电子商务氛围。eBay 已经从一个网络交易的信息发布平台转变为交易中介平台。

思考题

1. 什么叫国际贸易电子商务？
2. 外贸企业为什么要实行电子商务？
3. 电子商务对国际贸易有什么影响？
4. 我国外贸企业电子商务的现状如何？
5. 怎样解决我国外贸企业在实施电子商务项目中所遇到的困难？
6. 道康宁公司的电子商务项目是什么？它为企业带来了什么好处？

参 考 文 献

1. 陈凤兰,李凡,葛建国. 信息技术应用基础教程. 南京:河海大学出版社,2002
2. 陈署燕. 外贸企业如何运用电子商务开拓国际市场. 商场现代化,2007(10)
3. 程南针. 我国电子商务信用环境建设探讨. 电子商务研究,2006(3)
4. 黄培. 中国制造业信息化的战略思考. 武汉:e-work 网站,2002
5. 李冬蓓. 论我国国际贸易的电子商务服务模式. 对外经济贸易大学学报,2007(2)
6. 梁春晓 安徽. 电子商务——从理念到行动. 北京:清华大学出版社,2001
7. 刘军,季常煦,曾洁琼. 电子商务系统的规划与设计. 北京:人民邮电出版社,2002
8. 刘靓. 电子商务发展中的物流模式. 计算机世界,2004(1)
9. 王佳. 电子商务对我国外贸企业的影响及对策研究. 财经界,2007(1)
10. 王树进,齐美智,许军. 关于电子商务项目运作课程的设计思想. 中国当代教育杂志, 2002(7)
11. 王树进. 企业商务电子化项目管理. 北京:科学出版社,2004
12. 王树进. 电子商务教学实验指导书. 南京:东南大学出版社,2007
13. 王宜楷. 在线拍卖环境下维克里拍卖法的应用研究. 企业家天地,2006(4)
14. 吴功宜. 计算机网络应用基础. 天津:南开大学出版社,2001
15. 吴洪刚. 论电子商务对我国物流业的影响及对策. 郑州经济管理干部学院学报,2002(1)
16. 武心莹等. 电子商务与企业战略. 北京:经济管理出版社,2001
17. 萧利军. 商业项目构思. 昭乌达蒙族师专学报,第 23 卷 2005(4)
18. 肖铁. 项目策划. 重庆:西南财经大学出版社,2001
19. 杨德宏,李玲. 客户关系管理成功案例. 北京:机械工业出版社,2002
20. 张铎,周建勤. 电子商务物流管理. 北京:高等教育出版社,2002
21. 张卓其. 电子银行. 北京:高等教育出版社,2002
22. 张毅. 企业资源计划. 北京:电子工业出版社,2001
23. 周曙东. 电子商务概论. 南京:东南大学出版社,2007
24. 周小和. 电子商务对国际贸易影响分析. 合作经济与科技,2007(3)
25. 邹静,道康宁. 网络贸易与品牌并进. 电子商务世界,2007(10)
26. 何潇. 十年星火后中国电子商务发展展望. 电子商务,2010(3)
27. 胡泳. 张瑞敏如是说. 杭州:浙江人民出版社,2006
28. 霍红. 第三方物流企业经营与管理. 北京:中国物资出版社,2000
29. 凌守兴. 电子商务物流管理. 上海:华东理工大学出版社,2005
30. 刘鹏. 云计算. 北京:电子工业出版社,2010
31. 张为民,唐剑峰,罗治国,等. 云计算:深刻改变未来. 北京:科学出版社,2009
32. 金海. 计算系统虚拟化—原理与应用. 北京:清华大学出版社,2008

33. 卢明森. 创新思维学引论. 北京:高等教育出版社,2005

34. 何名申. 创新思维修炼——思维的力量. 北京:民主与建设出版社,2001

35. 刘鹏. 我国农业电子商务网站现状与服务模式研究. 北京:中国农业科学院,2009：11—13

36. 胡天石. 中国农产品电子商务模式研究. 北京:中国农业科学院,2005:16—21